KB248207

질문하는
바이블

질문하는
바이블

질문하는 바이블

THE BIBLE QUESTIONS

폴임 지음

평단 아가페

"우리는 어디에서 와서 무엇을 하다가 어디로 가고 있는가?"라는 가장 오래되고 진부한 질문에 답을 얻기 위해서 나는 30년 동안 38권의 책 집필과 수많은 각종 세미나에 참석, 과학자들과 신학자들과의 만남, 고고학적이며 인류학적인 자료를 수집하기 위해서 세계 각지를 탐방하는 등… 크고 작은 이벤트로 발이 빠른 암낙타처럼, 광야에 익숙한 들판의 나귀처럼 뛰어다녔다.

나는 보수주의 신학자 팻 로버트슨의 영향을 받아 《질문하는 바이블》을 집필하는 과정에서 나도 모르는 어느 순간에 내가 30년 동안 찾아 헤맸던 그 질문에 대한 답을 찾게 되었다. '나'라는 존재는 누군가에 의해서 아주 세밀하고 정밀하게 수동적으로 디자인된 유기체에 불과하다는 것을 알게 되었다.

우리 내면에 성령의 불꽃이 타올라 우리의 의식 세계가 변화되는 메타노이아Meta Noia를 체험할 때 하나님의 불꽃은 우리의 삶을 통해서 세상을 비추게 됨을 알게 되었다.

이 책은 그리스도인이나 비그리스도인 혹은 다른 종교를 가진 사람들이나《성경》을 한 번도 읽어 본 적이 없는 사람들조차 쉽게 이해할 수 있도록 인문과학적인 편이한 용어를 사용해서 집필했다.

《성경》은 우리에게 영원히 살 수 있는 영생을 선물로 주기 위해서 이 땅에 오신 '예수'의 이야기다. 이 책이 지향하는 독자층은 신학생들이나 목회자들이 아니라,《성경》에 대해서 인식이나 지식에 결정적인 근거가 없어 그 확실성을 의심하고 회의를 품어온 사람들과《성경》을 좀 더 조직적으로 그리고 파노라마로 깊이 연구하고자 원하는 사람들이다.

《성경》속에 숨겨진 과학적 인문학적 내용을 좀 더 쉽게 분석하고 확대해서《성경》에 접근해 보았다. 이 책을 읽으면서 독자들이 신학적인 혼돈과 실망하지 않게 하려고 교리적인 해석과, 그것을 뒷받침해주는 증거를 제시했다. 미국의 유명한 복음주의 신학자 찰스 프란시스 포터Charles Francis Potter 박사는《성경》은 우주적인 호소력을 가지고 있다고 말했다.

그리스도께서 교회를 세우라고 말씀하지 않고 단순히 나의 교회를 세우라고 말씀하신 것은 교회가 우주적인 의미로 사용되었음을 알 수 있다. 그러므로 과거처럼 교회가《성경》을 독점해서는 안 된다고 생각한다.《성경》은 너무나 위대해서 혼자만 읽기에는 아깝고 그리스도인들만 소유하기에는 터질 듯 벅차서 빅뱅처럼 막을 길이 없다.

《성경》은 어떤 것을 입증하고자 시도하지 않는다. 궁극적으로 《성경》은 진실하며, 절대적인 권위가 있는 하나님의 말씀이며, 또한 《성경》의 무오성Inerrancy이 입증되고 있다.

이 책에서 제시된 모든 질문에 대한 해답은 《성경》 속에서 모두 찾아볼 수 있다. 《질문하는 바이블》은 신앙인이 세상에서 나의 위치와 삶에 대한 하나님의 계획을 이해하는데 도움을 줄 수 있다는 희망을 품고 끊임없는 기도 속에서 집필되었다.

우리는 꿈이 있다. 이 꿈을 항상 마음속 깊은 곳에 품고 다닌다. 그것은 우리가 구속함을 받고 하늘나라에 가서 하나님을 직접 만날 수 있다는 기쁨이다. 이것을 행복에 빛나는 비전이라고 부른다. 〈요한계시록〉에서 "그의 얼굴을 볼 터이요 그의 이름도 그들의 이마에 있으리라"(22:4)고 말씀한 것은 하나님께서 믿는 자에게 자신의 얼굴을 보여주시겠다는 비전을 주고 있다. 그러므로 우리는 언젠가는 하나님을 보게 될 것이다.

이 책에서 제시한 문제와 답에서 어떤 그릇된 신학적인 논쟁 Theological disputes이 있을 수 있다. 어떤 잘못된 것이나 미진한 내용이 있으면 언제든지 보완할 것이며, 그것을 필자의 과문천식過問賤識으로 돌린다.

이 책을 집필하는 과정에서 많은 도움을 준 분들이 있다. 캘리포니아 나침반교회의 민경엽 목사, 전 이화여자대학교의 조찬선 교수, 새들백교회의 릭 워런 목사, 칼빈신학대학교 대학원 교수인 박혜근

박사, 조직신학 교수인 웨인 그루뎀 박사, 한국 대한신학교의 학장
이며 교수인 김향주 박사다.

이 책을 읽는 모든 독자에게 하나님의 무한하시며 넘치는 축복이
임하기를 기원한다.

하와이에서
폴임

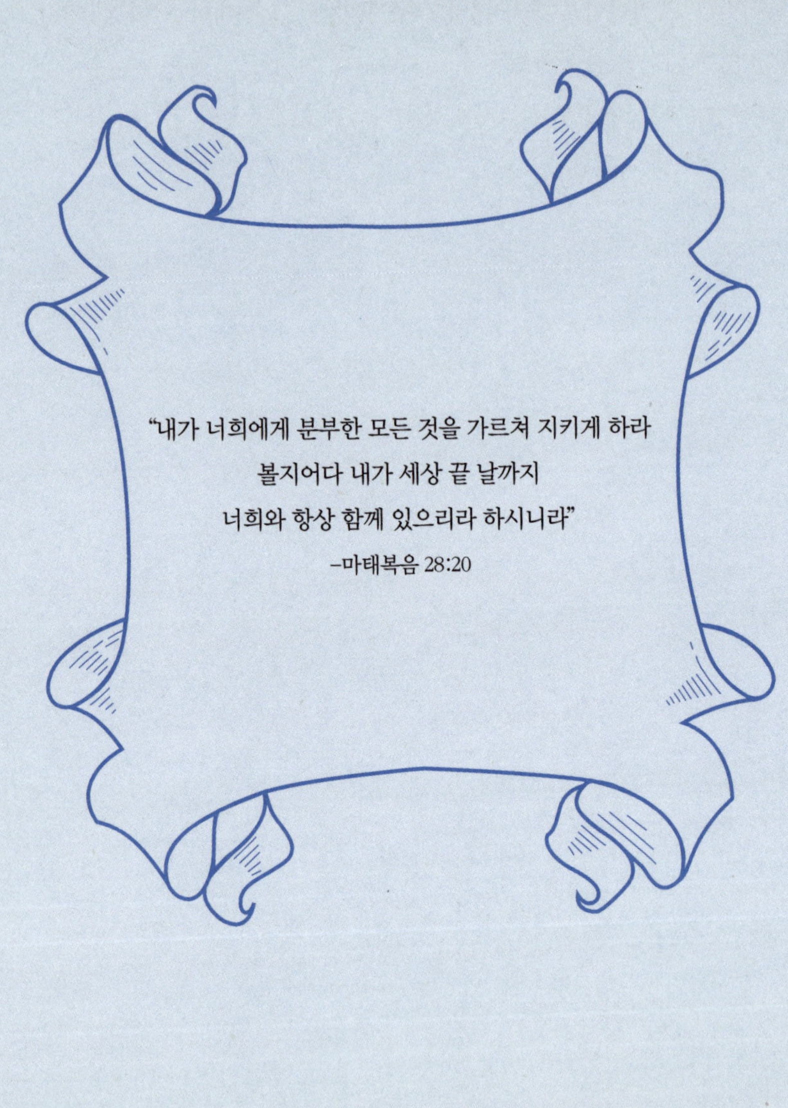

"내가 너희에게 분부한 모든 것을 가르쳐 지키게 하라
볼지어다 내가 세상 끝 날까지
너희와 항상 함께 있으리라 하시니라"
-마태복음 28:20

제1장 성경의 미스터리를 추적하다
- 이제 성경 교리를 한번에 꿰뚫어 보자!

제2장 다른 종교를 해킹하다
- 이단 바이러스를 차단하자!

제3장 과학과 윤리가 성경을 질투하다
- 아! 과학과 윤리가 보인다!

제4장 역사 · 종교 · 문명의 수수께끼
- 수수께끼 같은 역사의 문명을 벗기자!

제5장 알쏭달쏭한 성경 이야기
- 이제 성경 읽기가 재미있다!

성경을 읽을 때
당신은
미스터리 하게
궁금한게 없어?
맞지!
우리 이 책으로
그동안 궁금했던 것을
시원하게 해결해 보자.

제1장

성경의 미스터리를 추적하다

이제 성경 교리를 한번에 꿰뚫어 보자!

다른 종교를 가진 사람은 구원받을 수 있는가?

"'만일 기독교만이 유일한 참 구원의 종교이고 다른 종교는 모두 가짜요 허위요, 구원을 가져다주지 못하는 종교라고 한다면 그 책임은 누구에게 있는가? 누가 그 책임을 져야 하는가? 전지전능하신 기독교의 하나님은 왜 이렇게 많은 거짓 종교를 성행하게 해 놓고 세계 인구의 절대다수가 그 거짓 종교에 걸려들어 평생을 불행 속에서 살다가 멸망 받게 하셨는가?'의 의문을 떨칠 수 없다. 만일 끝까지 기독교만이 유일한 참 구원의 종교라고 고집한다면, 이는 기독교의 하나님을 불공평하고 인종을 차별하며 세계 인구의 절대다수를 계획적으로 멸망시키려는 악신惡神으로 전락시키는 결과가 되지 않을까?

─《기독교 죄악사》 중에서

구원에 대한 가톨릭의 생각

교황 요한 바오로 2세 Johannes Paulus II는 "예수 그리스도를 인정하지 않은 다른 종교인들도 구원받을 수 있다"라는 충격적인 말을 했다.

즉, 비그리스도인들은 종교적 전통 안에서 선을 행하고 스스로의 양심을 지킬 때 하나님의 초대에 긍정적으로 응답하며 그리스도를 구세주로 인정하지 않아도 그분 안에서 구원받을 수 있다는 것이다.

또한 교황은 "하나님의 성령과 다른 종교인 안에 존재해 있는 진리의 씨앗"이라는 주제의 강론을 통해 "진리의 씨앗은 신비체(예수)의 가시적인 영역 밖에서 작용하는 성령의 선물"이라고 하였다. 그리고 "모든 참된 종교적 체험 안에서 가장 특징적인 것은 바로 기도"라고 강조하면서 "진정한 기도는 사람의 마음속에 신비스럽게 잠재해 있는 성령에 의해 영감을 얻게 된다"고 덧붙였다.

그는 "그리스도를 구세주로 인정 않는 다른 종교인들도 구원받을 수 있다"라고 하였다(중앙일보, 1998. 9. 24). 즉, 불교나 · 유교나 · 힌두교나 · 모슬렘이나 · 뉴에이지나 · 사탄 숭배나 그 어떤 '종교'이든지 상관없이 자기가 믿는 종교의 가르침을 따라 선행만 열심히 하면 하나님께서 그 사람을 구원해 주신다는 말이다. 그러나 예수님은 나로 말미암지 않고는 아버지께 갈 수 없다고 하셨다.

구원에 대한 기독교의 생각

"예수님께서 이르시되 내가 곧 길이요 진리요 생명이니 나로 말미암지 않고는 아버지께로 올 자가 없느니라" 요한복음 14:6

"이 예수는 너희 건축자들의 버린 돌로서 집 모퉁이의 머릿돌이 되었느니라 다른 이로써는 구원을 받을 수 없나니 천하 사람 중에 구원을 받을 만한 다른 이름을 우리에게 주신 일이 없음이라" 사도행전 4:11~12

《기독교 죄악사》에서처럼 '다른 종교에는 구원이 없다'라고 말하기 전에 〈사도행전〉(4:11~12)과 〈요한복음〉(14:6)을 읽어 보라. 예수님은 "나로 말미암지 않고는 아버지께로 올 자가 없느니라"고 말씀

《기독교 죄악사》(상·하)
이 책은 기독교의 근본인 사랑의 교훈을 정면으로 무시하고 위반한 성직자들의 감추어져 왔던 죄악상을 파헤치고, 미래 인류 사회를 위한 대대적인 종교의 개혁을 담고 있다.

하셨다. 예수님을 통해서만 우리는 하나님께 나아갈 수 있고, 하나님이 어떤 분인지를 알 수 있다.

유대교가, 공자가, 힌두의 신들이, 무함마드Muhammad가 우리를 하나님 앞으로 인도해 준다는 기록은 《성경》 어디를 찾아보아도 없다. 《성경》 66권으로 하나님이 우리에게 주시는 계시啓示는 끝났다.

오병이어의 기적은 어떻게 일어났는가?

"저녁이 되매 제자들이 나아와 이르되 이곳은 빈들이요 때도 이미 저물었으니 무리를 보내어 마을에 들어가 먹을 것을 사 먹게 하소서 예수님께서 이르시되 갈 것 없다 너희가 먹을 것을 주라 제자들이 이르되 여기 우리에게 있는 것은 떡 다섯 개와 물고기 두 마리뿐이니이다 이르시되 그것을 내게 가져오라 하시고 무리를 명하여 잔디 위에 앉히시고 떡 다섯 개와 물고기 두 마리를 가지사 하늘을 우러러 축사하시고 떡을 떼어 제자들에게 주시매 제자들이 무리에게 주니 다 배불리 먹고 남은 조각을 열두 바구니에 차게 거두었으며 먹은 사람은 여자와 어린이 외에

오천 명이나 되었더라" 마태복음 14:15~21

오병이어의 기적Five Loaves and Two Fishes을 사복음서 기자가 각자의 책에 동일하게 기록한 것은 《성경》에서 매우 드문 일이다.

예수님은 제자들에게 떡 다섯 개와 물고기 두 마리를 가져오게 하여 하늘을 우러러 축사하시고 떡을 떼어 제자들로 하여금 사람들에게 나누어주셨는데, 그 많은 사람이 모두 배불리 먹고 남은 조각이 열두 바구니나 되었다. 이 기적은 우리가 신앙생활을 하는데 신앙의 시금석이 되게 하는 매우 귀중한 사건이다.

이 오병이어의 기적에 대해 스코틀랜드의 주석학자 윌리엄 바클레이William Barclay(1907~1978년)는 이렇게 말했다.

"거기에 있었던 군중은 모두 배고파했다. 그 방대한 수의 군중은 해가 지기까지 전혀 음식을 먹지 못하고 있었다. 그들은 비록 적으나마 먹을 것을 좀 가지고 있지 않았겠는가? 그러나 그들은 역시 이기적이었다.

그들은 자기의 부족한 음식을 나누기보다는 차라리 먹지 않고 전대 안에 넣어두고 있었다. 그때 예수님께서 제자들이 가지고 있었던 빵과 물고기를 축복하시고 모두에게 먹도록 권했다. 그러자 모두 자기의 것을 나누기 시작하여 어떻

윌리엄 바클레이
스코틀랜드 출생의 세계적인 성서신학자로서 설교가, 방송 해설가, 저술가로도 활동했다. 영국 글래스고 대학교와 독일 마르부르크 대학교에서 신학과 고전학을 연구했다. 그의 총 50여 권의 저서는 지금까지 높은 평가를 받고 있다. 그는 1978년 1월 24일에 사망했다.

게 된 영문인지 모르는 동안에 모든 사람이 넉넉히 먹게 되었다. 만일 이렇게 된 것이 사실이라면 이 사건은 떡 덩이와 생선을 많이 증가시킨 그런 기적은 아니었다. 이것은 그리스도를 만남으로써 이기적인 사람들을 관대한 사람들로 변화시킨 기적이었다."

음식을 사 모아 운반할 수 있었을까?

마가와 누가는 예수님께서 그들이 늦은 시간에 마을로 가서 음식을 사야 할 것을 의중에 두고 있었는지 아닌지를 제자들이 물어보았다고 기록하였다.

얼마나 가망 없는 제안인가! 이것은 적어도 200데나리온(그들의 가진 돈보다 큰 액수, 1데나리온은 성인남자의 하루 품삯이다)을 필요로 했을 것이다. 어떻게 열두 사람이 그 많은 사람을 위해서 음식을 사 모아 운반할 수 있었을까?

떡 다섯 개와 물고기 두 마리뿐

예수님은 제자들에게 마을로 가지 않아도 된다고 하시며 "너희가 먹을 것을 주라"고 하셨다. 이 말에 제자들은 부정적인 말로 "떡 다섯 개와 물고기 두 마리"뿐이라고 하였다. 여기에서 떡을 의미하는 그리스어의 알토이$\check{\alpha}\rho\tau o\iota$는 둥글넓적한 떡으로 문자 그대로 떡Breads이며, 현대 의미로 떡 덩어리Loaves가 아니다. 그리고 이 호수 지역에서 잡히는 물고기는 조그마하다.

다 배불리 먹고 남은 조각이 열두 바구니나!

5,000명이나 되는 무리가 (음식을 먹은 실제 숫자는 5,000명보다 훨씬 더 많다. 왜냐하면 여자들과 어린이들이 포함되지 않았기 때문이다) 다 배불리 먹고도 열두 바구니나 남았다. 먹지 못한 사람은 하나도 없었다는 뜻이다.

이와 같은 기적에 대해 과정신학 교수인 류종기 박사는, "2,000년 전의 시각으로 쓰인 《성경》을 문자 그대로 오늘날 현대인들을 이해시키는 것은 역부족입니다. 과학에서 준 정보를 종합해서 《성경》을 해석해야 합니다. 현대인이 이해할 수 있는 과학적·상식적 접근이 필요합니다"라고 하였다.

그러면 과학적·상식적 접근이란 어떤 것인가? 얼마 전 징진석 추기경은, "《성경》에는 물고기 한 마리가 두 마리, 세 마리로 불어났다는 기록은 어디에도 없습니다. 하늘에서 떨어졌다는 이야기도 없습니다. 예수님께서 하늘에 올리신 기도를 듣고 감동한 사람들이 품속에 숨겨둔 도시락을 꺼냈던 것입니다"라고 말했다.

이렇게 정진석 추기경은 예수님의 대표적인 '기적'으로 꼽히는 '오병이어의 기적'을 재해석하면서 "신학도 현대인들이 이해할 수 있는 차원에서 접근해야 합니다. 이런 접근이 이루어져야 무신론자들과 비그리스도인들의 주장에도 대처할 수 있습니다"라고 주장했다.

이런 견해들은 자유주의 신학자들과 윌리엄 바클레이의 견해와 유사하며, 예수님의 신성과 그의 능력을 전적으로 부인하는 인본주의 사상이다.

이탈리아 베네치아에 있는 성 마르크 바실리카St. Mark's Basilica 성당의 〈오병이어의 기적〉 모자이크.

하늘을 우러러 축사하시다

"하늘을 우러러 축사하시다"라는 말은 예수님이 하나님께 이 음식이 증가하게 해달라고 하신 것은 결코 아니다. 이것은 식사에 앞서 흔히 할 수 있는 감사의 기도다. 예수님은 삼위의 한 분인 하나님으로서 전능하시기 때문에 자신의 능력으로 기적을 행할 수 있었다.

그러면 오병이어의 기적은 어떻게 일어났을까? 신구약에 나타난 음식에 관련된 이적을 보면 이해할 수 있다.

첫째, 출애굽 때 하나님은 약 200만 명에 달하는 이스라엘 백성에

예수님은 어린아이가 가져온 보리떡 다섯 개와 물고기 두 마리로 5,000명이 넘는 많은 사람을 먹이셨다.

게 아침저녁으로 만나와 메추라기를 공급해 주셨다(출애굽기 16:13~15).

둘째, 하나님은 엘리야 선지자를 통해 사르밧의 과부에게 항상 밀가루통과 기름병이 차고 넘치는 이적을 베푸셨다(열왕기상 17:16).

셋째, 하나님은 엘리사 선지자를 통해 보리떡 20개로 100명의 사람이 배불리 먹고 남을 정도의 이적을 행하셨다(열왕기하 4:42~44).

넷째, 예수님은 가나 혼인 잔치에서 빈 포도주 항아리에 물을 부어 그것을 모두 좋은 포도주로 만드시는 이적을 행하셨는데, 이는 예수님께서 행하신 첫 번째 표적이다(요한복음 2:1~11).

다섯째, 예수님은 광야에서 떡 일곱 개와 작은 물고기 두어 마리를 가지고 굶주린 무리를 배불리 먹이는 이적을 베푸셨는데, 그 음식은 여자와 아이 외에 남자 장정 4,000명을 먹이고도 일곱 광주리나 남을 정도였다(마태복음 15:32~39).

《성경》에는 먹을 것이 증가했다는 말이 있을까?

사실은 먹을 것이 증가했음(불어났음)이 틀림없다. 이 기적은 그 원인과 방법에 유의하기보다는 그 결과에만 유의해야 한다. 여기에는 예수님이 말씀하심으로써 음식을 불어나게 하셨다는 언급이 없지만, 예수님은 생각하거나 원하는 것을 비록 말씀하지 않아도 이루어지게 할 수 있는 능력을 가지고 있다.

여기에서 포인트는 먹을 음식들이 처음부터 쌓인 더미에서 증가한 것이 아니라, 가지고 있는 것을 분배함으로써 불어났다는 사실이다. 사르밧 과부의 기름이 그것을 퍼낼수록 증가한 것처럼 여기에 있는 떡도 쪼갤수록 증가하였다.

가능한 해석 Possible Solution

음식을 시장에서 사 가지고 온 것도 아니다. 아무도 자신이 감추어 두었던 음식을 내놓지 않았을 때 한 소년이 자신이 가지고 있던 떡 다섯 개와 물고기 두 마리를 예수님께 내놓자, 이에 부끄러움을 느낀 무리가 음식을 내놓음으로써 서로 나누어 먹으니 그 수가 5,000명에

이른 것도 아니다.

왜냐하면 5,000명 이상 되는 모든 사람이 음식을 가지고 올 확률도 낮고, 가지고 왔다고 해도 떡 덩어리가 아니고 떡에 불과하며 물고기도 작았기 때문이다. 그리고 제자들이 부정적으로 말한 것은 음식을 가지고 온 사람들이 적다는 뜻도 된다.

이런 상황에서 5,000명 이상 되는 사람이 다 배불리 먹고도 남은 조각이 열두 바구니에 찼다는 것은 무리가 가지고 온 음식으로는 절대적으로 부족했지만, 그 음식들을 서로 나누어 먹다 보니 증가하였다.

오병이어의 기적은 2,000년 전에만 일어난 것이 아니라, 오늘도 일어난다. 우리가 가진 것들(복음, 돈, 지식, 기술, 건강 등)을 이웃과 나눌 때 오병이어의 기적은 오늘에도 일어날 수 있다.

성직자(목사)만이 기름 부음 받은 종인가?

기름 부음Anointed은 '하나님의 대리자'의 자격으로 임명받음을 뜻한다. 아론이 제사장직을 맡을 때 기름 부음을 받았고(출애굽기 29:7, 레위기 8:12), 대제사장도 마찬가지였다(레위기 21:10). 또한 부분적으로 선지자들도 기름 부음을 받았는데, 그 예로써 엘리야는 여호와로부터 엘리사에게 기름 부으라는 명령을 받았고(열왕기상 19:16),

북이스라엘 아합 왕과 아하시야 왕 시대에 사역했던 엘리야가 하나님으로부터 호렙 산에서 명을 받은 대로 엘리야는 그곳을 떠나 아벨므홀라에서 열두 겨리의 소로 밭을 갈고 있는 엘리사를 만나 자기 겉옷을 던져 자기를 따라오게 하였으며, 엘리사는 이때부터 엘리야를 따라 다니며 그의 수종을 들었다.

비유적인 뜻이기는 하나 선지자가 자신의 기름 부음 받았음을 선지자 임명으로 말하기도 했다(이사야 61:1). 그리고 이스라엘의 거룩한 역사를 시적으로 서술하는 대목에서 족장들을 '기름 부음을 받은 선지자'(역대상 16:22, 시편 105:15)로 표현하고 있다.

왕에게 기름 부음은 단순히 대관식 일부에 그치지 않고, 왕의 권세를 행사하는 권력 이양의 표상이었으므로 결정적인 중요성을 가지고 있었다. 기름 부음을 받음으로써 그 왕은 하나님의 신정적神政的 신하(사무엘상 16:3)가 되었다. 사울(사무엘상 10:1) · 다윗(사무엘상 16:3) · 솔로몬(열왕기상 1:39) · 예후(열왕기하 9:6) · 유다의 요아스(열왕기하 11:12) 등.

'기름 부음 받은 종'이라는 말은 구약시대에 제사장과 왕을 세울 때 머리에 기름을 부었던 사실에서 유래되었다. 그러나 신약시대에는 모든 그리스도인이 "왕 같은 제사장"(베드로전서 2:9)이라고 말하고 있다.

목사가 안수 받는 것은 기름 부음을 받은 것으로 생각해서는 안 된다. 안수는 목사만 받는 것이 아니라, 장로나 집사에게도 동일하게 행해지는 교회의 의례의 일종이며, 어떤 영적인 특권을 부여하는 것은 결코 아니다.

〈요한일서〉 2장 27절은 더 자세하게 말해 주고 있다. "너희는 주께 받은바 기름 부음이 너희 안에 거하나니 아무도 너희를 가르칠 필요가 없고 오직 그의 기름 부음이 모든 것을 너희에게 가르치며"

신약성경은 모든 그리스도인이 똑같이 기름 부음을 받았다고 가르치고 있다. 목사란 하는 일이 일반 신자와 다를 뿐이지 영적인 면에서는 동일한 그리스도인이다. 의과대학을 나와서 시험에 합격하고 인턴과정을 거치면 의사가 되듯이, 신학대학교를 졸업하고 목사고시에 합격해서 목사로서 자격을 얻으면 그것이 목사다. 목사는 그 이상도 그 이하도 아니다.

그러나 사도 바울은 "목사를 존경하라"고 하였다. "형제자매 여러분, 우리는 여러분에게 부탁합니다. 여러분 가운데서 수고하고 주님 안에서 여러분을 지도하고 훈계하는 이들을 알아보십시오. 그들이 하는 일을 생각해서, 사랑으로 그들을 극진히 존경하십시오. 여러분은 서로 화목하게 지내십시오."(데살로니가전서 5:12~13, 표준새번역) 신자들이 목사를 사랑하고, 서로 화평하고, 서로 평등하면 교회는 아름답게 성장할 것이다.

목사Pastor와 장로Elder와 감독Bishop 이 세 직분은 동일하다. 〈사도행전〉 20장 17~28절을 보면, 에베소 교회의 장로들은 하나님의 교회를 보살필Feeding or Shepherding 목적으로 세워졌다. 여기 양 떼를 보살피는 일은 어떤 권위의식이나 영적인 우월감을 나타내는 것이 아니라, 자기희생에 따른 봉사를 의미한다.

목사는 예수님이 제자들의 발을 씻어주었듯이 신자의 발을 씻어줄 수 있을 정도로 낮은 자세로 성도에게 다가갈 때 목사Shepherding의 직분을 잘 감당할 수 있다.

영을 분별할 수 있는 은사란 무엇인가?

"어떤 사람에게는 성령으로 말미암아 지혜의 말씀을, 어떤 사람에게는 같은 성령을 따라 지식의 말씀을, 다른 사람에게는 같은 성령으로 믿음을, 어떤 사람에게는 한 성령으로 병 고치는 은사를, 어떤 사람에게는

능력 행함을, 어떤 사람에게는 예언함을, 어떤 사람에게는 영들 분별함
을, 다른 사람에게는 각종 방언 말함을, 어떤 사람에게는 방언들 통역
함을 주시나니" 고린도전서 12:8~10

'영Spirit들 분별함'이란 여러 가지 영(천사, 마귀, 사람)을 분별할 수 있는 은사Gift를 말한다. 인간은 모두 같은 영을 소유하고 있지 않다. 거짓 선지자가 많은 오늘날, 어느 말씀이 하나님으로부터 온 것인지 혹은 마귀의 장난인지 분별할 수 있어야 한다. 이는 마귀도 자기를 광명의 천사로 가장하여 신자들을 미혹하기 때문이다(고린도후서 11:14).

영들을 시험해야 하는 이유

거짓 선지자들(거짓 목사, 거짓 장로, 거짓 전도사)이 세상에 나왔기 때문이다. 그런데 신자들은 거짓 선지자들이 참 선지자와 똑같은 양의 옷을 입고 있기 때문에 외형적으로 구별하기가 쉽지 않다(마태복음 7:15). 그러나 그들의 열매와 윤리적 행위로써 판단할 수 있다(마태복음 7:16).

한편 오늘날 행해지는 방언, 병 고침, 예언과 같은 영적운동 중에서 신령하지 못한 것들이 많다. 이것은 거짓 선지자

〈예수를 시험하는 사탄〉
사탄의 기원에 관해서는 일반적으로 천사장이 타락해 사탄이 되었다고 주장된다(이사야 14:12~15, 유다서 1:6). 그는 '방행자', '대적자'라고 불리듯이, 하나님을 믿는 사람들을 악으로 유혹하는 일(누가복음 11:15)과 인간을 하나님께 고소하는 일을 한다(요한계시록 12:10). 최후에 그는 무저갱에 갇히게 되고(요한계시록 20:1~3), 불과 유황못에 던지우게 된다(요한계시록 20:10).

들이 영적운동을 가장하여 자신의 사욕을 채우면서 신자들을 미혹시키기 때문이다. 그러므로 영적인 것일수록 그것을 시험하고 그 결과를 분별할 수 있는 능력이 필요하다. 이런 능력은 《성경》을 읽고 《성경》 속에서 감동을 받고 《성경》의 참뜻을 이해하는 데서 오는데, 결국은 하나님으로부터 그 능력이 온다(고린도전서 12:10).

 ## 한 번 구원받으면 항상 구원받은 상태로 있는가?

한 번 구원받으면 항상 구원받은 상태로 있다는 말은 《성경》에서 찾아볼 수 없다. 구원Salvation은 과거이며, 현재이며, 미래다. 이 단어의 뜻은 어떤 고정된 상태라기보다는 하나님과 계속되는 관계를 의미한다.

하나님은 인간이 진심으로 자기 죄를 자백하면 죄사함의 은혜를 베푸시고, 그를 하나님의 영원한 언약에 따라 자녀삼아 주신다. 그리고 그 부르심에는 후회하심이 없다고 하였다(로마서 11:29).

이런 사람은 새 생명을 받았을 뿐만 아니라, 영생도 받았다. "내가 그들에게 영생을 주노니 영원히 멸망하지 아니할 것이요"(요한복음 10:28) 이 예수 그리스도의 사역은 영원하다.

"모세가 광야에서 뱀을 든 것 같이 인자도 들려야 하리니 이는 그를 믿

세바스티안 부르동Sebastien Bourdon의 〈모세와 구리뱀〉(1653~1654년)
이스라엘 백성이 광야 생활 중 하나님께 불평하자, 불뱀이 나와 그들을 물었는데, 이때 모세가 놋뱀을 창대에 달고 이것을 보는 자는 살리라고 말했고(민수기 21:4~9), 믿음으로 그것을 쳐다본 자는 모두 치료되었다. 후에 백성이 이것을 우상으로 섬기자 히스기야 왕은 부수어 버렸다(열왕기하 18:4). 이 놋뱀은 십자가 위에서 우리의 죄를 담당한 예수의 모형으로 이해된다.

는 자마다 영생을 얻게 하려 하심이니라 하나님이 세상을 이처럼 사랑하사 독생자를 주셨으니 이는 그를 믿는 자마다 멸망하지 않고 영생을 얻게 하려 하심이라" 요한복음 3:14~15

"아들을 믿는 자에게는 영생이 있고 아들에게 순종하지 아니하는 자는 영생을 보지 못하고 도리어 하나님의 진노가 그 위에 머물러 있느니라"

요한복음 3:36

십자가에 죽으신 예수님 주위에 있는 사람들은 무슨 말을 주고받고 있을까? 이렇게 죽으신 예수를 믿어야 인간은 구원받을 수 있다.

한 번 구원을 받았다가 실패한 사람은 유대인의 초대 왕 사울과 예수님을 은 삼십에 판 유다가 있다. 모든 신자가 다 영원히 안전하게 보호된다면 이 세상에 속한 모든 재미있는 일들을 즐기면서 살아가지 말아야 할 이유가 무엇인가? 그러나 내적으로 변화되어 중생重生한 사람은 성령의 인도하심을 느끼며 살아가야 하며, 반드시 옛 생활을 버리고 새 생활을 추구해야 한다.

요한은 이런 사람은 그 속에 하나님의 씨가 있고, 죄를 지을 수 없다고 하였다(요한일서 3:9). 그러므로 만약에 어떤 신자가 죄짓기를 밥 먹듯 한다면 그 사람은 아직 구원받지 못한 것이다.

구원은 예수가 그리스도시며, 그가 우리를 위해 십자가에서 피 흘려 죽으셨으며, 부활하셨으며, 승천하셨고, 재림하시며, 우리를 죄의 저주에서 구하셨다는 것을 믿는 신앙을 통해서 온다.

이 구원의 상태는 믿음 때문에 계속된다. 구원을 받았다고 고백하는 모든 사람이 다 영원히 구원받았다는 것을 의미하는 것은 아니다.

영원안전의 교리(성도의 견인Perseverance of the Saints : 하나님의 선택으로 부름을 받은 성도는 악에 넘어지는 경우가 있어도 다시 일어나 궁극적으로 구원을 얻는다)는 진실로 구원의 능동적인 체험을 지닌 사람에게만 적용된다. 이 능동적인 체험이란 그리스도 안에서 새로운 피조물로 다시 태어나는 것을 의미한다(고린도후서 5:17). 여기 '안에'에 해당하는 헬라어 '엔'은 연합, 교제, 연결을 나타낸다. 즉, 그리스도를 믿음으로 말미암아 그리스도와 연합하고 교제하여 연결된 상태를 의미한다. 이 신비스러운 연합은 자기 자신도 모를 때가 있다.

진실로 믿는 자는 끝까지 견딘다

"내가 하늘에서 내려온 것은 내 뜻을 행하려 함이 아니요 나를 보내신 이의 뜻을 행하려 함이니라 나를 보내신 이의 뜻은 내게 주신 자 중에 내가 하나도 잃어버리지 아니하고 마지막 날에 다시 살리는 이것이니라 내 아버지의 뜻은 아들을 보고 믿는 자마다 영생을 얻는 이것이니 마지막 날에 내가 이를 다시 살리리라 하시니라" 요한복음 6:38~40

"내 양은 내 음성을 들으며 나는 그들을 알며 그들은 나를 따르느니라 내가 그들에게 영생을 주노니 영원히 멸망하지 아니할 것이요 또 그들을 내 손에서 빼앗을 자가 없느니라 그들을 주신 내 아버지는 만물보다 크시매 아무도 아버지 손에서 빼앗을 수 없느니라" 요한복음 10:27~29

예수님이 "내게 주신 자 중에 내가 하나도 잃어버리지 아니하고" (요한복음 6:39)라고 말씀하신 것은 진실로 거듭난 자들은 끝까지 지켜주실 것이라는 의지가 나타나 있으며, "그들을 내 손에서 빼앗을 자가 없느니라"(요한복음 10:28)는 말씀은 그가 선택된 자는 끝까지 그의 불가항력 은혜Irresistible Grace(창세전에 예정된 사람은 하나님의 불가항력 은혜를 받아 한 사람도 빠짐없이 반드시 영혼구원을 받는다는 칼뱅의 교리)로 지켜주실 것을 의미한다.

또한 〈요한복음〉 19장 28절에서 예수님은, "내가 그들에게 영생을 주노니 영원히 멸망하지 아니할 것이요"라고 말씀하셨다. 양으로 그를 따르고 영생이 주어진 자들은 절대로 구원을 잃거나 예수님으로부터 격리될 수 없다는 것이다.

그리고 구원을 받았다는 말은 영생을 얻었다는 뜻도 된다. '영생'이란 그리스어 '아이오니오스Aionios'가 '영원히 끝이 없는' 의미를 가진 것처럼, 한 번 받은 구원은 영원하다는 뜻도 된다.

영생은 죽음에 대한 반대 의미이며, 심판에 대한 반대 의미이고, 하나님으로부터 격리를 의미하지 않으며 하나님 앞에서 영원히 계속되는 삶을 가리킨다. "그를 믿는 자마다 멸망하지 않고 영생을 얻게 하려 하심이라"(요한복음 3:16)

〈마태복음〉 10장 22절에 보면, 예수님은 "끝까지 견디는 자는 구원을 얻으리라"고 말씀하셨다. 진심으로 거듭나 이런 구원을 가진 자는 주님의 말씀에 순종하는 삶을 살 것이며, 핍박이 온다고 해도 다른 종교로 옮기지 아니하고 끝까지 견디어 궁극적으로 구원을 받는다.

대환란은
언제 오는가?

"이는 그때에 큰 환난이 있겠음이라 창세로부터 지금까지 이런 환난이 없었고 후에도 없으리라" 마태복음 24:21

"그날 환난 후에 즉시 해가 어두워지며 달이 빛을 내지 아니하며 별들이 하늘에서 떨어지며 하늘의 권능들이 흔들리리라 그때에 인자의 징조가 하늘에서 보이겠고 그때에 땅의 모든 족속들이 통곡하며 그들이 인자가 구름을 타고 능력과 큰 영광으로 오는 것을 보리라" 마태복음 24:29~30

예수님의 재림은 위의 말씀을 볼 때 대환란The Great Tribulation 후에 이루어지리라고 믿는다. 이 대환란이 있기 전에 있을 사건을 〈마태복음〉 24장 23~24절에 소개하고 있다. "그리스도가 여기 있다 혹은 저기 있다 하여도 믿지 말라 거짓 그리스도들과 거짓 선지자들이 일어나 큰 표적과 기사를 보여 할 수만 있으면 택하신 자들도 미혹하리라"

거짓 지도자는 복음의 진리를 전하지

페테르 파울 루벤스Peter Paul Rubens의 《최후의 심판》(1617년)
《성경》에 따르면 최후의 심판은 그리스도의 재림으로 시작되며, 모든 인류는 행위에 따라 심판을 받고 사탄은 끝없는 심연에 던져지며 새 하늘과 새 땅이 도래함으로써 끝난다.

않고 자기 자신의 생각과 자기가 연구해온 것들, 그리고 고의적으로 거짓 진리를 진리인 것처럼 전하며 신앙인들을 미혹한다. 그들의 음성은 달콤하다. 그들의 교리는 논리정연하고 행하기 쉬우며 만사형통의 길을 안내한다.

거짓 선지자는 하나 되게 하기보다는 분열하게 한다. 그들은 하나님의 말씀을 전하기보다 자신의 이익을 위하거나, 사람을 기쁘게 할 목적으로 거짓 예언을 한다.

이렇게 이단 세력이 여기저기에서 일어나면 그때가 대환란으로 들어가는 초기 현상일는지 모른다.

대환란은 어느 정도일까?

AD 70년경 예루살렘 함락 당시의 참극보다 더 심한 환란일 것 같다. 역사가 요세푸스Josephus에 의하면, 예루살렘 성내에서 굶어 죽은 남녀노소의 시체가 너무 많아 산더미 같았고, 하도 배가 고파서 자기 아이를 잡아먹은 여인도 있었다고 한다(신명기 28:53, 열왕기하 6:28~29).

이때 죽은 사람이 약 110만 정도, 포로로 잡혀간 사람이 약 9만 7,000명으로 밝혀졌다. 그리고 히틀러Adolf Hitler는 유대인을 약 600만 명이나 학살했고, 스탈린Iosif Stalin과 모택동毛澤東은 각 약 2,000만 명으로 추정되는 사람을 탄광으로 보내거나 학살했다.

이것은 모두 역사의 마지막에 있을 대환란의 예고편에 불과하다. 신자들은 이때에 나타날 적그리스도가 하나님의 행세를 하는 우상

AD 70년경 로마 디도 장군은 예루살렘 성전을 파괴하고 성전 안에 있는 성물聖物들을 전리품으로 취했다.

의 영역에서 탈출해야 한다. 롯의 아내처럼 세상일에 미련을 두지 말고 신속히 예수님께서 지시하는 곳으로 피신할 마음의 준비를 해야 한다.

실제로 AD 66년경에 세스티우스 갈루스Cestius Gallus가 예루살렘을 공격할 때 신자들은 매우 신속히 베드 샨Beth Shan 남동쪽 요르단 계곡에 위치한 펠라Pella로 피신해서 참변을 면했다는 기록을 유대 역사가 '유세비우스Eusebius'의

유대인들은 나치가 집권한 1933년부터 1945년 패망할 때까지 약 600만 명 학살당했다.

책에서 읽을 수 있다.

종말에 대환란이 있을 것이라는 예언은 궁극적으로 역사의 종말에 있을 7년 대환란을 의미한다(요한계시록 11:3, 12).

최근 유전자 검사 결과, 유대인 학살로 악명 높은 아돌프 히틀러(1889~1945년)가 유대인과 아프리카인의 후손일 가능성이 높다는 사실이 확인되었다. 그는 독일의 정치가이며 독재자로 제2차 세계대전을 일으켰지만, 패색이 짙어지자 자살한 인물이다.

아돌프 히틀러

영국 일간지 〈데일리메일〉 인터넷판에 의하면, 저널리스트인 장-폴 뮐데Jean-Paul Mulders와 역사학자 마르크 베르미렌Marc Vermeeren은 히틀러의 친척 39명의 유전자 샘플을 조사해 히틀러가 유대인·아프리카인과 생물학적으로 연결됐을 가능성이 크다는 결론을 얻었다고 밝혔다.

〈데일리메일〉은 베르미렌이 벨기에 주간지 〈낵Knack〉과 가진 인터뷰를 인용, 히틀러 친척들에게서 발견되는 특정 염색체 '하플로프그룹 E1b1b(Y-DNA)'가 독일인을 포함한 서유럽인에게는 드물지만, 모르코 베르베르인과 알제리, 리비아, 튀니지 등 북부 아프리카 사람을 비롯해 스페인계 유대인에게서는 흔히 발견된다고 설명했다.

학계에 따르면, '하플로프그룹 E1b1b(Y-DNA)'는 아슈케나지 유대인

예수님의 죽음은 예언이 되었는가?

예수님의 죽음에 관한 예언은 구약성경의 여러 곳에서 찾아볼 수 있다. 《성경》 66권 중에 최초로 복음의 메시지가 들어 있는 〈창세기〉 3장 15절과 아담과 하와를 위해 가죽옷을 만들어 입히기 위해 죽임을 당한 짐승으로부터 시작해서(창세기 3:21) 전 《성경》을 통해서 피의 흔적을 추적할 수 있다. 그리고 이 모든 것은 예수 그리스도가 지상에 오셔서 피 흘려 죽음으로써 우리를 구하신다는 예언이다.

아벨의 제사(창세기 4:4)

족장들의 제사(창세기 8:20)

모리아 산의 수양(창세기 22:13)

애굽에서의 유월절 어린양(출애굽기 12:1~28)

레위기의 각종 제사(레위기 1~7장)

예수님이 배신당할 것을 예언(시편 41: 9~11)

예수님이 십자가에 못 박히실 것과 이에 수반되는 예언들(시편
22:1, 7~8, 18)

예수님이 은 삼십에 팔릴 것이라는 예언(스가랴 11:12~13)

구약의 핵심은 피에 있다. 〈레위기〉 17장 11절을 보면, "육체의
생명은 피에 있음이라 내가 이 피를 너희에게 주어 제단에 뿌려 너
희의 생명을 위하여 속죄하게 하였나니 생명이 피에 있으므로 피가
죄를 속하느니라"고 말씀하고 있다. 이 말씀은 예수 그리스도께서
피를 흘려 우리를 구원하신다는 예언이며 구약의 핵심이다. 이런
우리를 향한 하나님의 놀라운 사랑을 구약성경을 읽으면서 느낄 수
있다.

첫째, 피는 생명의 근원이기 때문이다(창세기 9:4). 따라서 피를 먹는 행위는 생명의 주관자이신 하나님의 권한을 침해하는 신성 모독죄에 해당하였다. 이런 피의 식용 금지에 관한 명령이 《성경》 전체에서 약 400회에 걸쳐 언급되는 것만 보아도 이 규례가 얼마나 중요하게 취급되었는지를 잘 알 수 있다(신명기 15:23).

둘째, 피가 인간의 죄를 사하는 속죄의 유일한 수단이기 때문이다. 따라서 피의 이런 신성한 속성 때문에 전승에 의하면 유대인은 피를 먹지 않고, 죽인 고기를 사지도 않았으며, 또한 고기의 피를 제거할 때는 랍비의 지휘·감독을 받았다고 한다.

셋째, 구약 당시 희생 제물의 피는 신약에서 인류의 죄를 속하기 위해 흘리신 그리스도의 대속의 피를 예표하기 때문이다.

하나님의 예정은 변경될 수 있는가?

하나님의 예정Predestination은 변경될 수도 있고 안 될 수도 있다. 그러나 선택Election은 그리스도를 영접한 모든 사람을 하나님께서 미리 아시고 그들에게 구원을 주기 위해 행해지는 하나님의 절대 주권적 결정이다. 그러나 예정론은 이미 예정되어 있다고 하더라도 당신의 기쁘신 뜻에 따라 변경시킬 수 있다.

예를 들면, 히스기야는 그가 죽게 되었지만(예정), 하나님께서는 그 예정을 돌려 15년 더 살게 해 주셨다(이사야 38:5). 하지만 이와 대조적으로 〈열왕기상〉 20장 30~31절을 보면, 아람 왕 벤하닷이 이스라엘과 싸울 때 그들은 하루 동안에 10만 명이나 죽게 되고, 패잔병들은 아벡 성으로 후퇴하였지만 마침 성벽이 무너져 2만 7,000명이 깔려 죽게 된다.

이처럼 하나님은 만물을 그의 목적을 위해 쓰임 맞게 만드셨으므로 불의한 사람은 재앙이 내리는 날에 재앙을 받을 사람으로 만드셨다(잠언 16:4).

대중문화 속에 숨어 있는 예정론

BC 400년경에 살았던 그리스의 최대의 드라마 작가인 소포클레스 Sophocles(?BC 496~BC 406년)는 그의 유명한 희곡 《오이디푸스 왕》을 90세에 썼다. 오이디푸스 왕에게는 그가 친아버지를 죽이고 친어머니와 결혼한다는 예언이 있었지만, 그는 그런 예언을 무시했

요한 페테르 크라프트Johann Peter Krafft의 〈오이디푸스와 안티고네〉(1809년)
친아버지를 죽이고 친어머니와 결혼한 사실을 알고 자신의 눈을 멀게 하고 딸 안티고네와 방랑생
활을 떠나는 오이디푸스

다. 그러나 결국 아버지를 죽이고 어머니와 결혼을 한다는 비극적
인 드라마다.

논쟁을 불러일으켰던 영화, 〈내추럴 본 킬러Natural born Killers〉 (올
리버 스톤Oliver Stone 감독, 1994년)도 살인하게 되는 것이 자기의 뜻으
로 이루어지는 것이 아니고 어쩔 수 없이 살인을 하게 된다는 이야
기가 이 영화의 주제다.

베스트셀러 작가 로빈 쿡Robin cook(1946~2005년)의 소설 《돌연변
이Mutation》(1989년)에서 주인공인 과학자는 자신 아들의 유전자를
조작해서 초인적인 지능을 갖게 한다. 그러나 그 아이가 자라서 유
능하지만, 매우 냉혹한 살인자가 된다는 이야기다.

1995년 〈사이언스 뉴스Science News〉의 잡지에 '바다 한가운데서
사는 물고기'에 관한 이야기가 실렸다. 물고기들도 수컷 한 마리를
리더로 해서 무리를 지어 다닌다고 한다. 그런데 리더인 수컷 물고
기가 갑자기 죽거나 다른 큰 물고기에 잡혀먹히면, 암컷 물고기 중
에서 힘 있는 한마리가 수컷으로 성전환하여 리더가 되어 물고기
무리를 이끈다고 한다. 즉, 어떤 뜻에 따라 유전자도 바뀔 수 있다
는 이야기다.

방울뱀의 독은 청산가리보다 강해서 물리면 어떤 동물이라도 죽

는다. 그러나 사막 한가운데서 사는 이 방울뱀이 지나가는 다람쥐 한마리를 물었다. 그런데 방울뱀에 물린 다람쥐는 죽지 않고 살아서 달아났다. 왜일까? 즉흥적으로 그 어미 다람쥐의 몸에서 방울뱀의 독을 중화시키는 호르몬이 생성되어 방울뱀의 독을 무의미하게 만들었기 때문이다. 이것은 하나님께서 설계한 유전자도 당신의 즐거운 뜻에 따라 변경될 수도 있다는 것을 보여주는 예이다.

인류학자들은 근대의 인간이 아프리카에서 유럽에 도착한 것을 약 45,000년 전으로 추정하고 있다. 그리고 당시 인간은 검은 피부였다고 한다. 그러나 유럽에서 생활하면서 비타민 D 합성을 위해 필요한 햇빛을 받아들이면서 피부색이 점점 엷어졌다고 한다.

피부색을 결정하는 게놈세트의 분석에 의하면, 유럽인의 피부가 현재처럼 희어진 것은 불과 약 6,600년 전쯤이다.

 ## 천국과 낙원은 어떻게 다른가?

예수님께서 십자가에 매달릴 때 두 강도가 양옆에서 같이 십자가에 매달렸다. 그중 한 사람은 예수를 비방했고, 다른 한 사람은 예수가 잘못한 것이 하나도 없다는 것을 알고 있었으며 자기의 죄를 회개했다. 이런 그에게 예수님이 "오늘 네가 나와 함께 낙원에 있으리

라"(누가복음 23:43)고 말씀해 주셨다.

이 '낙원Paradise'(에덴동산을 처음으로 낙원이라고 함)이라는 단어는 구약성경에 세 번 나오며(창세기 2:8, 전도서 2:5, 아가서 4:13), 신약성경에서도 세 번 나온다(누가복음 23:43, 고린도후서 12:4, 요한계시록 2:7).

그리고 이 낙원이란 말은 '벽을 두른 정원'이란 뜻을 가진 페르시아 말이다. 페르시아 왕이 자기 백성 중의 한 사람에게 아주 특별한 영광을 베풀고자 할 때에는 그를 정원의 길동무로 삼아서 왕과 함께 정원에서 거닐 수 있는 영광을 베풀었던 것처럼, 예수님은 한 강도에게 하늘나라 정원의 길동무로써 영광스런 처소에 함께하겠다고 약속하셨던 것이다.

이처럼 아마도 낙원은 주 안에서 죽은 자들이 죽자마자, 새 하늘과 새 땅에 들어가기 전에 가는 중간 장소인 것 같으며, 행복과 축복이 있는 아름다운 곳일 것 같다.

샤를 조제프 나투아르Charles Joseph Natoire의 〈낙원에서의 방출〉(1740년)
아담과 하와는 선악과를 따 먹지 말라는 하나님의 말씀을 어겨 에덴동산에서 추방당하였다.

# 사함 받지 못하는 죄가 있는가?

하나님 용서의 은혜는 무한하지만 '죽음에 이르는 죄'가 있다. 한마디로 말하면, 그리스도의 복음을 끈질기게, 악질적으로 거절하는 것이 사함 받지 못하는 죄Unpardonable Sin가 된다.

"그러므로 내가 너희에게 이르노니 사람에 대한 모든 죄와 모독은 사하심을 얻되 성령을 모독하는 것은 사하심을 얻지 못하겠고 또 누구든지 말로 인자를 거역하면 사하심을 얻되 누구든지 말로 성령을 거역하면 이 세상과 오는 세상에서도 사하심을 얻지 못하리라" 마태복음 12:31~32

예수님께서 이 죄에 대하여 말씀하신 내용에서 성령을 모독하고 욕되게 하는 일은 그리스도에 관한 성령의 증거를 결정적으로, 끈질기게, 고의로 악의를 가지고서 거역함을 의미한다. 이것은 예수님의 복음을 영구히 거절하는 것을 의미한다.

하지만 어떤 사람이 자기가 사함 받지 못한 죄를 지었다고 마음에 근심하고 있다면, 그 사실 자체가 그 죄를 범하지 않았음을 말해준다. 왜냐하면 영원히 죄사함을 받지 못할 죄를 지은 사람은 죄에 대해서 뉘우치고 한탄하지 않기 때문이다. 또 한편으로는 영원한 죄에 대해서 아무리 강조하더라도 그것이 하나님의 용서하시고자 하는 목적을 제한하거나 방해할 수는 없다.

하나님의 용서는 복음서에 나타나는 《성경》의 주제다. 실제로 예수님은 자신을 십자가에 못 박은 사람들을 용서해 달라고까지 기도했다. 베드로는 세 번이나 예수님을 부인한 죄를 지은 후 회개하기도 했다.

이처럼 하나님의 용서하심이 있어도 계속해서 예수를 거부하는 사람은 복음의 진리로부터 완전히 차단되어 단호한 심판을 받게 된다. 이것이 성령의 역사를 모독하는 것이고 영원히 사함 받지 못하는 죄가 된다.

세례는 꼭 받아야 하는가?

옛사람은 죽고 그리스도 안에서 다시 태어남을 상징하는 '세례 Baptism'는 헬라어 밥티스마Baptisma 혹은 밥티스모스Baptismos의 그리스어 동사에서 나왔다.

　예수님은 이 세례를 권위적으로 표현하면서 "제자를 삼고 세례를 주라"(마태복음 28:19)고 명하셨다. 디도는(3:5) 세례Washing(NIV)는 중생과 새롭게 함과 의롭게 함을 영생의 유업자들에게 돌리는 매개체라고 하였으며, 사도 바울은 이스라엘 조상이 모세와 함께 구름의 인도를 받고 홍해를 건넌 사건(고린도전서 10:1~2)을 신약시대의 신자들이 그리스도와 합하는 세례(로마서 6:3~4)를 예시하는 것으로 설명했다.

　그리고 마르틴 루터Martin Luther는 세례를 단순한 물 뿐만이 아니라, "하나님의 명령 안에서 이해된 물이다"라고 주장했고, 웨스트민스터 소요리 문답은 세례를 "물로 씻는 것"이라 말했다.

　즉, 세례가 있으려면 요소와 행위에 반드시 '말씀'이 포함되어 한다. 만약 세례를 받을 때 말씀을 빼면, 물은 단지 물일 수밖에 없다.

　이 세례를 세례 요한도 하나님으로부터 행할 것을 명령받고(누가

　국내에서는 1886년 7월 11일 노춘경盧春京이라는 사람이 언더우드Horace Grant Underwood(1859~1916년)로부터 최초로 세례를 받았으며, 해외에서는 1876년에 백홍준白鴻俊, 이성하李成夏, 김진기金鎭基, 이응찬李應贊이 만주의 잉쿠营口에서 스코틀랜드 선교사 존 맥킨타이어John Macintyre에게 세례를 받았다.

한국 최초의 세례교인 노춘경(일명 노도사라고 불렸다).

《예수성교전셔》 이응찬, 백홍준, 서상륜, 로스 Ross, 맥킨타이어 공역.

복음 3:2) 사람들에게 물로 세례를 주었다(요한복음 3:23). 그리고 예수님은 밤중에 찾아온 니고데모에게 반드시 요한의 세례를 받으라고 말씀하셨다(요한복음 3:3 이하). 후에 니고데모는 변화를 받고 예수님의 시신을 찾아 장사지내지만, 바리새인들은 요한의 세례를 거부함으로써 영원한 멸망을 자초하였다(누가복음 7:30). 이유는 요한의 세례가 장차 올 진노에서 그들을 피하게 해주기 때문이며(마태복음 3:7), 죄사함을 받게 하며(마가복음 1:4), 중생의 씻음이기 때문이다(요한복음 3:5).

세례는 꼭 물속에 "잠겨"야 하는가?

헬라어 '밥티조Baptizo'는 '무엇을 물속에 담그다' 혹은 '물속에 집어넣는다'의 의미로써 《성경》 안에서나 밖에서도 일반적으로 사용된다. 그러므로 세례를 받는 사람의 온몸이 물속에 들어가는 것이 요한의 세례와 같다. 머리를 수면 아래로 한 번 또는 세 번 넣는다.

그러나 오늘날에 와서는 머리나 얼굴에 물을 가볍게 뿌리는 것이 세례가 되었다. 온몸이 물속으로 들어가는 세례나 약식으로 물을 뿌리는 세례 모두 합당하다.

세례는 상징적이다

세례의 물은 우리의 모든 죄를 씻어주는 그리스도의 피와 죄의 지배 및 우리 성품의 부패를 막아주는 성령이 거룩하게 하시는 영향력을 대표하고 상징하며, 물로 세례를 받는 것은 그리스도의 피와 공로로 죄에서 깨끗함을 받고 그리스도의 죽음과 부활로 말미암아 죄를 뉘우치고, 죄에서 떠나 새 생명으로 나아가는 것을 상징한다.

세례는 가톨릭의 교권주의로 이용되기도 했다

교권教權을 장악한 로마 가톨릭은 그들의 권리 신장의 방법으로써 교회에서 수행하는 세례의식에 신비한 능력이 있는 것처럼 선전하기 시작했다. 그 의식은 물론 성직자들만이 집행할 수 있는 최대의 무기가 되었다. 마침내 그들은 이 의식 자체에 구원이 있다고 주장하기에 이르렀으며, 따라서 구원을 받기 위해서는 누구나 사제의 결정에 따라 이 의식의 수혜자가 되지 않을 수 없었다.

이 세례 중생설仲裁說은 2세기와 3세기에 에비온파Ebionites의 사람들에 의해서도 이미 주장되었으며, 3세기에 와서는 이런 생각이 일반화되었다.

하지만 성 아우구스티누스St. Augustinus (354~430년)는 그 교리가 잘못되었음을 알고 "세례를 통하여 원죄가 사라지며 … 세례 받지 않고 죽어가는 철들지 않은 유아들은 물려받은 원죄 가운데서 죽어간다"고 주장했다.

그러므로 세례가 구원의 필수조건이라는 로마 가톨릭의 주장은 할례가 구원을 얻는데 필수조건이라고 말하는 것과

성 아우구스티누스
4세기 알제리 및 이탈리아에서 활동한 신학자로 서방교회의 4대 교부 가운데 한 사람. 초대 그리스도교 교회가 낳은 위대한 사상가며, 교부 철학의 대성자로 고대문화 최후의 위인이었다. 고대 신플라톤주의 철학과 기독교를 결합하여 중세 사상계에 영향을 주었다.

같다. 이 세상에서 가장 큰 죄는 다른 복음을 전하는 것이라고 바울은 말했다(갈라디아서 1:6).

세례를 받지 않아도 구원받을 수 있는가?

"세례를 받지 않아도 구원은 받을 수 있으니 세례를 받을 필요가 없지 않느냐?"라고 반문하는 사람도 있다. 물론 세리 삭개오(누가복음 19:9)와 십자가 위에서 회개한 강도(누가복음 23:42~43), 백부장 고넬료(사도행전 10:47)도 세례를 받기 이전에 이미 구원을 받았다고 선언되었다. 그러나 세례는 기독교가 갖는 가장 중요한 의식 중 하나다. 이런 의식은 알맹이를 싸고 있는 열매껍질과 같다.

그러므로 주님께 순종하는 삶을 살려면 세례는 필요하다. 왜냐하면 예수님께서 자신을 믿는 모든 사람에게 세례를 받으라고 명하셨기 때문이다(마태복음 28:19).

또 한편으로는 세례가 구원의 필수조건이라고 말할 수도 없다. 세례가 구원의 필수조건이라면 사도 바울이, "그리스도께서 나를 보내심은 세례를 베풀게 하려 하심이 아니요 오직 복음을 전하게 하려 하심이로되"(고린도전서 1:17), "나는 그리스보와 가이오 외에

504년 무렵 건설된 성 아폴리나레 누오보St. Apollinare Nuovo 성당의 모자이크로 되어 있는 예수님이 세례받는 모습.

는 너희 중 아무에게도 내가 세례를 베풀지 아니한 것을 감사하노니"(고린도전서 1:14)라고 선포하지 않았을 것이다.

구원은 죄로부터 의롭다 함을 받는다는 믿음을 갖는 순간에 이루어지는 것이지, 물로 세례를 받는 순간에 이루어지는 것이 아니기 때문이다. 세례를 받는 것은 하나님과 바른 관계를 갖고 하나님을 향해서 가는 것을 의미한다.

유아 세례는 꼭 받아야 하는가?

유아 세례를 특히 반대하게 하는 것은 유아가 세례를 받는 장면이

《성경》에 단 한 번도 기록되어 있지 않기 때문이다. 오히려 《성경》을 전체적으로 보면 세례는 언제나 구원받은 후에 행해졌다. 그러므로 세례는 선한 양심으로 하나님을 향하여 나아갈 수 있는 나이가 든 사람들에게 행해지는 것이 바람직하다.

예를 들면, 예수님이 세례 요한에게 세례를 받았을 때나(마태복음 3:16), 빌립에 의해서 구원을 받게 된 에티오피아 내시가 세례를 받았을 때는 성인이었다(사도행전 8:38). 그 외 사람들도 믿은 후에 세례를 받았다(사도행전 18:8).

 천국의 열쇠는
누가 소유하고 있는가?

"내가 천국 열쇠를 네게 주리니 네가 땅에서 무엇이든지 매면 하늘에서도 매일 것이요 네가 땅에서 무엇이든지 풀면 하늘에서도 풀리리라"

마태복음 16:19

일반적으로 열쇠는 문을 열고 어떤 장소에 들어가기 위해서 만들어졌다. 이 문을 열 수 있는 것은 열쇠를 소유한 사람만이 할 수 있다.

로마 가톨릭 교회에는 예수님께서 베드로 개인에게 천국 열쇠를 주셨으며, 당신의 대리자로서 신약 교회를 다스릴 전권全權을 주셨다고 주장한다. 그리고 그의 뒤를 이어 당시 로마 제국의 수도였던

피에트로 페루지노Pietro Perugino의 〈베드로에게 천국의 열쇠를 주는 예수〉(1480~1481년)
바티칸궁전 시스티나 성당의 벽화.

로마에 세워진 로마 교회의 지도자가 된 교황은 사연히 베드로가 가졌던 교회에 대한 전권을 물려받았다고 주장한다. 그러나 이 주장은 잘못된 해석이며, 천국 열쇠의 약속은 베드로를 포함한 신약 교회 전체에 주어진 것이다.

천국 열쇠란, "하나님이 세상을 이처럼 사랑하사 독생자를 주셨으니 이는 그를 믿는 자마다 멸망하지 않고 영생을 얻게 하려 하심이라"(요한복음 3:16)는 예수님의 복음을 전파할 수 있는 권세를 의미한다.

> **페브로니우스주의Febronianism**
>
> 18세기 후반 독일과 오스트리아에서 교회 내의 교황의 권위를 제한하려던 운동을 말한다. 이 운동은 흔트하임J. N. von Hontheim이 '유스티니우스 페브로니우스Justinus Febronius'라는 가명으로 《The State of the Church and the Legitimate Authority of the Roman Pontiff, a Book Composed for the Purpose of Uniting in Religion Dissident Christians》(1703년)를 저술하여, 그 교리를 주장하였는데, '천국 열쇠'는 교황권에 주어진 것이 아니라 전체 교회에 주어졌으며, 전체 교회는 교황으로부터가 아니라 하나님으로부터 직무를 받은 모든 주교로 구성되는 전체 교회회의를 통해 작용한다고 주장했다.

즉, 선포된 복음을 받아들임으로써 천국의 문을 열고 들어갈 수 있는 권세를 가진 열쇠다.

성 아우구스티누스는 천국의 열쇠에 대해 "이 열쇠는 베드로나 열한 제자에게만 주어진 것이 아니고 전 교회에 부여된 권위다"라고 말했다. 그러므로 성도는 누구나 천국의 열쇠를 가지고 있다. 왜냐하면 복음을 다른 사람들과 나눌 수 있고, 복음을 전함으로써 수많은 사람이 천국으로 들어갈 수 있는 문을 열게 하는 역할을 하기 때문이다.

 ## 방언은 무엇인가?

방언은 각 나라 사람들이 사용하는 언어Tongue(창세기 10:5, KJV)를 지칭하거나 성령의 은사 아홉 가지 중에 하나다(고린도전서 12:4~11). 신약성경에서 이 방언의 은사가 가장 명확히 나타난 것은 오순절을 묘사한 〈사도행전〉 2장이고, 가장 광범위하게 말해주고 있는 곳은 〈고린도전서〉 12~14장이다.

이 방언은 하나님의 역사와 성령 충만의 직접적인 결과로 생기는 무아지경에서의 영적 언어이며, 말하는 사람이 그것을 의식으로나 이성으로는 억제하지 못한다는 신약성경의 방언에 관한 설명은 구약성경에 이미 나타나 있다.

예루살렘 시온 산 부분에는 오순절 성령 사건이 임한 장소로 알려진 '마가의 다락방'이 있다. 이곳에서 초대교회 때 예수님의 제자들과 함께 120명이 모여 기도하고 있었을 때 성령의 놀라운 역사가 일어났다.

베드로는 세계 각국에서 와서 예루살렘을 순례했던 유대인들에게 방언 현상을 설명할 때, "내가 내 영을 모든 육체에 부어 주리니 너희의 자녀들은 예언할 것이요 너희의 젊은이들은 환상을 보고 니희의 늙은이들은 꿈을 꾸리라"(사도행전 2:17)고 선지자 요엘의 말을 인용했다.

또한 바울은 "내가 다른 방언을 말하는 자와 다른 입술로 이 백성에게 말할지라도 그들이 여전히 듣지 아니하리라"(고린도전서 14:21)고 한 선지자 이사야의 말을 인용하여 믿는 자들을 위하지 않고 믿지 않는 자들을 위한 표적이라는 방언의 증거적 성격을 설명했다.

오순절은 인간의 언어가 혼잡하게 되어 서로 알아들을 수 없었던 바벨의 상태(창세기 11:9)와는 정반대로 누구나 알아들을 수 있도록 언어가 통일된 상황이었고, 또한 오순절에 방언이 행해진 것은 유대의 전통에 의해 동시에 세계의 모든 언어로 전해진 '율법의 세우심'과 부응된다는 것을 설명하기 위해서였다고 한다.

초기 기독교 학자들은 '방언을 말하는 것'보다 '방언을 들을 수 있는 것'이 기적이었다고 제안했는데, 이는 "우리가 우리 각 사람이 난 곳 방언으로 듣게 되는 것이 어찌 됨이냐"(사도행전 2:8)란 말씀이 뒷받침하고 있다. 바울도 말하기를, 방언하는 자가 방언을 말해도 자기도 이해 못하고 듣는 자도 이해 못하므로 통역이 필요하다고 하였다(고린도전서 14:2, 13~19). 이유는 서로 틀리는 역할을 하는 영과 마음을 소유한 인간이 단지 영으로만 하는 방언을 일만 마디 말을 한다고 해도 마음으로 하는 다섯 마디의 말보다 못하기 때문이다.

그러므로 방언의 은사를 받은 사람은 자신이 '은사'를 받았음을 기억하고, 덕을 세우며 겸손과 사랑으로 교회에 봉사하도록 노력해야 한다.

 ## 십일조는
꼭 내야 하는가?

"사람이 어찌 하나님의 것을 도둑질하겠느냐 그러나 너희는 나의 것을 도둑질하고도 말하기를 우리가 어떻게 주의 것을 도둑질하였나이까 하는도다 이는 곧 십일조와 봉헌물이라 너희 곧 온 나라가 나의 것을 도둑질하였으므로 너희가 저주를 받았느니라 만군의 여호와가 이르노라 너희의 온전한 십일조를 창고에 들여 나의 집에 양식이 있게 하고 그것으로 나를 시험하여 내가 하늘 문을 열고 너희에게 복을 쌓을 곳이 없구약시대에 소산물의 수입 십분의 일을 하나님께 드려 전적으로 하나님께 봉사하는 레위인을 지원하는 것은 율법의 명령이었다(레위기 27:30, 민수기 18:26). 그런데 그 당시 백성이 십일조Tithes를 드리지 않으므로 레위인들이 생계를 유지할 수 없어서 성전의 직무를 버리고 자기 밭으로 돌아가버렸다. 이 사실을 안 느헤미야가 백성을 책망하여 다시 십일조를 드리게 한 일도 있다(느헤미야 13:10~12).

신약시대에 사는 우리는 예수님으로 말미암아 율법 아래 있는 자가 아니라, 십일조뿐만이 아니고 모든 수입과 소유가 하나님에게서 왔기 때문에 모든 소유권을 하나님께 넘기고 온전히 헌금해야 한다. 그러나 수입이 없을 때는 교회에 헌금하지 않아도 되며 수입이 적어 생활하기에 어렵다면 헌금을 안 해도 된다고 본다.

심는 대로 거둔다

“주라 그리하면 너희에게 줄 것이니 곧 후히 되어 누르고 흔들어 넘치도록 하여 너희에게 안겨 주리라 너희가 헤아리는 그 헤아림으로 너희도 헤아림을 도로 받을 것이니라” 누가복음 6:38

이 말씀은 후히 주시는 하나님의 상급에 비유하고 있다. 즉, 일반

곡물 시장에서는 되를 깎거나 눈금을 속여 불량을 줄이는 것이 시장의 관습이라면, 하나님은 마치 되에 곡물을 듬뿍 담고 그것을 꼭꼭 눌러서 사랑의 계명을 지키며 사는 자녀들에게 후한 상금을 주신다는 내용이다. 이것이 오늘을 사는 신앙인들의 황금률이다.

사도 바울도 역시 이렇게 말한다. "적게 심는 자는 적게 거두고 많이 심는 자는 많이 거둔다 하는 말이로다 각각 그 마음에 정한 대로 할 것이요 인색함으로나 억지로 하지 말지니 하나님은 즐겨 내는 자를 사랑하시느니라"(고린도후서 9:6~8)

모세의 율법 아래에서 십일조는 매우 굴욕적이고 잘못 사용된 적이 많았지만, 예수 그리스도께서 오신 이후의 십일조의 개념은 "뿌린 대로 거둔다"는 데 있다.

《토라Torah》는 히브리어로 '후마쉬'라고 불리는 모세오경을 말한다. 이 《토라》는 원래 1년에 한 번 혹은 3년에 한 번 다 읽을 수 있도록 나누어서 읽는 전통을 가지고 있다. 《토라》는 서기관이라는 《토라》 기록 전문가가 손으로 써야 하는데, 두루마리 하나를 작성하는 데에는 보통 1년 반에서 3년이 소요된다고 한다.

예수님은 십일조를 말씀하셨을까?

십일조 제도는 모세의 율법으로 제정되어 유대교에서 지금까지 수 천 년 동안 지켜 내려오는 전통적인 제도 가운데 하나다.

《레위기》에 의하면, 십일조는 하나님의 몫이므로 하나님의 백성 된 자들은 그들 소산의 십분의 일을 하나님께 드리는 것이 마땅한 일이었다(27:30~33). 성직자의 생계비 등을 위해서 재정은 필수적이다. 그렇다고 하여 만약 어떤 성직자가 십일조를 신앙생활의 필수조건으로 주장한다면 이는 일종의 강요다.

예수님께서 자기 몸을 십자가의 제물로 바침으로써 인류의 구원이 가능해졌으며, 모세의 옛 율법이 폐지되었고 새로운 언약이 성립되었다는 것을 교회는 잘 알고 있다. 〈히브리서〉의 말씀이 이를 증명하고 있다. "전에 있던 계명은 무력하고 무익하므로, 폐하게 되었습니다. 율법은 아무것도 완전하게 하지 못하였습니다. 그래서 하나님께서는 더 좋은 소망을 우리에게 주셨습니다. 우리는 이 소망을 힘입어서 하나님께 가까이 나아갑니다."(7:18~19, 표준새번역)

구약 때 레위인이 받는(민수기 18:21~24) 그 십일조는, 즉 신정 일체 시대에 성전에서 봉사하는 제사장들과 또 생계를 위하여 직업을 가질 수 없었던 레위인의 생계를 위하여 사용되었다. 또 왕도 그 십일조를 받았다(창세기 14:18~20, 히브리서 7:2~4).

조누가 교수는 《십일조를 넘어서》란 저서를 펴낸 이유를 "십일조에 관한 잘못된 생각들을 《성경》을 통하여 밝힘으로써 예수 그리스도의 십자가 복음과 하나님 자녀의 영광의 자유(로마서 8:21)를 더욱 분명히 선포하며 성령 안에서 주는 생활의 진정한 기쁨을 맛보도록 하는 데 있다"라고 말한다.

또한 그는 '역사적 측면'과 '심리적 측면' 등에서 분석한 십일조의 유래를 비롯하여 철저히 《성경》 해석에 근거하여 십일조의 '연원'과 '역사', '왜곡'을 파헤치고 있다.

그 십일조를 받고 살던 제사장들과 레위인은 성전 봉사는 물론 그밖에 국민 교육을 책임지고 또 국가의 행정 사무를 담당하며 사법·재판 등과 의료사업까지 담당하는 국가 공무원의 역할을 하였는데, 그런 의미에서 왕도 십일조를 받았다(신명기 17:8~13). 그러므로 십일조는 현대적인 의미에서 보면, 국민이 국가에 납부하는 세금의 일종이었다. 이스라엘 백성은 이와 같은 이유와 목적으로 모두 십일조를 바쳐야만 했다.

그렇다면 현대 사회에 사는 기독교인이 국민으로서 국가에 세금을 내고 그 위에 또 성도로서 교회에 십일조를 바쳐야 하는가 하는 문제가 생긴다. 만일 그래야 한다면 기독교인은 이중으로 세금을 내는 처지가 되는 셈이다.

기독교인이 교회생활을 하면서 하나님의 은혜에 감사하여 스스로 십일조를 바치든, 십의 이조를 바치든, 혹은 백의 일조를 바치든 그것은 오직 본인의 자유이고 또 본인의 신앙과 재정 사정에 맡겨야 한다고 생각한다. 두말할 것도 없이 교회와 공공사업을 위하여 헌금하는 일은 매우 좋은 일이며, 또 장려할 만하다. 실제로 교회라는 기관은 재정 없이는 운영 유지할 수 없다. 선교 · 봉사 · 교육 · 건물유지 · 기타 등….

하지만 분명한 것은 《성경》에서는 율법이 폐지되었다고 하였다(갈라디아서 3:10~11). 그러므로 유대교인이 아닌 우리 기독교인은 지금 모세의 옛 언약, 즉 율법 아래 있지 않고 예수의 새로운 복음의 언약 아래 있다.

다시 말하면, 우리는 예수의 보혈로 구원받고 모세의 율법 613개

의 금지령에서 해방된 것이다. 그리고 신약성경에 십일조를 내야 한다는 규정도 없다. 그러므로 기독교인은 모세의 율법에 규정되어 있는 것들을 다 지킬 필요가 없다. 예를 들면, '할례'를 받지 않아도 되고, 율법에서 금지한 돼지고기를 먹을 수도 있고, 은행에 예금하여 이자를 받을 수도 있고, 안식일 대신에 주일을 지킬 수도 있다.

신약에 십일조가 없는 것은 그런 까닭이다. 만일 기독교인이 아직도 율법 아래 있다고 하면 십일조는 물론 할례도 받아야 하고, 돼지고기는 먹을 수 없고, 안식일을 지켜야 하며, 은행이자도 받아선 안 되고, 형님이 자손 없이 타계하였을 때는 형수 방에도 들어가야만 하고, 또 아브라함·모세·야곱·다윗·솔로몬처럼 수많은 처첩을 거느려도 된다. 그뿐만 아니라 기독교인은 매년 적이도 세 번은 예루살렘 성전으로 가서 제물을 바치고 레위인과 제사장을 통해 제사를 드려야 한다. 또 지금처럼 교회에서 예배드릴 수 없고 안식일에 회당을 찾아가야 한다.

그러나 기독교는 예수님께서 십자가에 달리신 이후로 유대교의 모세 율법에서 벗어나 새로운 종교로 탈바꿈되어 율법을 엄수할 필요가 없게 되었다. 예수 그리스도로 율법이 폐지되었기 때문이다. 그런데 기독교는 율법 조항들은 다 무시하고 지키지 않으면서 모세의 율법 중에서도 왜 하필이면 십일조 하나만을 끄집어내어 그것만은 필수라고 강조하며 지키라고 하는가? 그것은 복음으로 구원받은 자가 폐지된 율법을 추종하는 것이며, 보혈을 무효화 혹은 약화시키는 처사가 아닌가?(조찬선 지음,《기독교 죄악사》중에서 인용하였다)

하나님은 엿새 동안 창조하셨는가?

"태초에 하나님이 천지를 창조하시니라"(창세기 1:1) 이《성경》의 첫 문장은 우리가 알고 있는 '때'의 첫 순간이며, 우주가 나타나는 첫 순간이다. 하나님께는 '시작'이란 없다. 그는 영원부터 존재하셨기 때문이다. 천지 창조는 하나님 자신으로부터 외부로 향한Outside of Himself 첫 번째의 역사였다. 그가 '시간'을 창조하고 그 안으로 들어온 것이다. 그리고 하나님은 그 지으신 모든 것을 보며 심히 좋았다고 하셨다(창세기 1:31).

그러면 〈창세기〉 1장 1절의 '원 창조'와 1장 나머지 6일 동안의 창조 사이에는 그 기간이 장기간일까, 아니면 문자적으로 6일(144시간)일까? 6일 창조에 앞서 장기간이었다는 설은 과학자들과 신학자들 사이에 일반적으로 인정하고 있다.

아마 6일 창조 사이에는 수억 년의 시간이 있었을 것이다. 24시간의 '날'들로 본 해석은 근대 교회에서부터였으며, 크리스천 과학자들로 모임을 이룬 '창조 과학회'에서도 창조 시간을 문자 그대로 6일로 본다.

그러나 우리는 다른 면에서 생각해 볼 필요가 있다. 우리는 '날Day'이란 용어를 해석한다고 해서 별다른 도움을 얻어낼 수는 없다. 왜냐하면《성경》에서 '날'이란 말이 다양하게 쓰이고 있기 때문이다.

예를 들면, '날'은 어둠과 분리되는 '낮'의 시간으로 쓰이기도 했

으며(창세기 1:4, 16, 18), 낮과 어둠을 합해서 '날'이라 하기도 했으며(창세기 1:5), 창조의 6일간 전체를 '날'이라 말하고 있다(창세기 2:4).

또한 《성경》에는 장구하고 무정한 시기에 대해서도 기록하고 있다. '환난의 날'(신명기 32:35), '싸우는 날'(사무엘상 13:22), '진노의 날'(욥기 21:30, 요한계시록 6:17), '구원의 날'(고린도후서 6:2), '주의 날'(스바냐 1:7, 14)이다. 그리고 '날Yom'이란 히브리어는 '때'로 번역된 예가 많다(창세기 26:8, 38:12, 민수기 13:20).

6일을 장기간으로 주장하는 학자들 가운데는 신학자로서는 찰스 하지charles Hodge · 쉐드Shedd · 마일리Miley · 스트롱A. H. Strong이 있고, 유명한 과학자로서는 예일 대학교의 제임스 다나James Dwight Dana · 프린스턴의 아널드 기요Arnold Henry Guyot가 있다. 이 사람들은 모두 〈창세기〉의 설명과 지질학의 발견과의 놀라운 일치를 지적해 내고 있다.

죽음 이후의 세계는 어떠한가?

죽음 이후의 세계는 우리가 느끼는 시간을 초월하기 때문에 우리의 시각으로는 설명하기가 어렵다.

사도 바울은 "우리가 여기 있어 탄식하며 하늘로부터 오는 우리 처소로 덧입기를 간절히 사모하노라"(고린도전서 5:2) 하며 현실 세계에서 고난을 받으면서도 기뻐하는 이유를 말한다. 그는 또한 이 세상에서 고통이 많으면 많을수록, 크면 클수록 내세에서 영광이 더욱 크다고 하였다. 이처럼 바울이 죽음 이후의 삶에 관심이 있었던 것은 우리의 영원한 삶의 터전이 되기 때문이다.

그러면 우리가 죽으면 몸은 어떻게 될까? 〈빌립보서〉 1장 23절을 보면, 죽음은 그리스도와 함께 있기 위하여 출발하는 것이며, 그것은 훨씬 더 좋다고 말한다. 몸을 떠나 있는 것은 하나님과 함께 있

기 때문이다(고린도전서 15장, 데살로니가전
서 4장).

우리가 죽어서 이 육체를 떠나면 하늘
에 있는 새로운 몸, 영원한 우리 집을 가
지게 된다. 그 집은 사람의 손으로 지은
것이 아니라, 하나님께서 지으신 집이
다. 이것을 하나님은 우리를 위해 준비
해 두셨으며, 그 보증으로 성령님을 보
내주셨다. 그래서 우리는 마치 새 옷을
갈아입는 것처럼, 하늘의 몸을 입을 날
을 고대하며 살아가야 한다.

피터 잭슨Peter Jackson의 〈러블리 본
즈The Lovely Bones〉(2009년) 영화
이 영화는 남겨진 이들의 슬픔을 지켜보
며 가슴 아파하는 수지의 시각을 통해
죽음, 그 이후의 아픔으로 더욱 단단해
진 한 가족의 모습을 보여준다. 울부짖
던 소녀의 절규는 가족의 화목과 사랑을
빌며 비로소 모든 슬픔과 원망을 내려놓
는다. 천국을 향해 한걸음 다가서며 보
여주던 그녀의 평온한 미소는 눈물과 함
께 가슴속 깊이 파고들게 한다.

죽음 이후의 삶은?

《죽음 이후의 삶On Life After Death》을 쓴 엘리자베스 퀴블러 로스
Elisabeth Kübler-Ross는 스위스에서 의학을 전공하고 미국 맨해튼 주
립병원에서 일한 세계적인 죽음학자다. 그는 이 책에서 2만여 명의
근사체험近死體驗을 한 사람의 사례를 연구하여 경험한 것을 유려한
문체로 생생하게 죽음에 대해 증거한다.

죽음에는 관심이 없었던 로스는 정신과 의사로 근무하면서 '왜 어
린이들이 죽어야 할까?' 생각하며 분노했고, 자신도 육체이탈 체험
을 하면서 죽음에 대해 진지하게 연구하게 되었다고 한다.

그러면서 그는 죽음 뒤의 삶을 '평화'라는 말로 압축한다. 제아무

리 분노와 좌절을 안고 죽은 자라도 임종 직전에는 편안한 이완弛緩을 맛본다고 한다. 육체이탈 체험을 했던 환자들은 누구나 다시 죽는 걸 두려워하지 않는다는 사실을 내세운다.

죽음의 첫 번째 단계에서는 교통사고로 죽었다 살아난 사람들은 죽은 장소에서 일어났던 일들을 모두 기억한다고 한다. 의학적으론 이해가 안 되는 뇌 정지 상태의 기억현상에 대해 회의론자들은 주로 "산소결핍에 빠진 상태에서 나타나는 소망 충족적 사고"라고 반박한다. 하지만 로스는 선천성 시각장애 환자들의 사례를 들며, 근사체험을 했던 그들은 자신을 치료한 의사의 얼굴형이나 옷, 넥타이 색깔 등을 얘기한다며 과학이 좀 더 겸손해질 필요가 있다고 덧붙인다.

두 번째 단계에서는 시간 및 공간 개념이 사라진다고 한다. 미국에서 죽었더라도 한국 부모 곁으로 순식간에 올 수 있다. 흥미로운 점은 모든 사람에게는 영계까지 안내하는 수호령 혹은 수호천사가 있다는 주장을 하며, 대개 자기보다 먼저 죽은 친지들이 마중을 나온다고 한다.

세 번째 단계에서는 흰색보다 더욱 새하얀 빛에 휩싸이고 그때 자신이 평생 해왔던 일들이 파노라마처럼 줄지어 나타난다. 이때 사는 동안 겪은 번뇌는 단지 고통에 빠뜨리려고 했던 게 아니라, 우리를 성숙시키려 했던 기회라는 걸 알게 된다고 한다.

그의 책에서는 죽음 이후의 삶은 믿음의 문제가 아니라, 누구나 알아야 할 보편적인 진리임을 강조하며, 그것은 더 나은 삶을 살기 위해서라고 말한다.

 ## 계시란 무엇인가?

'계시Revelation'란 인간과 하나님을 연결하는 진리의 통신이다. 계시가 없다면 인간은 하나님을 알 수 없다. 계시는 창조주 하나님께서 능동적으로 자기 자신을 보여주는 것이다. 즉, 자기의 능력과 영광, 본질과 속성, 뜻과 방법, 계획을 인간이 알 수 있도록 열어 보여주는 것을 뜻한다.

신구약 전체에서는 '계시'라는 어휘가 넓은 의미로 사용되었는데, 애매한 것을 명확하게 하는 것, 감춰진 것을 밝혀주는 것, 이적을 보여주는 것, 말씀하시는 것, 사람이 보고 듣고 깨닫고 이해할 수 있도록 말하는 것 등을 가리킨다.

하나님의 계시가 우리에게 전달되는 방법 또는 매개체에 의해 '자

▲ 마르티노프D. Martynov의 〈사울에 의해 불려진 사무엘의 영혼〉(1857년)
사울 왕은 블레셋과의 전쟁에서 승리의 여부를 알기 위해 하나님께 물었으나 응답이 없자, 답답한 그는 신접한 여인을 찾아갔다. 그 여인은 죽은 사무엘의 영을 불러내 사울에 대한 저주의 예언을 하게 한다. 이 전쟁(길보아 산 전투)에서 사울은 그의 아들들과 함께 죽고 참패한다.
이 장면은 사탄이 사무엘로 가장한 것으로 학자들은 말한다(고린도후서 11:14). 왜냐하면 《성경》에서는 음부에 간 영혼은 두 번 다시 이 세상에 돌아올 수 없다고 분명하게 말하고 있기 때문이다(누가복음 16:22~31). 또한 무당이나 점쟁이를 찾아가는 것은 영적 간음 행위라고 《성경》은 말한다(레위기 19:31, 신명기 18:9~14).

◀ 피터르 브뤼헐Pieter Bruegel의 〈길보아 산 전투〉(1562년)

연 계시Natural Revelation’와 ‘초자연 계시Supernatural Revelation’로 구분된다. ‘자연 계시’는 하나님께서 창조하신 천지 만물이나 하나님의 형상과 모양대로 지음 받은 인간의 양심을 통하여 하나님에 대한 지식을 얻을 수 있게 하는 것을 뜻한다. 그리고 ‘초자연 계시’는 하나님께서 꿈이나 환상, 직접적인 현현 또는 《성경》 등과 같은 초자연 방법을 통하여 자신을 계시하는 것을 뜻한다(마태복음 1:18~24).

또한 전달되는 계시 내용에 따라 ‘일반 계시General Revelation’와 ‘특별 계시Special Revelation’로 구분될 수 있다. ‘일반 계시’는 하나님 자신의 신성과 영원하신 능력 등을 사람들에게 나타내는 것을 의미하며, ‘특별 계시’는 죄악으로 말미암아 죽을 수밖에 없는 인간을 구원하려는 하나님의 계획과 이와 관련된 지식을 전달해 주는 것을 의미한다(요한복음 3:16~17).

한편 이상과 같은 구분에도 우리는 ‘자연 계시’와 ‘일반 계시’란 말을 교호적交互的으로 쓸 수 있는데, 그 까닭은 서로 불가분의 관계를 갖고 있기 때문이다.

사람이 죽으면 어디로 가는가?

이 질문은 가장 오래된 질문 중의 하나이며 모든 철학의 주제가 되기도 한다. 이에 대해 《성경》에서는 사람이 죽으면 몸을 구성하고 있는 물질이 분해되어 흙으로 돌아간다고 하였다(창세기 3:19).

인간은 물질적인 요소인 육체와 영혼Spirit으로 구성되어 있다. 사람이 죽었을 때 육체가 구성하고 있는 물질이 분해되는 것만은 사실이다. 그러나 중요한 것은 영혼에 관한 문제다. 사람이 죽으면 몸은 흙으로 돌아가고 영혼은 영원하며 죽지 않기 때문에 예수를 믿는 그리스도인은 파라다이스Paradise라고 불리는 아름다운 장소에서 주님과 함께 있으며, 그곳에서 최후의 보상을 받기 위해서 기다린다. 하지만 불신자들은 지옥Hell이라고 불리는 유황불에 들어가게 된다. 그들은 그곳에서 최후의 심판을 받기 위하여 대기하게 된다.

그 예를 〈누가복음〉에 나오는 거지 나사로와 부자 이야기에서 볼 수 있다(16:19~28). 거지 나사로는 죽자마자 천국으로 가서 아브라함의 품속에서 안락을 취했고, 부자는 죽자마자 지옥으로 갔다. 그곳에서 그는 불꽃 가운데서 괴로워하였다.

이처럼 지옥의 불은 영혼을 불태우지 못한다. 불신자들의 영혼은 영

〈부자와 나사로〉(1035~1040년) 하인리히 3세 Heinrich Ⅲ의 에히터나흐Echternach 필사본
부자와 나사로의 이야기는 실화일까, 비유일까? 이 이야기는 예수님 당시, 가난하고 멸시받는 서민들과 아이들이 부자들에게 당하는 그들의 설움을 노래 가사로 만들어 즐겨 부르던 사람들 사이에 잘 알려진 민화였다(이집트에서 발견된 '파피루스'에서 그 근거가 소개됨). 예수님은 이렇게 누구에게나 친근하고 잘 알려진 서민들의 노랫말을 이용하여 전하고자 하는 교훈이 사람들의 마음에 더 가까이 느껴지도록 하셨다.

원히 고통을 받게 된다. 아마 여기에서 말하는 불은 상징적일는지 모른다. 이 불은 지상 생활에서 잘못 살아온 것에 대한 후회의 불일는지 모르며, 쾌락의 허망함으로 오는 고통의 불일는지 모른다.

또한 지옥은 캄캄해서 밖을 내다볼 수도 없고 창문도 없다. 그곳은 인간의 가장 무서운 적인 고독과 통곡하는 소리와 이를 가는 소리만 있을 뿐이다. 이곳 지옥은 마치 장 폴 사르트르 Jean Paul Sartre(1905~1980년)의 소설 《출구는 없다No Exit》를 연상하게 한다.

이 스토리는 지옥의 한 호텔 방에서 지내는 세 사람에 관한 이야기로 그중 한 여자는 남편을 배신하고 그를 죽음에 이르게 한 악녀이고, 두 번째 등장하는 여자는 비정상적인 인물로 지상의 생명 파괴에 대한 책임을 지고 있었다. 세 번째 등장하는 인물은 남자인데, 그는 심문받을 시간이 되자 자기가 할 역할을 버리고 도망침으로써 스스로 겁쟁이임

장 폴 사르트르의 《출구는 없다》

장 폴 사르트르

20세기 프랑스 실존주의를 대표하는 철학자, 장 폴 사르트르는 1980년 4월 15일, 75세를 일기로 사망했다. 그는 소련이 저지른 1956년의 헝가리, 1968년의 체코 침공에 대해서 단호한 비판을 했던 것처럼, 역사의 흐름에 일일이 간섭하고 참여했던 실천적 지식인으로 행동하는 양심의 전형적인 인물이다. '아프리카의 성자聖子'로 유명한 알베르트 슈바이처Albert Schweitzer(1875~1965년)가 그의 외당숙(어머니의 사촌)이었다. 1964년 노벨문학상을 받게 되었지만, '부르주아들의 상'이라는 이유로 수상을 거부했다.

을 입증했다.

이 세 사람은 모두 출구 없는 방 – 창도 없고, 문도 없고, 햇빛도 들어올 수 없는 (지옥에는 햇빛이 있는지 없는지 알 수 없다) 그런 칠흑 같은 어둠 속의 방에서 영원히 지내라는 형을 선고받는다. 그곳에서 이 세 사람은 서로의 고문자가 되고, 서로에게서 벗어날 수도 없고 그렇다고 함께 살 수도 없음을 발견한다. 그리고 남자는 "지옥은 바로 다른 사람들이 사는 곳이다"라고 외친다.

이적은 일어날 수 있는가?

기독교인은 《성경》을 읽으면서 여러 가지 많은 이적Miracle의 내용을 접한다. 그러면서 그 이적이 지금도 일어날 수 있는지 궁금해하며, 기도하면서 자신에게 그런 이적이 나타나기를 원한다.

마르틴 루터는 자신의 삶을 뒤돌아보며, "이미 일어난 기적은 대개가 오늘에 이르기까지 신앙으로 이루어진 것이다"라고 고백하였고, 러시아의 소설가 이반 투르게네프Ivan Sergeyevich Turgenev(1818~1883년)는, "위대한 하나님이시여, 둘에 둘을 더하면 넷이 안 된다는 것을 들어주십시오"라고 하나님께 기도하기도 했다.

하지만 영국의 철학자 데이비드 흄David Hume(1711 · 1776년)은 기적에 관해 "인류가 시작되어서 오늘까지를 포함한 전 역사를 통해서 좋은 지각과 성실성이 있고 명성을 지닌 사람들에 의해 증명된 어떤 기적도 발견되지 않았다"라고 말한다. 또한 많은 철학자나 과학자는 기적이 불가능하다고 선험先驗적으로 믿고 있다.

예수님은 이 땅에서 많은 기적을 행하셨다. 맹인을 눈뜨게 하셨고, 절음발이를 낳게 하셨고, 문둥병자를 치료하셨고, 귀머거리를 듣게 하셨고, 죽은 자를 살리셨다. (부천함께하는교회 사모 작품)

그리스어 다이나미스Dynamis에서 유래된 기적은 능력을 나타내는 복수형이며, 하나님의 능력이 현저하게 나타나는 활동을 가리킨다. 사탄은 능력을 가지고 있는 예수님께 "돌들로 떡덩이가 되게 하라, 하나님의 이들이면 성전 꼭대기에서 뛰어내려라, 높은 산에서 천하만국을 보여주며 자신에게 경배하면 이 모든 것을 주겠다"(마태복음 4:1~11)고 시험하였지만, 예수님은 단호하게 거절하셨다. 그리고 바리새인들이 하늘로부터의 표적을 보여 달라고 요구했을 때도 예수님은 깊은 한숨을 내쉬면서 어떤 표적도 보여줄 것이 없다고 하셨다(마가복음 8:11~12).

그러면서 예수님은 병자의 병을 고쳐주면서 그 이적을 아무에게도 말하지 말라고 하셨다. 이것은 그의 습관이었다(마가복음 1:25, 34, 44, 3:12, 5:43, 8:26). 예수님은 수 없이 많은 이적을 행하셨지만, 그 이적들은 어려움 가운데 있던 사람들에 대한 동정에서 행해진 것들이었다. 그는 그들을 사랑했기 때문에 그들의 병을 고쳐주셨다. 그

베니 힌 목사의 컨퍼런스

그는 치유사역을 소망하는 목회자들에게 이런 말을 했다. "먼저 성령님을 따라가라고 말하고 싶다. 그분을 따라가면 신유와 기름 부음을 주신다. 나에겐 특별한 것이 없다. 내가 가진 것은 아주 작은 것이다. 성령께서 치유하신다. 성령을 따라가면 길을 잃지 않을 것이다. 그게 절대적인 답이다."(국민일보, 2009. 10. 26)

러나 그는 자기의 행동이 신비로 이용되는 것을 결코 원하지 않으셨다.

이 외에도 예수님은 파도를 잔잔하게 하셨고, 소경의 눈을 뜨게 하셨으며, 귀신을 내쫓았으며, 절름발이를 걷게 하시고, 벙어리도 말하게 하셨고, 죽은 자도 살리는 등 많은 이적을 행하셨다. 그리고 예수님의 제자들이나 바울도 《성경》을 보면 여러 이적들을 행했다.

이적은 오늘날에도 필요한가?

이적의 가능성은 분명히 있다. 2004년 2월, 베니 힌Benny Hinn 목사가 인도한 한 집회에 약 480만 명이 모였고, 아프리카 집회 때에는 약 200만 명이 모였다. 그는 그 집회에서 많은 이적을 행했다.

그러나 오늘날 이적은 꼭 필요하지는 않다. 하나님의 직접적인 능력이 외적 세계에 역사해서 일어나는 초자연적인 일이기 때문이다. 주님은 자신의 뜻에 합당할 때 이적을 행할 수도 있고 또 행하신다. 그것은 믿는 자들의 유익과 주님 자신의 영광을 위해서다. 초자연적인 하나님의 이적은 꼭 필요한 때만 일어나는 것이지 항상 있는 것은 아니다.

하나님은 예수의 이름조차 듣지 못한 사람들까지 지옥에 보내는가?

오지에 사는 사람들과 한국에 복음이 들어오기 전에 살았던 소위 선한 사람들, 그들은 예수라는 이름조차 듣지 못했다. 그러면 그들은 예수를 믿지 않았기 때문에 모두 지옥에 가야 하는가? 그들은 예수님을 믿지 않았기 때문이 아니라, 죄를 지었기 때문에 지옥에 갈 수밖에 없다.

이런 불공평하다고 생각하기 쉬운 오해를 없게 하려고 바울은 분명한 이유를 밝혀 놓았다. "율법 없는 이방인이 본성으로 율법의 일을 행할 때에는 이 사람은 율법이 없어도 자기가 자기에게 율법이 되나니 이런 이들은 그 양심이 증거

작가 미상, 〈정의와 법의 여신〉
복음이 들어오지 않았던 시대에 살았던 사람들에게도 하나님은 마음속에 옳고 그름을 판단할 수 있는 양심을 주셨기에 그것이 스스로 율법이 된다. 따라서 복음이 무엇인지 들어보지도 못했고 들어볼 기회도 없었던 사람들이라고 해도 죄를 범했을 때는 하나님의 심판을 피할 수 없다.

가 되어 그 생각들이 서로 혹은 고발하며 혹은 변명하여 그 마음에 새긴 율법의 행위를 나타내느니라"(로마서 2:14~15)

즉, 오지에 있는 사람들과 복음이 들어오지 않았던 시대에 살았던 사람들에게도 하나님은 마음속에 옳고 그름을 판단할 수 있는 양심을 주셨으며, 그것이 스스로 율법이 된다. 따라서 복음이 무엇인지 들어보지도 못했고 들어 볼 기회도 없었던 사람들이라고 해도 죄를 범했을 때는 하나님의 심판을 피할 수 없다.

그러면 하나님께서는 그들에게 왜 구원받을 기회를 안 주셨을까? 이것은 좀 불공평하다고 말할 수 있겠지만, 하나님의 절대 주권에 달린 문제이기 때문에 피조물인 인간이 하나님의 절대 주권에 도전해서는 안 된다.

# 아기들이 죽었을 때 지옥에 가는가?

아기들Babies은 예수 그리스도를 받아들일 수 있는 지적 능력이 없으므로 세례도 받지 않고(사실 구원과는 관계없지만) 예수가 누구인지 모르고 죽었다고 해도 지옥에 가지 않는다.

하나님이 사람들을 판단하실 때는 그들이 알고 있는 정도에 따라 하신다. 아기들은 원죄Original Sin를 가지고 태어난다고 하지만, 옳고 그름을 판단할 능력이 없다. 원죄는 죄를 지을 수 있는 성향이지

죄의 행위는 아니다. 또한 원죄는 범죄 행위 Original Guilt도 아니다. 복음주의 신학자 팻 로버트슨Pat Robertson도 〈Answer〉에서 아주 어린 아이들이 하나님 앞에서 죄를 짓는다고 해도 자기가 하는 행위가 죄가 되는지 아닌지를 전혀 모른다고 했다.

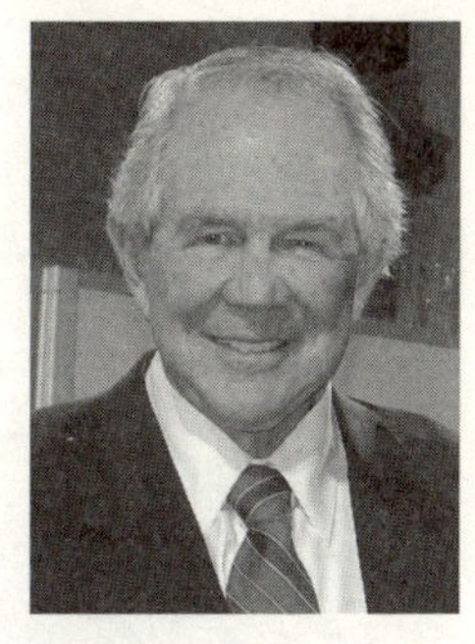

팻 로버트슨
그는 남침례교회 목사이며, 방송국 CBN(Christian Broadcasting Network)를 운영하고 있다. 그는 낙태·동성애·여성 운동에 반대하고 종교 자유를 부르짖는다. 또한 부시 대통령과 얼굴, 생각, 배경까지 닮은 꼴이라는 평가를 듣고 있다.

죄가 무엇인지 모르는 나이에 죽은 유아 Infants들은 과연 지옥에 가겠는가? 하는 문제를 《성경》에서는 구체적으로 말하고 있지 않기 때문에 더 구체적으로 논하는 것은 바람직하지 않다. 그러나 인간은(유아나 아기를 포함해서) 세상에 태어나기 전부터 하나님 앞에 죄인이며, 죄악 된 성품Sinful Nature은 죄를 짓게 할 뿐만 아니라, 하나님께서 그들을 죄인으로 보게 한다. 다윗도 이 사실을 고백하였다. "내가 죄악 중에서 출생하였음이여 어머니가 죄 중에서 나를 잉태하였나이다"(시편 51:5)

그렇다면 어린 나이에 죽은 유아들의 구원 문제에 대해서 어떻게 말해야 복음적일까? 어린 유아들이 죄를 지을 수 있는 죄성은 2살 이전에 나타나기 시작한다고 한다. 그러면 만일 2살 이전에 죽은 유아들은 죄에 대한 책임이 없고, 심판에 대해서 언급이 없으므로 구원받을 수 있다는 문제가 생긴다.

이 문제에서 생각해 보아야 할 말씀은 "사람이 거듭나지 아니하면

조반니 벨리니 Giovanni Bellini의 〈세례 요한과 함께 있는 성모 마리아〉(1500~1504년)
세례 요한은 예수의 선구자로 제사장 스가랴와 엘리사벳의 아들로 천사의 계시를 받아 태어났다.
어머니 엘리사벳은 예수의 모친 마리아와 친척이다. 그는 광야에서 나실인으로 생활했다. 디베료
가이사Tiberius Caesar 통치 15년에 요단강 너머에서 사역을 시작했으며, 헤롯 안티파스Herod
Antipas에 의해 옥에 갇혔다가 처형을 당했다.

하나님의 나라를 볼 수 없느니라"(요한복음 3:3)다. 이 말씀은 유아들
이라고 해도 거듭나지 않으면 천국에 갈 수 없다는 것을 의미한다.
거듭난다는 것, 즉 중생은 사람이 할 수 있는 것이 아니라 하나님께
서 하시는 일이다. 그러므로 만약 유아들도 구원을 받을 수 있다면,
그것은 유아들이 어떤 무죄함이나 부모의 공로로 되는 것이 아니고,
그리스도의 구속 사역 및 그들 안에서 거듭나도록 역사하신 하나님
의 특별한 은혜 때문이다.

그러면 혹 출생하기 전에 중생한 사람이 있을까? 그는 세례 요한이다. 천사 가브리엘은 요한이 태어나기 전에 그는 모태로부터 성령 충만함을 입었다고 했다(누가복음 1:15). 그래서 세례 요한은 태어나기 전에 거듭남을 받았다고 말할 수 있다.

도대체 얼마나 많은 유아가 태어나기 전에 중생되었을까? 이것은 《성경》이 침묵을 지키는 문제 중의 하나이므로 너무 지나치게 알려고 할 필요가 없다.

왜 하나님은 악인에게도 비를 내리게 하는가?

"하나님이 그 해를 악인과 선인에게 비추시며 비를 의로운 자와 불의한 자에게 내려주심이라" 마태복음 5:45

홍해에서 애굽 군대를 멸망시킨 것에 대한 랍비 간의 이야기가 있다. 애굽 군대가 물에 빠져 허우적거리자, 천사들은 감사의 찬송을 불렀다고 한다. 하지만 하나님은 슬픈 빛으로 "내 손으로 만든 것이 바다에 가라앉거늘 너희는 내 앞에서 노래를 부르는가?"라고 말씀하셨다고 한다.

하나님의 사랑은 당신의 손으로 지으신 피조물 중 어떤 것이라도 멸망되는 것을 좋아하지 않는다. 하나님의 마음은 악인이라도 진정

으로 아끼신다. 이 하나님의 마음을 〈요나〉 4장 5~11절에서 볼 수 있다.

어느 날, 하나님은 요나를 불러 좌우를 분간하지 못하는 약 12만 명이 사는 니느웨로 가서 하나님의 말씀을 전하라고 하셨다. 그러나 요나는 죄 많은 이방인이 멸망하기를 바라며 하나님의 부르심을 거부한다. 그는 하나님을 모르고 우상을 섬기는 이방인들, 때론 하나님을 섬기는 백성을 괴롭히는 이방인이 구원받는 것을 견딜 수 없었다. 그래서 그는 하나님의 부르심을 받고도 투덜거리고 불평하며 니느웨로 가지 않고 다시스로 간다.

그 결과 그는 다시스로 가는 도중 풍랑을 만나게 되고, 바다에 빠져 고래 뱃속에서 자신의 잘못을 뉘우치고 하나님의 은혜로 구원을 받아 니느웨로 가서 하나님의 말씀을 전하지만, 그 말씀을 듣고 그 백성이 다 멸망하기를 바랐는데 오히려 회개하자 요나는 다시 불만

요나는 하나님의 말씀을 전하고 니느웨 성 사람들이 다 멸망할 줄 알았는데, 그들이 회개하고 하나님께 돌아오자 불만을 품었다. 하나님은 박넝쿨을 통하여 그들도 하나님께서 사랑하신다는 것을 깨닫게 하셨다.

을 품게 된다.

이런 요나에게 하나님이 하신 말씀이 있다. "네가 수고도 아니하였고 재배도 아니하였고 하룻밤에 났다가 하룻밤에 말라 버린 이 박넝쿨을 아꼈거든 하물며 이 큰 성읍 니느웨에는 좌우를 분변하지 못하는 자가 십이만여 명이요 가축도 많이 있나니 내가 어찌 아끼지 아니하겠느냐"(요나 4:10)

죽어 마땅한 죄인들에게 하나님은 어떻게 지속적으로 복을 주실 수 있을까? 궁극적으로 구원받은 자들만이 아니라, 그 죄를 절대로 용서받지 못할 자에게도 이것이 어떻게 가능한가? 그것은 하나님께서 '일반 은총Common Grace'을 주셨기 때문이다.

'일반 은총'이란 하나님께서 구원의 부분으로써는 아니지만, 하나님의 피조물인 사람들에게 한량없이 복을 주시는 은혜다. 일반 Common이란 말은 신자나 택함The Elect 받은 자들에게만 국한되지 않고 모든 사람을 뜻한다. 이와 반대로 구원에 이르도록 하는 하나님의 은혜는 '구원 은총Saving Grace'이라고 한다.

불신자들이 하나님의 은혜 때문에 이 세상에 계속 살고 있는 것은 그들에게 기회를 주기 위해서다. 죄가 세상에 들어왔을 때 즉시 심판하지 않고 시간을 연장하여 기회를 준 것은 하나님께서 그의 아들 예수 그리스도의 죽음을 통해서 죄인을 구원하기 위한 계획을 세우셨기 때문이다.

과정신학이란 무엇인가?

평화영성 신학연구원 원장 류기종 박사가 〈현대교회의 딜레마, 과정신학Process Theology에 해답이 있다〉라는 주제로 클레어몬트 신학교에서 특강을 한 적이 있다. 그는 "과정신학은 오늘날을 위한 대안신학이다"라고 하였다. 영국의 수학자 알프레드 노스 화이트헤드 Alfred North Whitehead(1861~1947년)의 종교론도 과정신학 측면에서 쉽게 풀이될 수 있다고 했다.

• 한마디로 말해서 과정신학이란 무엇인가?

신학Theology을 현대인의 우주관에 맞게 기독교 사상을 해석한 학문이다.

• 개신교가 많은 비판을 받고 있다. 가장 큰 문제
는 무엇인가?

배타성 때문이다. 다른 사람의 종교 · 문화를
존중할 줄 알아야 한다. 이런 관점에서도 전통
신학만을 가지고서는 안 된다. 가장 기본적인 원
칙은 고수하되 접근방식은 바뀌어야 한다.

• 동성애도 인정해야 한다는 말인가?

동성애를 인정해야 한다는 것이 아니라, 이
해해야 한다. 물론 동성애 때문에 사회적으로
아주 커다란 부정적인 결과를 가져온다면 막아
야겠지만, 그렇지 않다면 이해해야 한다. 그들
을 적대시 하지 말고 먼저 친구가 되어야 한다.

• 어떤 식으로 대처할 수 있는가?

목회자들은 케케묵은 설교를 하며 "돈 내노
라"하고, 교회를 세습시키고, 자신의 책임을 다하지 않고 하나님께
만 책임을 돌리고 있다. 비판받을 수 있는 부분이다. 반성하고 공부
해야 한다. 가장 큰 문제는 모든 책임을 하나님께 돌린다는 데 있다.

• 하나님께 돌린다는 의미가 무엇인가?

하나님은 우리에게 선택할 수 있는 의지와 자유를 주셨다. 자유가

알프레드 노스 화이트헤드
영국 태생의 미국 철학자, 수
학자다. 케임브리지 대학교에
서 수학을 전공하면서 철학 ·
문학 · 종교에 대해 광범위한
교양을 쌓고, 수학 연구의 새
로운 분야를 개척했다. 그는
모든 수학의 진리를 논리학으
로 고쳐 써야 한다는 전제를
세워서 논리학을 주장했다. 그
는 무한한 우주를 유한한 언어
적 표현으로 파악하는 것과 경
험의 모호한 것을 판별해 내는
것을 철학 과제로 삼았다. 그
는 사변적 태도를 버리고 경험
적 구체성을 중시했다. 유한
세계는 초월자와의 상호작용
에 의해 창조적 발전을 이룬다
고 주장하였다.

그는 미국의 철학자로 과정 형이상학적 신관을 발전시키는 데 이어서 고전 유신론의 비판을 통해서 자신의 관점을 정당하였다. 아리스토텔레스에서 아퀴나스에 이르는 고전 유신론은 서구 전통의 신관을 아무런 비판 없이 수용하여 "변화를 초월하는 순수한 가능태로써의 실체" 개념을 전개했고, 나아가 가장 완전한 형태 속에 있는 존재에 대한 탐구인 제일 철학이 "최초의 부동의 동자"의 결과가 되었다고 주장하였다.

있다는 말은 책임도 함께 있다는 말이다. 자신의 책임을 다하지 않고 전쟁이며 가난이며 모든 것을 하나님의 뜻으로 돌린다. 자기 건강관리는 하지 않고 병에 걸렸다고 하나님을 원망하고 기도만 한다. 기도도 중요하지만, 자유의지를 가진 만큼 그에 앞서 할 수 있는 책임과 노력을 다해야 한다.

과정신학의 아버지라고 할 수 있는 찰스 하트숀Charles Hartshorne(1897~2000년)은 하나님은 우주 곳곳에서 일어나는 모든 일을 경험함으로써 지속적으로 변해간다고 말했다. 과정신학의 핵심은 우주에서 인간이 무언가 매우 중요한 존재가 되기를 갈망한다는 사실에 그 근거를 둔다.

그들은 하나님의 불변성Unchangeableness은 우리가 하는 모든 일이 하나님께는 아무런 의미가 없는 것으로 생각하도록 한다고 해서 그 교리를 좋아하지 않는다. 하나님은 어제나 오늘이나 내일이나 절대로 변할 수 없으므로 과정신학과 일치하지 않는다. 우주가 변함에 따라서 하나님께서 어떤 영향을 받아 그의 존재에 어떤 변화가 일어난다는 그들의 주장은 비성서적이다.

과정신학을 주장하는 사람들은 복음주의 성서 신학자나 보수주의 조직 신학자들을 비난하면서 이 세상에서 아무 일도 하지 않는 하나님, 상황에 따라서 다르게 반응할 수 없는 하나님을 믿고 있다고 비난하기도 한다. 과정신학의 근본적인 오류는 하나님은 자신이 만드신 우주와 같이 변화되어야 한다는 가정이다.

이신론이란 무엇인가?

이신론Deism은 우주의 창조주인 하나님께서 세상일에 관여하거나 계시에 의해 자기를 나타내시 않고, 우주는 어떤 독자적인 법칙에 따라 움직인다고 하는 이성적인 종교관, 17~18세기 계몽주의 시대의 대표적인 기독교 사상이다.

이신론자들은 하나님께서 세상을 창조하기는 했지만, 현재 하나님의 창조한 세계에 임재하고 계심을 부인하며, 창조 질서에 내재성內在性이란 존재하지 않는다고 믿는다. 예를 들면, 하나님은 '시계 만드는 기술자'로서 처음에 창조의 시계를 만드시고 태엽을 감아 놓은 이후로는 시계가 자동으로 혼자서 돌아간다고 여긴다. 따라서 이신론자들은 하나님의 초월성을 인정하기는 하지만, 하나님께서 자신이 창조한 온 우주를 일 초의 휴식도 없이 관리한다는 사실을 부인한다.

오늘날 교회를 다니는 미지근한(요한계시록 3:16) 명목상의 신자나,

소위 잘난 체하며 지식의 냄새를 풍기는 에그헤드Egghead들은 이신
론을 매우 합리적인 《성경》 교리로 받아들이는 데 주저하지 않는다.

그들은 교회에서 들려오는 기도 소리와 신자들이 골방에서 부르
짖는 기도 소리를 무시하며 하나님에 대한 경외심이나, 순간순간마
다 하나님의 도우심으로 자기가 생존한다는 사실을 잊고 하나님을
믿고 의지하는 신뢰감 없이 사는 사람이라고 볼 수 있다.

에그헤드

워싱턴이나 그 주변의 메릴랜드 주 일부와
버지니아 주 일부를 포함한 지역을 '워싱턴
메트로폴리탄 어리어Washington metropolitan
area'라고 말한다. 언론 보도에 의하면, 이 지
역 성인 2명 중 1명은 학사나 그 이상의 학위
를 가지고 있다. 그리고 미국에서 가장 교육

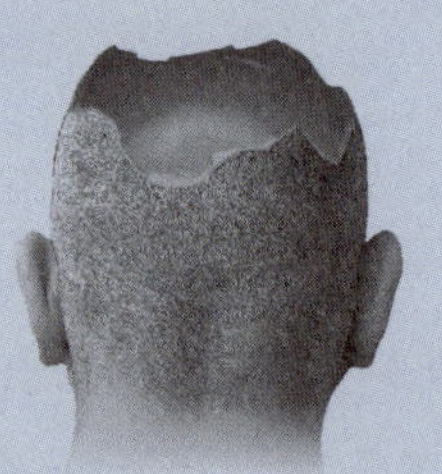

수준이 높은 10대 카운티 중 6개 카운티가 워싱턴 메트로폴리탄 어리어
에 있다면서 〈워싱턴 포스트〉 신문은 이 지역에 Nerdopolis(너어도폴리
스)라는 별명을 붙여주었다. Polis는 그리스어로 '도시'이므로
Nerdopolis는 City of Nerds, 즉 '너어드들의 도시'란 뜻이다.

Nerd는 머리는 좋으나 대체로 사교성이 없고 고지식한 지식인을 가
리키는 속어다. 모든 지식인을 약간 경멸적으로 에그헤드라고 부른다.
달걀 같이 영양분(지식)이 가득 찬 머리를 가진 사람이란 뜻이다.

이원론이란 무엇인가?

《성경》의 교리는 이원론Dualism을 배격한다. 이원론이란 철학에서 주관과 객관, 정신과 물질, 천지, 음양 등이 서로 대립하는 두 개의 원리로써 우주의 근본 원리를 정신과 물질로 나누는 설로 데카르트René Descartes(1596~1650년)의 '물심이원론物心二元論'이 대표적이다.

선과 악이 영원한 마찰 관계에 있다고 보는 것은 창조에 대한 하나님의 궁극적인 주권을 부인하는 것이다. 현재 대중문화 속에 나타난 이원론에 대한 좋은 예는 악한 면과 선한 면을 동시에 가지고 있는 우주의 힘을 가정한 유명한 할리우드의 블록버스터 영화 〈스타워즈Star wars〉 시리즈다.

영화에서 주인공 아나킨 스카이워커Anakin Skywalker는 선을 버리

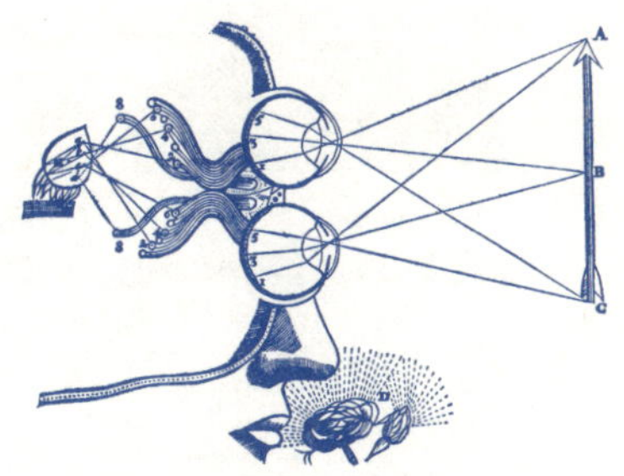

데카르트의 〈비전과 시각 인식〉

🔍 **르네 데카르트**

프랑스의 수학자 및 철학자다. 근대 철학의 아버지라 불리며, 해석 기하학의 창시자다. 그는 모든 것을 회의한 다음, 이처럼 회의하고 있는 자기 존재는 명석하고 분명한 진리라고 보고, "나는 생각한다. 고로 나는 존재한다"라는 명제를 자신의 철학적 기초로 삼았다. 저서에 《방법 서설》, 《성찰省察》, 《철학 원리》 등이 있다.

그는 인도계 미국인 연설가이자, 아유르베다Ayurveda와 영성에 관해 집필한 작가다. 직업은 내분비학자였으나, 늦게나마 대체 의학에 관심을 가지기 시작하였다. 그는 직업을 갖기 이전, 1980년대 뉴에이지 영성과 대체 의학에 대한 자기 개선 책(《사람은 왜 늙는가》, 《죽음 이후의 삶》, 《완전한 삶》 등)들을 출판함으로써 마하리시 마헤쉬 요기Mahari shi Mahesh Yogi의 최고의 조수가 되었다.

고 악을 택한다. 그것은 사랑하는 아내를 예언된 죽음으로부터 막아보기 위해서였지만, 결국은 실패한다. 아나킨이 악을 택한 것은 악도 하나님의 선만큼 강력한 힘Force이 있다고 믿었기 때문이다. 이런 전체적인 면에서 이 영화의 핵심 사상에는 초월적인 하나님에 대한 개념이 없다.

불신자들이 우주의 영적인 면에 관심을 두게 되면, 단지 영적인 세계나 초자연적인 세계에도 악과 선이 균등하게 존재한다는 이원론적인 견해를 밝히게 된다.

하버드 대학교 출신의 디팩 초프라Deepak Chopra가 시작한 뉴에이지 운동도 이원론적이다. 물론 하나님과 같은 세력을 가진 악한 힘이 우주에 있다고 생각하는 일은 사탄을 즐겁게 만든다.

이원론은 우주의 창조가 하나님의 뜻에 따라 이루어졌으며 오로지 하나님의 영광을 위해서만 사용되어야 한다는 사실을 부인한다. 그리고 기독교 신학에서는 이원론을 이교적인 것으로 간주하고 정죄한다.

예수 그리스도는 재림하실까?

초대교회는 그리스도의 재림에 대단한 관심이 있었다. 사도들은 자기 당대에 그리스도의 재림이 가능하리라고 주장하기도 했다(데살로니가전서 4:14~18).

이 시대에도 사람들은 예수님의 재림 날짜를 알고 싶어 하는 열망을 갖고 있었다. 그래서 일부 사람들은 재림 날짜를 정했고, 그런 자들을 추종하는 자들도 많았으며, 아예 자신들이 재림주를 자처하는 자들도 많았다.

그 대표적인 인물로 초내교회의 몬타누스 Montanus로부터 중세의 요아킴 Joachim de Floris, 안식교의 윌리엄 밀러 William Miller는 예수님의 재림 날짜를 1844년으로, 천년기(천 년 동안 예수님이 다스리는 왕국) 여명자들은 1914년으로 정하여 물의를 일으키기도 했다. 우리나라에도 스스로 재림 예수라고 자처했던 원산 유명화, 황국주로부터 최근에 휴거와 예수님의 재림을 주장했던 이장림 등이 있다.

이런 환상적이며 비성경적인 교리는 진정한 그리스도의 재림에 관한 기대에 나쁜 평판을 돌리게 한다. 오직 경건한 그리스도인은 "아멘,

몬타누스
몬타니즘의 창시자다. 그는 세계의 종말을 예언하고 엄격한 금욕주의를 실행하였다. 그리스도의 재림을 대비하기 위하여 신자는 단식하고 결혼해서는 안 된다고 주장하였다. 그의 사상은 이탈리아와 아프리카에 전파되었으나 235년 가톨릭의 이고니움 종교 회의에서 이단으로 인정되어 활동이 금지되었다.

요아킴
이탈리아 신비주의 사상가다. 세계의 역사를 아버지·아들·성령에 대응하는 셋으로 구분하고, 1260년에는 제3기가 시작한다고 하는 천년왕국 사상을 설파하여 중세에 큰 영향을 주었다.

윌리엄 밀러
《성경》을 연구하던 중 예수님의 재림이 임박했음을 깨닫고 1831년부터 그의 깨달음을 말과 글로 가르치기 시작했다. 조직적이고 빈틈없는 《다니엘》서의 예언들에 기초한 밀러의 가르침은 각 교회로부터 대대적인 호응을 얻었지만, 그의 예언대로 1844년에 예수님의 재림은 없었다.

주 예수여, 오소서!"(요한계시록 22:20)라고 말할 뿐이다.

미래에 일어날 일들을 알 수 있는 길

우리는 미래를 정확히는 모른다. 미래를 생각하는 철학자나 점쟁이나 주역 연구가는 과거에 있었던 사건을 분석해서 미래에 일어날 일들을 그럴듯하게 말할 수는 있지만, 그런 예언은 지금까지 맞은 적이 한 번도 없다.

그러나 하나님을 믿는 그리스도인은 《성경》에 미래에 일어날 매우 중요한 사건에 대해서 아주 구체적으로 기록되어 있으므로 그 말씀의 범위 안에서는 알 수 있다.

그리스도의 재림을 사모하자!

우리는 2,000년 동안 예수님의 초림과 재림을 믿어왔다. 그리고 우리는 그의 재림을 열렬히 기대하며 기다리고 있다. 《성경》을 믿는 모든 시대의 그리스도인은 예수님은 재림 시에 권능과 위대한 영광으로 오시리라 믿고 있다. 이미 죽은 신자들이 부활하고, 살아 있는 사람은 변화되어 에녹과 엘리야처럼 승천하고, 모든 신자는 다시 오시는 구세주를 기쁨으로 영접하여 영원히 그와 함께 있게 된다.

재림론은 《성경》의 열쇠다

신자들은 《성경》 속에 많은 교리, 의식들, 약속들 그리고 모형들이 예수님의 다시 오심에 관한 교리를 떠나서는 온전하게 이해될 수 없다.

사탄의 머리를 상하게 한다는 예언(창세기 3:15)도 그리스도의 재림과 연관시키지 않으면 핵심이 상실된다. 노아와 롯 시대가 아무런 모형적 의미가 없다면 그것들은 단순한 고대 역사의 한 페이지로 남을 뿐이다.

분명한 것은 에녹의 사역과 승천과 엘리야의 들림으로 예수님 재림의 한 실례를 보여주고 있다는 것이다. 그리고 〈시편〉에서도 그 열쇠를 보여주고 있다(2편, 22편, 24편, 45편, 72편, 89편, 110편).

예수님이 재림하실 때 부활하는 사람은 누구인가?

예수님이 다시 오실 때에 일어날 수 있는 사람은 그리스도를 믿고 죽은 사람들이다. "주께서 호령과 천사장의 소리와 하나님의 나팔 소리로 친히 하늘로부터 강림하시리니 그리스도 안에서 죽은 자들이

에녹

아담의 7대손. 《성경》에 신앙심이 깊어 하나님과 동행한 것으로 기록되어 있으며, 이 땅에서 죽음을 보지 않고 하늘로 승천하였다.

엘리야

이스라엘 왕국 초기의 예언자다. 바알 숭배를 공격하여 여호와의 유일함을 선언하였으며 유대인에게 구세주 재림의 선구자로 간주된다. 그는 엘리사가 보는 앞에서 홀연히 불 말이 끄는 불 수레를 타고 승천하였다.

먼저 일어나고"(데사로가전서 4:16) 그리고 지금 그리스도를 믿고 신체적으로 살아 있는 모든 사람이 다시 오실 예수님을 만나게 된다.

예수님 재림의 징조로 어떤 일들이 생기게 되는가?

마지막 날에 믿음에서 크게 떨어지는 배교와(누가복음 18:8, 데살로니가후서 2:3~12, 디모데전서 4:1) 위태로움이 있게 된다(디모데후서 3:1 이하). 건전한 교리가 통하지 아니하며 이단이 들어오게 되며(디모데후서 4:1~4, 베드로서후서 2:1~2), 노아와 롯의 때의 상태가 또다시 고개를 들게 된다(누가복음 17:26~30).

이단들의 특징은 자기네만이 구원이 있다고 주장하며, 양의 탈을 쓰고 나타나서 이적과 기사를 행하며 믿는 자들을 미혹한다. 그러므로 신자는 비성서적인 성경공부를 하는 그룹이나 단체 그리고 각종 이단 종파와 이적을 보여주는 거짓 목사들을 조심해야 한다.

《성경》은 이때에는 전쟁과 기근과 대재난이 일어난다고 했으며, 하늘의 표적으로는 달이 빛을 내지 아니하며, 별들이 하늘에서 떨어지며 해가 그 빛을 잃게 된다고 하였다(마태복음 24:7, 29).

예수님은 이런 말씀을 남기셨다. "이 천국 복음이 모든 민족에게 증언되기 위하여 온 세상에 전파되리니 그제야 끝이 오리라"(마태복음 24:14)

하나님을 본 자가 있는가?

하루는 무신론자 한 사람이 신앙인을 골탕먹일 결심으로 다음과 같은 질문을 던졌다. "당신네는 무슨 일이 생기든지 그저 하나님을 찾는구려. 세상에 하나님이 어디 있다고 그래요. 하나님 있는 곳을 알려 주시오. 만약 하나님이 내 눈앞에 나타나기만 하면 나도 믿을 테니." 그의 속셈을 안 신앙인은 그의 시비에 대꾸하지 않고 미소로 대신하였다. 그리고는 하나님이 있는 곳을 보여주겠노라고 하며 그의 소매를 끌었다.

밖으로 따라나온 그를 향해 신앙인은 맑은 하늘을 가리키며 이렇게 말했다. "저기 빛나는 태양을 한번 쳐다보시구려." 그러자 그 심술궂은 무신론자는 어디 한번 보자는 식으로 눈을 들고 태양 쪽으로 시선을 돌렸다. 그러나 순간 눈이 부시어 도무지 쳐다볼 수가 없

모세

이스라엘의 종교적 지도자이자 민족적 영웅이다. 호렙 산에서 민족을 해방시키라는 음성을 듣고 이집트로 돌아와 바로와 싸워 이겨서 히브리 민족의 해방을 이룩하였다. 시내 산에서 십계명을 받았다. 약속의 땅인 가나안으로 들어가기 위해, 이스라엘 백성의 지도자가 되어 40여 년간 광야를 유랑하지만, 자신은 가나안 땅으로 들어가지 못했다.

었다. 그는 볼멘소리로, "여보시오, 세상에 어느 누가 저 태양을 바라볼 수 있단 말이오?" 바로 그때 신앙인이 대답했다. "그렇소, 세상에는 아무도 눈으로 저 태양을 보는 사람이 없소. 하지만 모두가 저 태양이 있음을 알고 있소. 그렇다면 저 태양 하나 볼 수 없는 사람이 어떻게 그것을 만드신 하나님을 보겠다는 거요?"

이 예화처럼 하나님을 보거나 설명하는 것은 불가능하다. 《성경》에서는 하나님을 볼 수 있는 사람은 아무도 없다고 말한다.

"본래 하나님을 본 사람이 없으되"(요한복음 1:18).

"오직 그에게만 죽지 아니함이 있고 가까이 가지 못할 빛에 거하시고 어떤 사람도 보지 못하였고 또 볼 수 없는 이시니"(디모데전서 6:16)

"어느 때나 하나님을 본 사람이 없으되"(요한일서 4:12)

하나님이 호렙 산에 나타나셨을 때 모세는 하나님의 아무 형상도 보지 못했으며, 이스라엘 백성은 그들 스스로 하나님에 대한 아무런 형상도 만들어서는 안 되었다. 그리고 모세는 하나님을 보고 살아남은 자는 아무도 없다고 하였으며(출애굽기 33:20), 바울도 하나님은 보이지 않는 하나님이라고 하였다(로마서 1:20).

그러나 하나님은 자신을 볼 수 있는 길을 가시적으로 창조된 그의 창조물을 통해서 열어두셨다. 산·나무·꽃·바다·천둥소리·비·새·토끼 등등. 인간은 그것을 알아볼 수 있는 영적인 눈이 필요하다.

분명한 것은 우리가 구속함을 받고 하늘나라에 가서 하나님을 직접 만날 수 있으며 하나님의 얼굴을 볼 수 있다(요한계시록 22:4).

하나님의 속성은 무엇일까?

하나님은 영원하시다. 우리와 같은 육체를 기지고 있지 않을 뿐 아니라, 과학자들이 말하는 '우주 최고의 에너지'도 아니다.

하나님은 영이시다. 영이시기 때문에 시공간을 초월해서 계시므로 하나님께 드리는 예배는 어느 곳이나 관계없다. 두세 사람이 모

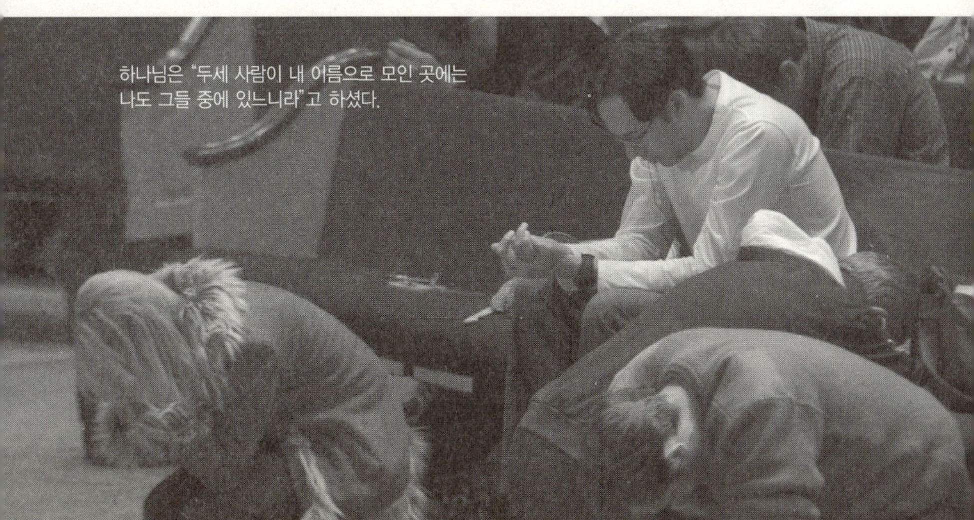

인 곳이나(마태복음 18:20), 500만 명이 모이는 곳이나, 어디에서나 드려도 된다.

또한 그는 인격을 갖춘 영이시기 때문에 모든 것을 듣고 알고 계시며, 느끼시며, 의지를 나타내시며, 분노하며, 웃으시며, 미소 지으시며, 슬퍼하시며, 자기가 창조한 피조물에 대해서 지대한 관심을 가지고 보살피고 계신다.

하나님은 전적인 타자인가?

카를 바르트Karl Barth에 의하면, 하나님은 전적인 타자他者(der ganz Andere)로서 인간의 인식과 이해의 범위를 넘어서서 계신다. 구체적으로 말하면, 독일의 명문 신학교 교수들을 포함한 어떤 위대한 인간의 이해도 하나님을 완전히 규명할 수 없다. 전적인 타자이신 하나님은 오직 예수 그리스도를 통하여 자기 자신을 인간에게 드러내신다.

시간이란 개념도 결국은 하나님의 창조에 속한다. 하나님은 시간을 초월해서 있는 우리가 도저히 이해할 수 없는 시간 속에 계실는지 모른다.

과연 하나님의 창조물일까?

• 제비갈매기

갈매기의 화려하고 우아한 친척인 북극 제비갈매기는 지구상의 모든 철새 중 가장 장엄한 이동을 한다. 매해 가을이 되면 길이가 33~36센티미터밖에 되지 않는 이 새는 북유럽과 북미 그리고 그린란드의 번식지를 떠나 남반부의 여름을 나기 위해 지구의 반을 돌아 남극권으로 이동한다. 이 거리를 왕

복으로 하면 3만 8,000킬로미터에 달한다고 한다.

결과적으로 이 새는 모든 동물 중 가장 많은 햇빛을 보는 셈이 된다. 번식지에서 낮의 길이가 24시간에 가까운 북극의 여름을 보내고 여정의 또 다른 끝에서 긴 남극의 여름을 즐긴다. 조류학자들이 갓 태어난 제비갈매기에 가벼운 고리를 달아 26년 동안 관찰한 결과 매해 2회씩 극과 극 사이를 이동하면서 약 100만 킬로미터를 여행했다고 한다. 누가 이 새의 유전자를 디자인했을까?

• 황제나비

황제나비는 뇌가 머리핀만 한데도 캐나다에서 출발하여 약 4,000킬로미터나 떨어져 있는 멕시코의 작은 숲으로 이동한다.

이 나비는 어떻게 그 먼 길을 찾아갈까? 황제나비는 태양의 위치가 기준이 되는 나침반을 가지고 있다. 그뿐만이 아니라 놀라울 정도로 정확한 체내 시계, 즉 24시간 주기

로 작동하는 생체 기능도 사용한다. 따라서 태양이 움직여도 황제나비는 이 기능을 이용하여 방향을 조정해 가며 이동한다.

신경 생물학자 스티브 레퍼트Steven Reppert 박사는 "황제나비가 이제까지 연구한 곤충이나 동물과는 전혀 다른 체내 시계를 가지고 있다"고 말했다. 과학자들이 황제나비의 체내 시계를 둘러싼 비밀을 더 알아내면 인간과 동물의 체내 시계를 깊이 있게 이해하게 될지 모른다. 또한 신경계 질환들에 대한 새로운 치료법을 개발하게 될 수도 있다.

황제나비의 복잡한 항법 장치는 우연의 산물일까, 아니면 지성 있는 설계자가 있다는 증거일까?

인간의 정체성은?

2008년 노벨상을 받은 장마리 귀스타브 르 클레지오Jean-Marie Gustave Le Clezio는 프랑스 당대 문학을 대표하는 작가다. 그가 추구하는 것은 인간의 정체성에 대한 존재론적 탐색이었다. 그러기 위해서는 그는 멕시코 · 파나마 · 아프리카 · 브라질에서 살고 있는 원주민들과 만남에서 대화함으로써 서구문명의 그림자와 인간 존재의 의미를 찾고자 했다.

클레지오는 서구 과학 기술과 물질주의의 허영에 대한 불신, 권위주의에 대한 반항, 아프리카에서 부당한 경제적인 이권을 둘러싼 서구 국가들의 정치적 술수에 대한 날카로운 비판 의식을 갖고 원주민을 대했다.

그러나 그가 찾고자 했던 것은 찾을 수 없었다. 하지만 그는 자연 그

# 하나님은 왜 인간을 창조하셨을까?

우주의 존재 그리고 지구의 다양한 생명체의 기원에 대해서 《성경》은 단호히 창조론을 선포한다. 동물과 식물, 아메바에서 인간에 이르기까지 다양한 생물의 종류가 있게 된 것은 하나님이 처음부터 모든 생명을 각기 종류대로 창조하셨기 때문이라고 《성경》은 가르친다.

> "내 이름으로 불려지는 모든 자 곧 내가 내 영광을 위하여 창조한 자를 오게 하라 그를 내가 지었고 그를 내가 만들었느니라" 이사야 43:7

하나님은 고독하셔서 인간을 창조하셨을까?

하나님은 절대로 고독하신 분이 아니다. 삼위일체 성부 · 성자 · 성령 하나님은 영원부터 영원까지 완전한 교제와 사랑의 나눔이 있었기 때문에(요한복음 17:5) 절대로 고독하지 않으셨다. 그렇다면 왜 인

〈하나님은 건축가〉(1250년)
이 그림은 하나님이 얼마나 세밀하게 이 세상을 창조
하셨는지를 보여준다.
시스틴 성당의 벽화.

간을 창조하셨을까? 하나님께서 인간과 교제가 필요해서 인간을 창조한 것은 아니다. 어떤 이유에서도 하나님은 우리 인간을 필요로 하지 않는다. 그러나 하나님은 그의 영광을 위해서 인간을 창조하셨다(이사야 43:7).

사람이 하나님의 형상대로 창조되었다는 것은 사람이 어느 정도 하나님을 닮았다는 것을 의미한다. '형상Tselem'이란 히브리어는 모양을 나타내는 Demut와 뜻은 같지만, 하나님의 외형적인 측면을 의미하는 것이 아니라, 그의 내면적인 속성을 의미한다. 그러기 때문에 우리는 하나님 앞에 매우 중요한 존재다. 우리 삶의 궁극적인 목적은 하나님이 우리를 창조하신 목적을 충족시켜 드리는 일이며 그를 즐거워하며 영화롭게 하는 데 있다.

만약에 인간이 하나님께 영광을 돌리지 않고 자기에게 영광을 돌린다면(주로 이단 종파나, 사이비종교에서 많이 볼 수 있는 일) 그것은 하나님의 창조 목적에 어긋난다. 이런 사람들의 예로 《성경》에서는 헤롯왕을 들고 있다. 그는 하나님이 받아야 할 영광을 자신에게 돌리므로 벌레에게 먹혀 죽음을 당했다(사도행전 12:23).

하나님은 인간이 타락할 것을 아셨을까?

물론 알고 계셨다. 하나님은 인간을 창조하시기 이전에 인간의 자유의지가 그 존재의 가벼움 때문에 죄를 짓고 타락하게 되어 죽음의 길로 가게 되리라는 것을 아셨다.

〈창세기〉 6장 3절(공동번역)에 의하면, 사람은 동물에 지나지 않는

부오나로티 미켈란젤로Buonarroti Michelangelo의 〈원죄〉(1509~1510년)
하나님이 먹지 말라고 한 선악과를 뱀의 유혹으로 따먹고 있는 아담과 하와.

다고 했다. 왜냐하면 동물은 혼은 있다고 해도 영혼이 없기 때문이다. 이런 인간을 하나님이 창조해야 할 아무런 이유가 없었다. 그러나 하나님은 당신의 영광을 위해서 인간을 창조하셨다.

우리를 향한 하나님의 사랑은 언제부터였을까?

하나님은 자신이 만든 인간을 태아에서부터 백발이 성성할 때까지 가슴에 품고 다니신다고 하셨다.

"너희가 태어날 때부터 내가 너희를 안고 다녔고, 너희가 모태에서 나올 때부터 내가 너희를 품고 다녔다. 너희가 늙을 때까지 내가 너희를 안고 다니고, 너희가 백발이 될 때까지 내가 너희를 품고 다니겠다. 내가 너희를 지었으니, 내가 너희를 품고 다니겠고, 안고 다니겠고, 또 구원하여 주겠다."(이사야 46:3~4, 표준새번역)

태아에서부터 사랑한 하나님은 우리에게 "너는 눈에 넣어도 아프지 않을 나의 귀염둥이, 나의 사랑이다"(이사야 43:4, 공동번역)라고 하셨고, "나의 영광을 빛내려고 창조한 나의 백성, 내 손으로 빚어 만든 나의 백성이다"(이사야 43:7)라고 속삭이고 계신다.

인간은 어떻게 창조되었을까?

아담은 흙으로 창조되었다(창세기 2:7). 그리고 하와도 아담의 뼈에서 나왔으므로 흙으로 창조되었다고 볼 수 있다. 인간을 흙으로 만들었다는 〈창세기〉의 기사는 수 천 년을 두고 논쟁의 대상이 되어오고 있고, 현대 성경 주석학자나 조직신학자들은 이 문제에 관한 구체적인 견해를 피하고 있다. 필자는 이 문제에 대해서 30년 동안 저술활동을 해오면서 "하나님이 어떻게 인간을 창조했을까?"하는 가장 오래된 질문에 많은 시간을 소비했다.

《성경》에는 사람을 흙으로 만든 기간이 나와 있지 않다. 수 천 만년이 걸렸는지 혹은 수 십 만년이 걸렸는지 모른다. 하나님 창조의 절정은 우주보다는 인간이다. 그것은 인간이 하나님의 형상대로 창조되었기 때문이다. 《성경》은 인간 한 사람의 생명이 온 우주보다 귀하다고 했다(마태복음 16:26).

인간의 기원을 밝히는 빛은 유전자를 연구하는 연구실에 비쳐올 것이다. 우리 몸속에 있는 유전자에는 인류가 최초로 출현하던 그 시점까지 거슬려 올라가는 광활한 인류학적 역사의 기록을 담고 있다. 미국 팬덤하우스 출판사에서 출간된 베스트셀러《유전자 속으로 기나긴 여행》이란 과학 에세이에는 인간 삶의 불가해성이 주는 불가사의한 묵직한 철학이 깃들어 있다. 저자 에릭 빌레브란트Erik von Willebrand(1870~1949년)는 우주에 숨겨진 생명의 비밀을 진화론 속에서 찾아 헤맸지만 성공하지 못했다.

모든 생물은 같은 유전 암호를 사용한다. 이것은 생명이 단 하나의 사건으로 단 번에 창조되었음을 의미한다. 만약 생명체가 원시 수프Soup에서 시작되었다면, 당연히 여러 가지 다양한 유전부호를 가진 유기체가 생겨나야 한다.

그래서 하나님은 동물에 지나지 않은 사람에게 입김으로 생기를 불어넣어서 진정한 사람이 되게 하셨다(창세기 6:3, 공동번역). 그리고 그 뒤에도 세상에는 '느빌림(네피림)'이라는 거인 족이 있었는데, 그들은 하나님의 아들들과 사람의 딸들 사이에서 태어난 자들로서 옛날부터 소문난 장사들이다(창세기 6:4). 여기에서 하나님의 아들들(창세기 6:2)은 〈베드로후서〉 2장 4절과 〈유다서〉 1장 6절에서 말하는 타락한 천사들인지 거인의 불경건한 후예와 결혼한 셋 족인지는 명확한 해석이 없다. 이런 비정상적인 결혼은 세상을 타락과 패역으로 가득 채웠다.

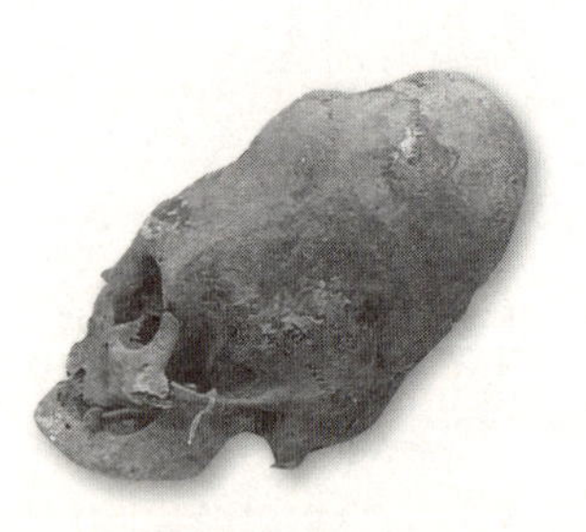
남미 박물관에서 전시되어 있는 네피림의 두개골.

'네피림'이란 거인 족(창세기 6:4)은 아담의 후예인지 혹은 아담이 창조되기 전에 창조된 동물 같은 사람들인지 알려진 바 없다. 그러나 한 가지 확실한 것은 진화론은 최초의 인간이 어떻게 생겼느냐를 설명하지 못한다. 그러나 《성경》에서는 하나님이 흙으로 사람을 만드셨다고 단호히 말씀하셨다(창세기 1:26, 시편 90:3).

파라오의 가족의 고대 인물. 그들의 두개골이 네피림의 특성을 가지고 있다고 한다.

'Let'에 숨겨진 비밀

태초에 아마도 150억 년 전에 하나님께서 창조하실 때에 하늘과 땅을 지으셨다. 땅이 혼돈하고 어둠이 깊은 물 위에 뒤덮고 있었기에 하나님께서 생기라 하시매 빛이 생겨났다. 이때 하나님은 'Let'라는 사역동사(남에게 어떤 동작을 하게 하는 뜻으로 나타내는 어법)를 사용하셨다. 어디까지나 하나님의 의지만이 있는 명령이었다. 또 〈창세기〉 1장 20절에서는 바다에는 물고기가 생겨 번성케 하고 땅 위 하늘의 궁창에는 새들이 생겨 날아다니게 했을 때도 'Let'라는 명령형 동사를 사용하셨다.

〈창세기〉는 히브리어로 쓰였는데, 영어 번역이 한글 번역보다 원문에 더 가깝게 접근할 수 있다.

"하나님이 가라사대 우리의 형상을 따라 우리의 모양대로 우리가 사람을 만들고"("Then God said 'Let Us make man in Our image, according to Our likeness;'", 창세기 1:26, NIV).

여기 "우리의 형상을 따라 우리의 모양대로"에서 유의할 것은 'Let'라는 동사가 삼위일체 하나님의 독단적인 명령으로 사용되지 않고, 'Let Us(합시다)'라고 한 것은 삼위일체(단수) 이외에 다른 인격적인 존재가 개입되었음을 의미한다.

많은 성서신학자는 삼위일체 하나님이신 하나님·예수님·성령님 세 분이 '서로 합의合意하여 이뤄진 결정으로 정의를 내리지만, 그보다 더 깊은 하나님의 사랑이 'Let Us'에 숨겨 있음을 모르고 있는 것 같다. 빛을 만들 때, 동물을 만들 때, 하나님은 예수님과 성령님과 세 분의 어떤 인격적인 대화나 결정 없이 독단적으로 명령을 내리지 않았음이 틀림없다.

세 분은 서로 다른 인격과 생각을 하고 계시고, 하시는 사역도 다르지만 한 분이신 완전한 하나님이기 때문에 단수로 쓰였다. 그러나 인간을 창조할 때만 'Let Us'라고 말씀하신 것은 사람이 이 세상에 태어나기 전에 하나님께서 우리 인간을 끔찍이 사랑하셨기 때문이다.

이것은 우리는 만세 전에 하나님의 따뜻한 품 속에서 이미 존재했다는 것을 의미한다. 아직 세상에 태어나지도 않은 우리 인간을 얼마나 사랑했으면 하나님과 동등한 위치에서 우리를 인격과 영혼을 가진 인간으로 인격화해서 우리(삼위일체 하나님과 아직 태어나지 않은 인간) 인간을 만들자(Let Us make)고 했겠는가?

하나님은 우리가 이 세상에 태어나기 전부터 우리를 보셨고, 우

리가 숨쉬기 전부터 내 형질을 디자
인하셨다(시 139:16).

하나님은 내가 이 세상에 출생하
기 이전부터 나에 대해서 다 아시고
나를 모태에서 아버지에게서 온 23
쌍의 염색체와 어머니로부터 받은
23쌍의 염색체를 조합해서 그 안에
모든 유한 정보가 들어 있는 DNA
(deoxyribonucleic acid)가 이중 나선
형으로 유전자Gene를 안고 꼬여 내
려가도록 하셨다.

알브레히트 뒤러Alrecht Dürer의 〈삼위일체의
경배〉(1511년)
비엔나의 빈 미술박물관에 소장되어 있다.

예수님은 정말 부활하셨을까?

기독교의 예수 부활론은 기독교를 비판하는 사람들의 표적이 되어왔
다. 그것은 기독교의 독단적인 교리에 지나지 않는다고 한다. 예수님
의 부활 비판은 이 시대에만 있지 않았다. 예수님 당시 사두개파 · 바
리새파 · 에세네파 이 3대 종파에 속한 사람들은 모세오경만을 인정
하고 다른 것은 모두 부인할 뿐 아니라, 내세나 부활 등을 믿지 않았
다. 그러나 예수님은 부활Resurrection했을 뿐만 아니라, 죽은 나사로

도 부활시키셨다(요한복음 11:44).

"그리스도께서 죽은 자 가운데서 다시 살아나셨다 전파되었거늘 너희 중에서 어떤 사람들은 어찌하여 죽은 자 가운데서 부활이 없다 하느냐 만일 죽은 자의 부활이 없으면 그리스도도 다시 살아나지 못하셨으리라 그리스도께서 만일 다시 살아나지 못하셨으면 우리가 전파하는 것도 헛것이요 또 너희 믿음도 헛것이며 또 우리가 하나님의 거짓 증인으로 발견되리니 우리가 하나님이 그리스도를 다시 살리셨다고 증언하였음이라 만일 죽은 자가 다시 살아나는 일이 없으면 하나님이 그리스도를 다시 살리지 아니하셨으리라 만일 죽은 자가 다시 살아나는 일이 없으면 그리스도도 다시 살아나신 일이 없었을 터이요 그리스도께서 다시 살아나신 일이 없으면 너희의 믿음도 헛되고 너희가 여전히 죄 가운데 있을 것이요 또한 그리스도 안에서 잠자는 자도 망하였으리니 만일 그리스도 안에서 우리가 바라는 것이 다만 이 세상의 삶뿐이면 모든 사람 가운데 우리가 더욱 불쌍한 자이리라" 고린도전서 15:12~19

솔로몬 당시 제사장 사독(열왕기상 2:35) 일파로 여겨지는 사두개파는 대개 귀족적이며 세속화된 제사장들로 구성되었고, 문자적인 율법에 충실하였으며, 부활과 장차의 심판을 부인하였다. 이들은 헬레니즘 문화를 받아들이며 호전적인 책략과 교묘한 수완으로 세속적인 영달을 꾀하였다. 이들과 바리새파의 분열로 하스모네 왕조가 몰락되었고 그 후에도 그들 간의 격심한 알력은 예수 당시까지 계속되었다. 이 파는 예루살렘 멸망과 함께 사라졌다.

이름이 처음으로 등장한 것은 BC 135년 존 히르카누스John Hyrcanus 통치 때로 알려졌다. 모세의 율법은 물론 조상의 유전을 중시하였고, 부활과 천사 및 영의 존재를 인정하였다. 헬라 문화에 대해서는 거부적이었으며, 엄격한 생활을 했고 회당 조직을 통해 전 유대인에게 영향을 주었다.

예수님의 부활한 육체는 어떤 모습이었을까?

예수님은 살아생전 3일 만에 부활할 것을 여러 번 제자들에게 말씀하셨지만, 그들은 그것을 기대하지 않았다(마태복음 16:21). 그 후 열한 제자 중에서 요한만이 빈 무덤을 보고 예수님의 부활을 믿었다(요한복음 20:8). 처음 제자들은 예수님이 살아나셨다는 이야기를 여자들에게서 들었을 때 거짓말로 여겼다(누가복음 24:11). 엠마오로 가는 길에서 제자들이 예수님을 바로 알아보지 못했지만, 잠시 후에 예수님인 줄 알아보았다(누가복음 24:31).

그들이 다른 제자에게 예수님이 부활했다는 것을 전했을 때 믿지 않았다(마가복음 16:13). 그러나 예수님께서 예루살렘에서 열한 제자에게 나타났을 때 그들은 처음에는 무서워하고 떨었으나 예수님의 손과 발을 보고 또한 예수님께서 생선을 잡수시는 것을 보고서 그가 죽음에서 살아나셨다는 것을 믿게 되었다. 침울하고 의심이 많았던 도마는 이 소식을 다른 제자에게서 듣고 어딘가 잘못이 있다고 생각했지만, 8일 후에 자기가 직접 예수님을 만져보고 믿었다(요한복음 20:24~29).

바울이 다메섹으로 가는 길에서 부활한 예수님을 만난 것은 환상

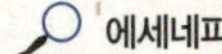

그늘에 가려졌던 이 파는 1947년 이래 사해사본의 발견과 더불어 극적으로 빛을 보게 되었다. 이 종파는 알려지지 아니한 '의의 선생'에 의해서 BC 165년경에 창건되어 AD 68년까지 명맥을 유지하다가 유대 반란 사건 때 파멸되었다. 그들은 《성경》 연구에 골몰하고, 엄한 은둔 생활 훈련을 하며, 그들끼리는 서로 사랑하고, 밖에 있는 모든 자는 철저히 미워하면서 그들 자신을 지켜나가는 생활을 했다고 한다.

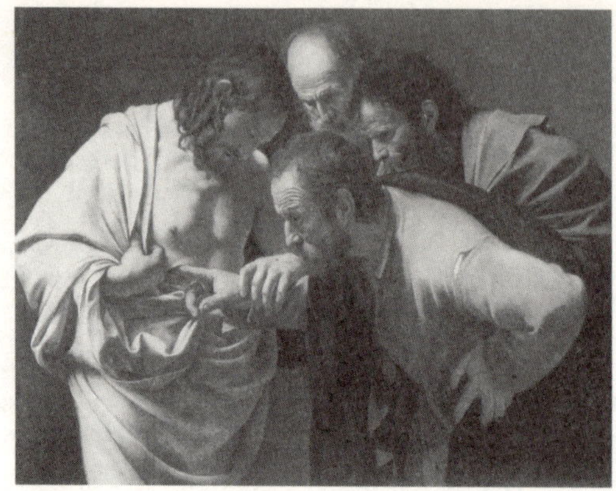

카라바조는 《성경》의 내용을 서민들의 일상에 비유했고, 또 현실에서 벌어지고 있는 것처럼 표현하였다. 종교화에 등장한 성인들을 동시대 서민으로 묘사한 것은 미술에서는 유례가 없는 일이다. 실제 예수님의 몸은 변화되었지만, 죽은 모습 그대로 부활하셨다.

이 아니었고 현실이었다(사도행전 9:1~9). 그뿐만 아니라 예수님은 여자들에게도 나타나셨다(마태복음 28:9~10). 또한 오백여 형제에게 일시에 보이기도 했다(고린도전서 15:6).

이 예수님의 부활, 죽음의 권세를 깨뜨리고 무덤에서 살아나신 것을 제자들이 확인했을 때 그들의 생명에 새로운 의미가 생겨나기 시작했다. 그리고 예수님의 부활은 모든 믿는 자에게 죽는 일이 없다는 희망을 심어주고 있다. 그리고 이 부활 소식은 2,000년 동안 입과 입을 통해서 전해지고 있다.

누가 구원받을 수 있을까?

입으로 예수님을 주로 시인하는 자다. "누구든지 주의 이름을 부르는 자는 구원을 받으리라"(로마서 10:13) 여기 '주'라는 헬라어 '퀴리오스Κύριος'는 히브리어로 '여호와Jehovah'에 해당하는 단어로써 이스라엘의 하나님을 가리킨다. 영어 《성경》은 구약의 '여호와'란 단어를 모두 '주Lord'로 번역하고 있다.

즉, 예수님을 하나님으로 믿는 신앙을 고백하는 자는 구원을 받는다. 이 부활의 사실이야말로 복음의 핵심이며 믿음의 요새다(에베소서 1:20~23, 빌립보서 2:9~11, 골로새서 3:1~4, 히브리서 2:9, 요한계시록 1:17~18).

그런데 자칭 그리스도인이라 하는 사람 중에도 이 부활의 사실을 믿지 않는 자가 많다. 1962년 한 사회학자의 조사에 의하면, 미국의 목사들 중 감리교 목사의 51퍼센트, 장로교 목사의 35퍼센트, 침례교 목사의 33퍼센트가 그리스도의 육체 부활을 믿지 못한다고 했다. 또한 최근 약 1,000명의 복회자를 비밀리 조사한 비로는, 예수 그리스도의 부활을 믿는 목회자는 45퍼센트밖에 되지 않았다고 한다. 이런 사람들은 비록 목사라고 해도 구원받지 못한다.

당신은 마음으로 예수님의 부활이 믿어지는가? 구원 여부를 분별하는 시금석이 여기에 있다. 그리스도의 부활을 믿는 신앙이 구원의 본질이며 기독교의 근본교리다. 많은 기독교인이 그리스도의 죽음의 필요성을 인정하면서도 그리스도의 육체 부활의 중요성을 부정하고 있는 것은 매우 슬픈 현상이다. 그리스도의 육체 부활을 믿기 위해서는 초자연적인 것을 믿는 신앙을 전제해야 한다.

거듭난다는 것은 무엇인가?

미국 일리노이즈 주에 있는 트리니티 에반젤리컬 신학교에서 조직신학을 가르치는 웨인 그루뎀Wayne A. Grudem은 "중생Regeneration이란 하나님께서 우리에게 새로운 영적 생명을 부여하는 신비스러운 하나님의 행위다. 이는 종종 거듭난다는 말로 사용되기도 한다"고 하였다.

그루뎀의 말처럼 사람은 구원받기 위해서는 거듭나야 한다. 만약 거듭나지 않았다면 어느 교회에 속해 있든지 그는 그리스도인이라고 할 수 없다. '거듭나다'는 말은 헬라어로 '겐네데 아노덴*γεννηθή άνωθεν*'인데, 이는 '위로부터 나다, 하늘로부터 나다'라는 뜻이다.

웨인 그루뎀
미국 일리노이즈 주에 있는 Trinity Evangelical School 에서 《성경》과 조직신학을 가르치고 있다. 그는 하버드 대학교와 웨스트민스터 신학교, 케임브리지 대학교에서 학위를 받았다.

어느 날 산헤드린 공회원으로 있던 니고데모는 중생에 대해 궁금하여 밤중에 예수님을 찾아와 "랍비여, 우리는 당신은 하나님에게서 온 선생인 줄 압니다. 어떻게 하면 하나님을 발견할 수 있는지 가르쳐주세요"라고 질문했다. 그런 그에게 예수님은 "진실로 진실로 네게 이르노니 사람이 거듭나지 아니하면 하나님의 나라를 볼 수 없느니라"(요한복음 3:3)고 말씀하셨다.

그러나 니고데모는 거듭난다는 말을 이해하

지 못했다. 그런 니고데모에게 예수님은 다시 "물과 성령으로서만 가능하다"고 말씀하셨다. 이것은 육적인 것이 아니라, 영적임을 분명히 밝히셨다.

사실 니고데모 같은 바리새인들은 하나의 고정관념에 사로잡혀 있었다. 아브라함의 자손들, 즉 자기와 같은 유대인은 출생하자마자 하나님께서 일찍이 맺으셨던 언약에 의해 하나님의 자녀가 된다고 생각했다. 그러나 예수님은 그가 하나님 나라에 들어가기를 원한다면 회개하고 성령 안에서 생활을 시작해야 한다고 말씀하셨다.

오직 하나님의 은혜가 우리 안에 들어와서 우리를 사로잡고 우리를 변화시킬 때만이 우리가 마땅히 하나님께 바쳐야 할 존경과 경건을 드릴 수 있게 된다. 우리를 변화시킬 수 있는 분은 오직 예수 그리스도시다. 그가 우리 안으로 들어오셔서 우리의 마음과 생활과 생각을 장악하셔서 그 속에 사실 때 우리는 물과 성령으로 거듭나게 된다.

누가 중생하게 할까?

중생은 회심이나 성화 그리고 성도의 견인처럼 우리가 능동적으로 할 수 있는 것이 아니고 전적으로 하나님께서 하는 일이다. 요한은 그의 복음서(요한복음 1:13)에서 거듭난 자들은 "오직 하나님께로부터 난 자들이니라"고 했다.

거듭난 자 Born Again라는 말이 수동형이듯, 우리 의지와는 관계가 없다. 우리가 이 세상에 태어난 것, 내가 남자가 아니고 여자로 태어난 것이 우리의 의지로 선택한 것이 아닌 것처럼.

웨인 그루뎀은 중생에 대하여 말하기를, "복음이 우리에게 임할 때 하나님께서는 우리를 부르시기 위해 그 복음을 통해 말씀하시고(유효적 소명) 우리에게 새 생명을 주서서(중생) 우리로 하여금 믿음으로 응답하게 하신다. 따라서 '유효적 소명'이란 성부 하나님께서 우리에게 능력으로 말씀하시는 것이고, '중생'이란 성부 하나님과 성령께서 우리 속에서 능력으로 역사하셔서서 우리를 다시 살리시는 것이다"라고 했다.

〈베드로전서〉와 〈야고보서〉에서도 이렇게 말하고 있다.

"너희가 거듭난 것은 썩어질 씨로 된 것이 아니요 썩지 아니할 씨로 된 것이니 살아 있고 항상 있는

중생

중생이란 태어남, 거듭남, 부활에 비길 만큼 철저하고 극적인 변화다. 그리고 새로워짐, 또는 성화란 중생과 더불어 시작되어서 우리가 죽을 때까지 또는 그리스도의 재림 때까지 계속된다. 온전히 거듭난 자는 그가 아직 성숙하지 못했지만, 육체의 모든 죄와 여전히 싸움하면서도 성령의 새롭게 하심 안에서 살아가려 한다.

하나님의 말씀으로 되었느니라 …
너희에게 전한 복음이 곧 이 말씀이
니라"(1:23, 25)

"진리의 말씀으로 우리를 낳으셨
느니라"(1:18)

베드로가 고넬료의 가족에게 복
음을 전하는 동안에 성령이 말씀을
듣는 모든 사람에게 임했던 것을 보
면(사도행전 10:44), 그때는 이 두 사
건, 중생과 성령의 임재가 동시에
일어난 것 같다. 이와 관련해서 '불

〈베드로와 백부장 고넬료〉
바티칸 산피에트로 대성당의 현관 천정에서 볼
수 있다. 고넬료는 가이사랴에 주둔하고 있던
로마의 백부장이다. AD 40년경의 사람으로 로
마 혈통의 이탈리아인이며 이방인으로서 하나
님을 경외하던 중 베드로를 초청하여 그의 설
교를 듣고 온 식구와 함께 예수 그리스도를 영
접하였다.

가항력 은혜Irresistible Grace'라는 용어가 사용되기도 하는데, 이 용
어는 하나님께서 유효적으로 그의 백성을 부르시고 새 생명을 주심
으로 그가 믿음으로 응답할 수밖에 없게 하신다는 사실을 가리킨다.
중생의 때에 정확하게 어떤 일이 발생하는가는 우리에게는 신비
에 속하는 일이다. 영적으로 죽었던 우리가(에베소서 2:1) 예수 그리
스도로 말미암아 실제적인 의미에서 거듭나게 되었음을(요한복음
3:3, 7, 에베소서 2:5, 골로새서 2:13) 우리는 믿고 있다. 하지만 어떻게
이 일이 일어났는지, 우리에게 이와 같은 새 생명을 주기 위해 하나
님께서 우리에게 정확하게 무엇을 하셨는지는 이해할 수 없다. 그
래서 예수님도 "바람이 임의로 불매 네가 그 소리는 들어도 어디서

와서 어디로 가는지 알지 못하나니 성령으로 난 사람도 다 그러하니라"(요한복음 3:8)고 말씀하셨다.

중생이란 우리에게 새 생명을 주시는 하나님의 일이기 때문에 그것은 순간적인 일이라고 결론을 내리는 것이 좋다. 그 일은 단 한 번 일어나며 한순간에 우리의 영혼이 죽었다가 다음 한순간에 우리는 하나님에게서 오는 새 생명을 갖게 된다. 그럼에도 우리는 언제 그 즉각적인 변화가 일어났는지 정확하게 모를 수 있다.

예수님은 처녀의 몸에서 태어났는가?

예수 그리스도가 탄생하기 약 700년에 선지자 이사야는 주님의 탄생을 예고했다(이사야 7:14). 아마도 예수님이 처녀의 몸에서 탄생하신 사건은 지적으로나 영적으로 문제가 되고 있는 교리는 하나님 말씀 중에 없을 것이다.

《성경》은 그의 모친 마리아가 요셉과 정혼하고 동거하기 전에 성령으로 잉태되었다고 하였다(마태복음 1:18). 당시 관습으로 정혼했다는 것은 결혼과 같은 것이며 남녀를 서로 묶어놓는 구속력이 있다. 그리고 분명히 동거하기 전이라고 하였다. 이것은 처녀의 몸을 의미한다.

예수님의 성육신成肉身 신비는 따지고 파고들기보다 경외 되어야 한다. 우리가 평범한 사람을 만드시는 "성령의 방법"이나 여자의 태속에서 어떻게 뼈들이 형성되는가를 알지 못하거늘(전도서 11:5), 하물며 동정녀 마리아의 태속에서 어떻게 예수님이 형성되었는지를 알 수 있겠는가! 다윗이 어떻게 그 자신이 "은밀하게 지음을 받았으며, 기이하게 지음을 받았는가"에 대해 탄복하였을 때(시편 139:13~16) 아마

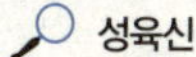

도 그는 그리스도의 성육신을 염두에 두고 말하였을 것이다.

예수님이 처녀의 몸에서 태어났다는 교리는 매우 중요하다. 이 교리가 무너지면 이 교리와 연결된 다른 교리가 무너지기 때문이다. 우리는《성경》그대로 믿는 지혜를 가져야 한다.《성경》그대로 믿는 것도 일종의 축복이다(문자주의를 의미하는 것은 아니다). 그리고 예수님의 동정녀 탄생은 구원이 인간의 노력으로 이루어지지 않고 오직 하나님의 뜻으로 이루어진다는 것을 상기시켜 준다.

하나님은 예수님을 지극히 인간적인 방법으로 인간인 어머니로부터 태어나게 하셔서 완전한 인간이 되게 하셨다. 그러나 인간의 아버지와 어머니를 통해서 태어나지 않고 성령의 능력으로 동정녀에게 잉태되게 하심은 완전한 인간이며 완전한 하나님이 되게 하신 하나님의 뜻을 이해할 수 있게 한다. 하나님은 초자연적인 방법으

프라 필리포 리피Fra Filippo Lippi의 〈무릎 꿇는 기부자가 있는 수태고지〉(1440년)
배경이 되는 방 안 풍경의 세밀한 묘사와 마리아의 진지한 표정이 돋보인다. 하나님은 마리아가
결혼하기 전에 성령으로 예수가 잉태될 것을 예고하셨다.

로 예수님의 신성과 인성을 연합시켜 완전한 하나님, 완전한 인간이 되게 하셨다.

이런 예수님은 육신의 아버지가 없으므로(23쌍의 염색체만 가지고 탄생) 아담으로부터 내려오는 죄가 차단되었지만, 어머니 마리아가 갖는 죄성을 어떻게 차단했을까? 하는 데는 많은 의문이 전개된다. 특히 가톨릭 교회는 마리아를 죄로부터 완전 자유로운 여인으로 주장함으로써 그 의문을 반증하고 있다.

그러나 《성경》은 죄가 없는 사람은 아무도 없다고 말한다. 모든 것은 초자연적인 하나님의 역사를 믿어야 한다. 온 우주를 창조하시고 한 치의 오차도 없이 운행하시는 하나님께서 못하심이 어디에 있겠는가? 하나님은 죄성있는 인간, 마리아로부터 죄의 전가를 막은 것은 그의 초자연적인 역사임은 틀림없다. 동정녀 탄생이 불가능하다고 말하는 자는 하나님에 대한 불신앙을 표출하고 있을 뿐이다.

지옥은 있는가?

죽음이란 육체적 삶의 일시적 정지이며 영혼과 육체가 분리되는 순간이다. 이때 우리 믿는 자는 육체는 이 땅에 묻히게 되며, 영혼은 바로 주님이 계신 천국으로 들어가게 된다. 많은 사람은 지옥의 실재를 믿는 것을 두려워하며 강하게 부정한다.

안식교와 여호와의 증인은 지옥의 존재를 믿지 않는다. 인간은 자기가 정죄되는 것을 좋아하지 않고, 사랑의 하나님이라면 설마 지옥에 보내겠는가 하는 안이한 생각에 빠지는 것을 즐긴다. 그러나 《성경》은 지옥은 엄연히 존재한다고 말한다.

〈누가복음〉 16장에 나오는 부자의 이름은 아마도 디베스Dives일는지 모른다. 그 이름은 부유함을 나타내는 라틴어에서 왔다. 이 부자는 자색 옷과 고운 베옷을 입고 날마다 호화스러운 잔치를 벌이며 살아가는 옛날 부자의 전형적인 모습을 가지고 있었다. 그는 이국적이며 값비싼 요리로 흥청거리며 노는 삶을 살았다.

나사로라는 이름은 '하나님은 나의 도움'이란 뜻을 가진 라틴어의 엘르아살Eleazar에서 왔다. 그는 걸인이었다. 전신에 헌데를 앓고 있는 몸이 몹시 쇠약해서 몸을 핥으러 오는 불결한 개들을 쫓아낼 힘조차 없었다. 나사로는 무기력하고도 비참한 빈곤의 전형이었다. 그러나 이 둘이 죽었을 때 나사로는 죽자마자 영광 가운데 있고, 부자 디베스는 지옥으로 가게 되어 고통 가운데 있었다.

그러면 부자의 죄는 무엇일까? 부자는 나사로에게 "나가라, 꺼져(Beat it)" 같은 악랄한 말도 안 했다. 식탁에서 떨어지는 빵 부스러기를 받아먹는 것을 저지하지도 않았고 어떤 폭력도 행하지 않았다. 글자 그대로 무관심하였다.

부자의 죄는 나사로에 대한 무관심이었다. 부자는 자기가 사치와 연락을 즐기는 가운데 뒹굴며 세월을 보내고 있는 동안에 나사로가 고통과 굶주림에 시달리고 있어도 그것을 바라보고만 있었지 사랑

부자와 나사로
한 부자가 있어 자색 옷과 고운 베옷을 입고 날마다 호화로이 연락하는데
나사로라 이름한 한 거지가 헌데를 앓으며 그 부자의 대문에 누워
부자의 상에서 떨어지는 것으로 배불리려 하매
심지어 개들이 와서 그 헌데를 핥는지라
이에 그 거지가 죽어 천사들에게 받들려 아브라함의 품에 들어가고
부자도 죽어 장사되매
저가 음부에서 고통 중에 눈을 들어 멀리 아브라함과 그의 품에 있는 나사로를 보고
불러 가로되 아버지 아브라함이여 나를 긍휼히 여기사 나사로를
보내어 그 손가락 끝에 물을 찍어 내 혀를 서늘하게 하소서
내가 이 불꽃 가운데서 고민하나이다
아브라함이 가로되 얘 너는 살았을 때에 네 좋은 것을 받았고
나사로는 고난을 받았으니 이것을 기억하라
이제 저는 여기서 위로를 받고 너는 고민을 받느니라
이뿐 아니라 너희와 우리 사이에 큰 구렁이 끼어 있어
여기서 너희에게 건너가고자 하되 할 수 없고
거기서 우리에게 건너 올 수도 없게 하였느니라

의 손길을 내밀지 않았다. 약을 사서 헌데에 발라줄 수도 있고, 헛간이라도 빌려주어 잠을 자게 해줄 수 있었지만, 그런 것에는 관심이 없었다.

그는 다른 사람의 고통이 곧 나의 고통임을 깨닫지 못했다. 그를 지옥으로 가게 한 것은 다른 사람의 고통에 대한 무관심이며, 무엇인가 행할 수도 있었는데 행하지 않은 결과에서 오는 형벌이다.

지옥은 어느 장소에 있을까?

지옥은 우리 마음속에 있는 것이 아니라, 어느 준비되어 있는 장소에 있다. 그리고 지옥은 일시적이지 않고 영원히 존속하는 장소다. 지옥은 고통이 영원히 지속하는 불과 유황의 장소다.

"또 왼편에 있는 자들에게 이르시되 저주를 받은 자들아 나를 떠나 마귀와 그 사자들을 위하여 예비된 영원한 불에 들어가라" 마태복음 25:41

"시온의 죄인들이 두려워하며 경건하지 아니한 자들이 떨며 이르기를 우리 중에 누가 삼키는 불과 함께 거하겠으며 우리 중에 누가 영영히 타는 것과 함께 거하리요 하도다" 이사야 33:14

"또 그들을 미하는 마귀가 불과 유황 못에 던져지니 거기는 그 짐승과 거짓 선지자도 있어 세세토록 밤낮 괴로움을 받으리라" 요한계시록 20:10

"누구든지 생명책에 기록되지 못한 자는 불못에 던져지더라"(요한계시록 20:15)

지옥은 어떤 곳일까?

예수님께서 지옥을 꺼지지 않은 불에 비유하면서 지옥이란 구더기도 죽지 않고 불도 꺼지지 않는(마가복음 9:48) 곳이라고 하셨다.

지옥은 누가 갈까?

• 마귀와 짐승

"짐승이 잡히고 그 앞에서 표적을 행하던 거짓 선지자도 함께 잡혔으니 이는 짐승의 표를 받고 그의 우상에게 경배하던 자들을 표적으로 미혹하던 자라 이 둘이 산 채로 유황불 붙는 못에 던져지고"
(요한계시록 19:20)

"또 그들을 미혹하는 마귀가 불과 유황 못에 던져지니 거기는 그

짐승과 거짓 선지자도 있어 세세토록 밤낮 괴로움을 받으리라"(요한
계시록 20:10)

• 타락한 천사

"하나님이 범죄한 천사들을 용서하지 아니하시고 지옥에 던져 어
두운 구덩이에 두어 심판 때까지 지키게 하셨으며"(베드로후서 2:4)

"또 자기 지위를 지키지 아니하고 자기 처소를 떠난 천사들을 큰
날의 심판까지 영원한 결박으로 흑암에 가
두셨으며"(유다서 1:6)

• 악인(구원받지 못한 자)

"악인들이 스올로 돌아감이여"(시편 9:17)

• 생명책에 기록되지 않은 자

"나더러 주여 주여 하는 자마다 다 천국
에 들어갈 것이 아니요 다만 하늘에 계신
내 아버지의 뜻대로 행하는 자라야 들어가
리라"(마태복음 7:21)

• 하나님의 뜻을 행하기를 거부한 자(예수 믿
기를 거부한 자)

"누구든지 사람 앞에서 나를 부인하면 나

하나님께 대항한 루시퍼를 형상화
한 조각상. 루시퍼는 왜 하나님께
대항했을까?

도 하늘에 계신 내 아버지 앞에서 그를 부인하리라"(마태복음 10:33)

천국은 죄인이 행한 것이라고는 아무것도 없는데도 은혜로 죄인에게 부여될 수 있지만, 지옥은 그렇지 않다. 지옥은 지옥 갈 죄를 범한 자가 가는 곳이다. 셰익스피어 4대 비극 가운데 하나인 고전 희곡 《햄릿》에서 죽느냐 사느냐 그것이 문제라고 했듯이, 사람은 누구나 천국이냐 지옥이냐 둘 중 하나에서 영원한 삶을 살게 된다.

만약 모든 사람이 하나님 보시기에 선하다면 지옥은 필요 없다. 이 말은 우리가 사회생활을 하는데 모두가 법질서를 지킨다면 법이 필요 없고 판사도·검사도·변호사도 필요 없다는 이야기와 같다. 그러나 인간은 태어날 때부터 죄를 가지고 태어났기에(시편 51:5) 죄를 짓고 살아간다.

리처드 도킨스Richard Dawkins는 《이기적 유전자The Selfish Gene》에서 우리

디르크 바우츠Dirck Bouts의 〈천국(上)과 지옥(下)〉(1450년)

영국의 동물행동학자, 진화생물학자 및 대중과학 저술가다. 그는 현재 옥스퍼드 대학교에서 대중의 과학 이해를 위한 찰스 시모니 석좌교수직을 맡고 있으며, 옥스퍼드 대학교 뉴 칼리지의 교수다.

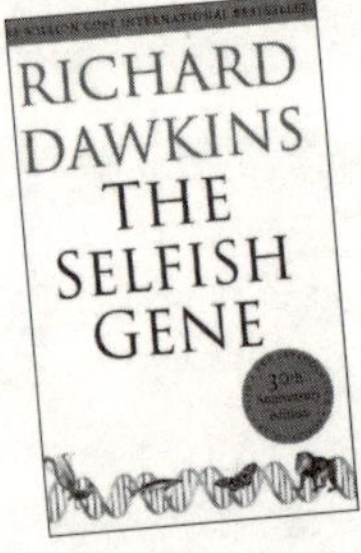

"오늘날 진화론은 지구가 태양의 둘레를 돌고 있다는 사실과 같이 의심의 여지가 없지만, 다윈 혁명이 뜻하는 모든 것은 아직 충분히 이해되지 않고 있다. 대학에서 동물학은 아직도 작은 연구 분야이며 동물학을 선택하는 사람들조차도 그 깊은 철학적 의미를 인식하지 않고 결정하는 경우가 종종 있다. … 나의 목적은 이기주의와 이타주의의 생물학을 탐구하는 것이다." – 《이기적 유전자》 중에서

몸을 구성하는 60조의 세포 속에서 어떤 일들이 벌어지고 있는지 말해준다. 그중 헤모글로빈 분자에는 574개의 아미노산이 함유되어 있는데, 그 아미노산이 4개의 사슬로 줄지어 연결된 것이 서로 맞물려 풀 수 없는 복잡한 모양을 이룬다고 한다. 그리고 염기서열 30억 중에 10만 정도가 유전정보를 확보하고 있는데 모두 이기적으로 되어 있다는 것이다. 이것이 우리를 악의 세계로 이끈다고 한다. 즉, 인간은 태어날 때 죄를 가지고 태어난다기보다는 죄를 지을 수 있는 경향Tendency을 가지고 태어난다는 말이 더 적절할 것 같다.

모든 인간은 절대로 선인이 될 수 없다. 그러기 때문에 지옥은 필요하다. 지옥의 존재를 부정하는 것은 거듭 말하지만, 매우 위험하다. 그것은 《성경》을 부정하는 것과 같기 때문이다.

영혼 멸절설이란 무엇인가?

최근 보수주의 신학자 중에서 불신자들의 의식 상태에서 영원한 형벌을 받는 것을 부인하는 사람들이 있다. 또한 안식교와 그 외 여러 지적인 사람들이 지옥의 영원성을 부인해왔다.

이렇게 의식 상태에서 받을 영원한 형벌을 무시하는 사람들은 종종 영혼 멸절설Annihilation을 주장하고 있다. 이 주장은 믿지 않는 악인들이 얼마 동안 하나님 진노의 형벌을 받은 후에 하나님께서 그들을 무존재 상태, 아예 태어나지 않은 상태로 만들기 때문에 그들은 더는 존재하지 않게 된다는 주장이다.

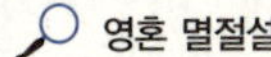

영혼 멸절설을 주장하는 데는 여러 가지 이론이 있다. 이를 지지해 주는 이론이나 논리는 있지만(빌립보서 3:19, 데살로니가전서 5:3, 데살로니가후서 1:9, 베드로후서 3:7), 이런 무존재 상태로 돌려보내는 것은 '심판'이란 단어의 뜻을 무색하게 만든다.

만일 심판이 없다면, 히틀러나 아이히만Karl Adolf Eichmann 같은 나치 범죄자들이 아무런 죗값을 치르지 않아도 된다면, 결국 이것은 우주의 궁극적인 정의를 부정하는 것이다. 그러나 교회나 믿는 자를 극렬히 핍박한 자라도 그리스도 안에서 믿음을 가질 수만 있다면 영원한 형벌을 면할 수 있으며 또 그렇게 되기를 기대해야 한다.

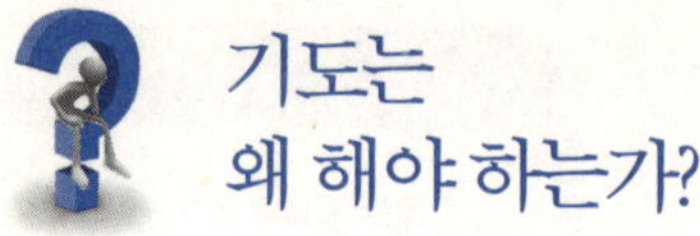

기도는
왜 해야 하는가?

기도는 하나님과 나, 개인적인 관계를 나타내는 영적인 교제로써 사귐을 의미한다. 또한 하나님께 탄원Supplication하며 우리의 요구 사항을 알리는 일과 기원Petition하는 일이다. 그러나 이런 간구를 하나님께 말하기 전에 그는 우리가 무엇을 구하는지 알고 계시기(마태복음 6:8) 때문에 중요한 것은 하나님과 나와 관계에서 믿음을 나타내 보여야 한다.

그리고 하나님은 우리에게 기도할 때 의심하지 말라고 하셨다. "오직 믿음으로 구하고 조금도 의심하지 말라 의심하는 자는 마치 바람에 밀려 요동하는 바다 물결 같으니"(야고보서 1:6)

우리는 주시고자 하는 하나님의 능력과 소망을 확신하며 기도해야 한다. 의심을 품고 기도하면 그 사람의 마음은 부서지는 바다의 물결처럼 바람결에 이리저리 요동하게 된다. 그리고 우리가 하나님께 구할 때는 그의 절대적인 관대하심을 믿고 의지하면서 하나님의 뜻에 따라 구해야 한다.

또한 우리가 하나님께 기도할 때 하나님의 나라가 영적으로 나타나며, 하나님이 우리를 얼마나 사랑하고 계시는지를 알게 되며, 하나님의 형상대로 지음 받은 우리가 얼마나 가치 있는 존재인지를 알게 된다.

기도는 무엇일까?

에스라는 기도를 보병과 마병보다 더 중요한 것으로 여겼으며(에스라 8:21~23), 예수님은 기도를 잠자는 일과 먹는 일보다 더 필요한 것으로 여기셨고(마태복음 4:2), 사도들도 설교하기에 앞서 기도했다(사도행전 6:4).

　기도는 하나님과 영혼의 대화로 정의되어 왔다. 하나님은 항상 그 자신의 말씀으로 우리에게 말씀하신다. 또한 기도는 믿는 신자의 호흡이며, 끊임없는 기쁨이며, 슬플 때의 은신처가 된다. 우리는 우리의 기도에서 먼저 하나님께 영광을 돌린 후 자신에 대한 필요를 간구해야 한다.

　예를 들면, 가나안 여자가 예수님이 다윗의 자손이라는 것을 인정하고 자기의 요구 사항을 얻기 위해 도전적으로 간구하여 응답을 받은 것처럼(마태복음 15:22~28), 하나님께 영광을 돌리며 약속의 말씀으로 기도할 때 하나님은 그 기도를 들어주신다.

　또한 기도는 중재Intercession다. 《성경》을 보면 하나님은 중재자를 찾으시는 것을(이사야 59:16) 볼 수 있고, 바울은 다른 사람을 위해 중재할 것을 부탁했다(디모데전서 2:1). 심지어 사무엘은 이스라엘이 기도하지 않는 것을 죄로 생각했다(사무엘상 12:23).

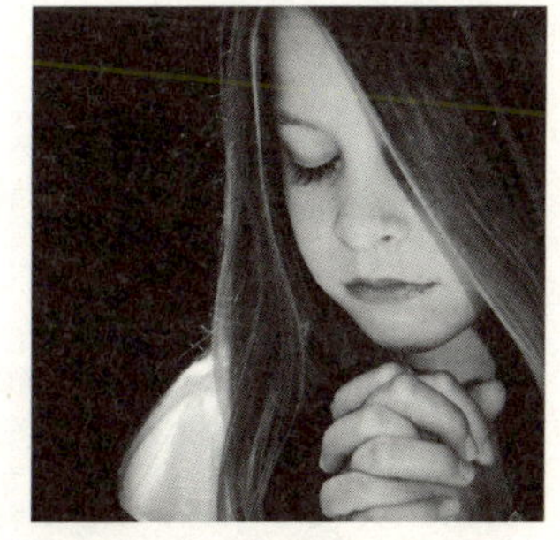

"아무 것도 염려하지 말고 다만 모든 일에 기도와 간구로, 너희 구할 것을 감사함으로 하나님께 아뢰라"(빌립보서 4:6)

랭부르Limbourg 형제의 〈가나안 여인〉(1410년)
예수님이 두로와 시돈 지방을 들어가실 때 한 여인이 나아와 자신의 딸이 귀신 들렸으니 고쳐달
라고 애원한다. 예수님은 처음에는 거절했지만, 그 여인의 계속된 간청에 그 딸을 고쳐주셨다.

"너는 내게 부르짖으라 내가 네게 응답하겠고 네가 알지 못하는 크고
은밀한 일을 네게 보이리라" 예레미야 33:3

"예수께서 그들에게 항상 기도하고 낙심하지 말아야 할 것을 비유로 말
씀하여" 누가복음 18:1

어디에서 기도해야 할까?

엘리사는 문을 잠그고 기도했고(열왕기하 4:33), 예수님은 기도할 때
골방에 들어가 은밀한 중에 계신 아버지께 기도하라고 하셨다(마태
복음 6:6). 그리고 베드로는 지붕 위에서(사도행전 10:9)와 강가에서 기

도했으며(사도행전 16:13), 바리새인과 세리는 성전에서 기도하며 바리새인은 서서 따로 기도했다(누가복음 18:10~13). 또한 바울과 실라는 죄수들 앞에서 기도했고(사도행전 16:25), 바울은 위험한 여행 중에도 승객들 앞에서 기도했다(사도행전 27:35). 이 외에도 고요한 곳, 한적한 곳(마가복음 1:35) 또는 산에서(마태복음 14:23) 등 많이 있다.

이처럼 《성경》에서는 여러 사람이 다양한 장소에서 기도하였다. 그러나 바울이 각처Every place에서 기도하라고 말했듯이(디모데전서 2:8), 사실 기도는 어느 곳에서나 해도 되며, 특별히 안 된다고 하는 장소는 《성경》에서 찾아볼 수 없다.

기도하는 자세는 어떻게 해야 되는가?

《성경》에서는 기도하는 자세에 대해서 특별히 언급하지는 않았지만, 기도의 자세로 몇 가지가 나타나 있다.

첫째, 서서 기도하는 것(요한복음 17:1).

둘째, 무릎을 꿇고 기도하는 것(누가복음 22:41).

셋째, 얼굴을 땅에 대고 기도하는 것(마태복음 26:39).

넷째, 침상에서 기도하는 것(시편 63:6).

다섯째, 물 위에 걸으며 기도하는 것(마태복음 14:30).

마르크 샤갈Marc Chagall의 〈기도하는 유대인〉(1912~1913년)
욕심을 버리고 합당한 기도를 드릴 때 하나님은 그 기도에 응답해 주신다.

여섯째, 산 정상에서 땅에 꿇어 엎드려 얼굴을 무릎 사이에 넣고 기도하는 것(열왕기상 18:42).

《성경》은 몸의 자세가 중요하기보다 마음의 태도와 항상 기도하는 것이 중요함을 가르친다(누가복음 18:1). 기도할 때는 시간을 정해 놓고 정규적으로 하는 것이 바람직하다. 또한《성경》은 우리가 식사하기 전에 기도할 것을 가르치고 있다(마태복음 14:19).

기도 응답이 없을 때 어떻게 하면 될까?

우리는 항상 고통 속에서 하나님께 부르짖는다. 마치 우리가 우주의 고아가 된 것처럼 고독하고, 나사로처럼 가난하고, 욥처럼 불행의 극치에 이를 때 하나님께 부르짖는다. 이때는 고통의 용광로가 너무나 극렬하게 달아 올라와서 신음조차 할 수 없다. 이때 우리는 하나님 앞에 솔직하게 된다. "살려 주세요, 아버지!"라고. 그러나 하나님으로부터 기도의 응답이 없다. 이때 어떻게 하면 될까?

하나님은 다니엘이 사자 굴에 들어가지 않게 할 수 있었으며(다니엘 6:16~23), 예레미야가 구덩이에 던져지지 않도록 할 수도 있었다(예레미야 38:6). 또한 바울이 탄 배가 세 번이나 부서지는 것을 막을 수도 있었고(고린도후서 11:25), 사드락과 메삭과 아벳느고가 극렬히 불타는 풀무에 던져지는 것을 막을 수도 있었다(다니엘 3:1~26).

그러나 하나님께서는 그렇게 하지 않았다. 그들에게 그런 위험과 고통 속에 있게 한 이유가 있었기 때문이다. 인간은 현실 그대로 보기 때문에 하나님의 숨겨진 깊은 뜻을 잘 헤아리지 못하고 원망할 때

가 많다. 다니엘 · 예레미야 · 바울 그리
고 히브리 청년 세 사람 모두 각기 다른
환경 속에서 고통으로 들어가도록 허락
하셨다.

"내 이름을 경외하는 너희에게는 공의로운 해가 떠올라서 치료하는 광선을 비추리니 너희가 나가서 외양간에서 나온 송아지 같이 뛰리라"(말라기 4:2)

하나님은 우리의 미래에 대한 모든 것
을 감추고 계시고, 예지 예정하고 있기
때문에 우리가 기도한다고 해도 이루어
지지 않을 수 있다. 하나님의 뜻에 따라
예정하신 것이 변경되지 않는 한 그대로
이루어진다.

하나님께서 우리의 기도를 들어주지 않은 것이 아니고 때가 차지
않았기 때문에(갈라디아서 4:4) 지연될 수도 있다. 그러므로 우리는
먼저 하나님의 뜻을 알아야 한다. 그 뜻을 알고 우리가 항상 쉬지
않고 기도할 때 오랫동안 응답받지 못했던 기도가 하루아침에 이루
어지는 것을 보게 된다.

새벽기도는 왜 해야 될까?

예수님은 아침에 기도하셨다. "새벽 아직도 밝기 전에 예수께서 일
어나 나가 한적한 곳으로 가사 거기서 기도하시더니"(마가복음 1:35)
예수님이 기도한 시간은 새벽 동트기 전이므로 오전 6시 정도 되지
않을까 생각한다. 이 새벽에 기도하는 것이 좋은 이유는 소음이 없
어 집중하기 좋기 때문이다. 이런 점에서 새벽에 기도하는 것이 좋

다는 것이지 꼭 그래야만 된다는 것은 아니다.

하나님은 인체를 고정밀도로 디자인하셨다. 인체가 필요로 하는 호르몬은 잠을 자는 시간에 생성되는데, 11피엠(pm)~1에이엠(am) 사이에 한 번 분비되며, 특히 남성호르몬으로 알려진 테스토스테론의 분비율은 동틀 무렵에 가장 높다고 한다. 그러기 때문에 새벽기도 시간을 좀 늦추는 것이 바람직하다.

 천국은 실제로 존재하는가?

알리기에리 단테
13세기 이탈리아의 시인. 예언자, 신앙인으로서, 이탈리아뿐 아니라 전 인류에게 영원불멸의 거작 《신곡》을 남겼다. 중세의 정신을 종합하여 문예부흥의 선구자가 되어 인류문화가 지향할 목표를 제시하였다.

이탈리아의 시성詩聖, 단테Alighieri Dante (1265~1321년)의 작품 《신곡The divine Comedy》 가운데 이런 이야기가 있다.

단테가 버질의 인도를 받아서 연옥을 구경할 때 다음 층으로 올라가려 하니, 그 층은 높고 발은 무거워서 올라갈 수 없었다. 그때 천사가 날아오더니 그의 이마에 있는 교만의 표를 날개로 쳐서 지워버렸다. 그러자 발이 가벼워져 다음 층으로 올라갈 수 있었다.

그때에 "마음이 가난한 자는 복이 있나

니 천국이 저희 것임이요"라는 천사들이 부르는 노래가 들려왔다. 실로 천국은 가난한 자의 것이요, 교만한 자의 것은 아니다(야고보서 4:6~7).

지상에 하나님의 나라를 실현하는 것, 이것이 인류 최후의 목적이며 희망이다. 예수님은 우리에게 이 천국을 가깝게 해 주셨다. 그러나 사람들은 그를 이해하지 않을 뿐더러 마음속에 하나님의 나라를 세우기보다 땅 위에 종의 나라를 세우고 있다(임마누엘 칸트 Immanuel Kant). 이것이 문제다.

천국은 어디에 있을까?

천국은 가공의 개념이 아니라, 현실의 개념이다. 왜냐하면 우리의 영원한 모국이기 때문이다. 대부분의 지성인, 영국의 불가지론자 버트런드 러셀Bertrand Russell(1872~1970년)이나 중국의 린위탕林語堂(1895~1976년), 미국의 천문학자 칼 세이건Carl Sagan(1934~1996년) 같은 사람들은 천국은 단순한 관념이나 상상력에 의해서 조작된 이야기에 지나지 않는다고 믿고 있다. 심지어는 철학 서적만 천 권 이상 읽었고 교회는 40년 동안 다녔다고 하는 어느 지성인은 빈정대면서 "천국 같은 곳은 없어, 죽으면 그만이지"라고 말했다. 명목상 교인이라는 말

버트런드 러셀
20세기 지식인 가운데 가장 다양한 분야에서 지속적으로 영향을 미쳤던 사람으로 철학·수학·과학·역사·교육·윤리학·사회학·정치학 분야에서 40권 이상의 책을 쉬지 않고 출간할 정도로 왕성한 지식욕을 가진 인물이다.

린위탕
푸젠성福建省 룽치龍溪에서 가난한 목사의 아들로 태어났다. 1919년 하버드 대학교에서 언어학을 공부하고 독일로 건너가 예나 대학교, 라이프치히 대학교에서 공부하고 베이징 대학교 교수가 되었다. 그 후에 유머 잡지 〈논어〉를 발행하여, 그 당시의 중국 사회를 풍자·비판하였다.

칼 세이건
우주 과학의 대중화를 선도하였다. 1950년대부터 NASA의 자문 조언자로서 여러 행성 탐사 계획에서 실험관으로 활동했으며, 또한 핵전쟁의 전 지구적 영향에 대한 이해, 우주선에 의한 다른 행성의 생물 탐색, 생명의 기원으로 이끄는 과정에 대한 실험 연구 등에서 선구적 역할을 했다.

을 생각나게 하는 사람이다.

또한 어느 보수주의 신학교의 교수는 "천국은 어느 일정한 장소를 말하는 것이 아니라, 단순한 마음의 상태"라고 말했다. 다른 어떤 이는 천국이란 마음 수련이나 명상의 극치를 이룰 때 오는 정신 상태라고 하였다. 그러나 《성경》은 천국이란 환상적 상태와는 훨씬 다른 현실의 것임을 분명히 말한다. 천국은 믿는 자의 최후의 희망이며 목표이며 지상 여로의 목적지, 소원의 성취 그리고 꿈의 실현이다.

천국의 개념은 아무도 가 본 사람이 없어서 천국의 존재에 대하여 경험적으로 증거를 제시할 수는 없지만, 그러나 《성경》은 천국이 특정한 장소임을 분명히 증거하고 있다. 스데반의 죽음의 현장에서도 천국이 하나의 물리적인 장소라는 것을 증명해 주고 있다. "하늘이 열리고 인자가 하나님 우편에 서신 것을 보노라"(사도행전 7:56)고 한 것은 그가 가공적인 환상을 본 것이 아니라, 우주의 시공 안에 엄연히 존재하시는 하나님의 영적인 실제와 현실세계를 직시한 것이다. 즉, 예수님이 부활하신 몸으로 사는 것을 보는 순간 우리도 그처럼 부활의 육체를 갖게 되고 어느 일정한 장소에서 예수님과 같이 살게 될 것을 스데 반은 본 것이다.

그리고 예수님은 이 땅에 있을 때 내가 너희를 위하여 처소를 예비하러 간다고 하셨다(요한복음 14:2). 이것은 엄연히 한 물리적인 장소를 의미한다. 우리는 세상 삶을 살면서도 천국에 대한 가슴 뛰는 열망으로 살아야 한다. 천국은 우리가 영원히 살아야 할 곳이기 때문이다.

하나님은 어디에 계실까?

《성경》에서는 하나님이 거하시는 장소를 천국이라 말하고 있다. 아래의 성경구절은 그것을 증명한다.

> "여호와의 보좌는 하늘에 있음이여" 시편 11:4, 마태복음 6:9

> "여호와께서 이와 같이 말씀하시되 하늘은 나의 보좌요" 이사야 66:1

천국은 누가 갈까?

예수 그리스도 안에 있는 신자가 천국에 간다. 예수 그리스도 외에는 하나님께로 가는 길은 없다(요한복음 14:6). 이 길을 걸어가는 사람은 때때로 의심의 안개가 눈을 가리고 사탄의 우는 소리가 사자의 울음처럼 들리며 험난한 절벽 길을 가는 것 같을 때가 있다. 그러나 그 길을 통과하는 사람만이 천국의 문으로 들어갈 수 있다.

천국 문이 열렸을 때 그 아름다움은 어느 정도일까? 천국을 상상하며 그린 이 그림 속에서 그 아름다움을 어느 정도 엿볼 수 있을 것 같다.

천국으로 가는 길은 회개와 믿음이 꽃으로 피어 하늘거리며 환영하고 있다. 이 길의 종착지에서는 천국의 문이 활짝 열리며 천사들이 기다리고 있을 것이다. 이곳에서 우리는 영원한 삶을 살게 된다.

불신자는 천국에 들어가지 못한다. 천국 문 앞에까지 왔다고 해도 들어갈 수 없다. 다른 종교를 가진 사람들(불교·유교·이슬람교 등)이나 이단 종파에 속한 사람들은 천국에 들어가지 못한다.《성경》에 이단은 멸한다고 했기 때문이다(베드로후서 2:1).

바다의 소리와 같이 들리는 14만 4,000명의 새 노래는 구원받은 사람들만이 알 수 있다. 구원받지 못한 사람들은 구원받은 사람들의 기쁨을 알지 못한다. 구원받은 사람들은 하늘에 올라가면 그들이 이전에 상상하지도 못했던 기쁨을 맛볼 것이다. 하늘에서는 누구나 찬송할 것이다. 천국으로 올라가는 길의 정상에서 우리는 직접 하나님을 보며, 영원히 그와 교제하게 될 것이다. 또한 그곳에는 죽음과 고통과 아픔과 슬픔이 없다.

이 사실을 믿었기에 사도 바울은 고백했다. "만일 그리스도 안에서 우리가 바라는 것이 다만 이 세상의 삶뿐이면 모든 사람 가운데 우리가 더욱 불쌍한 자이리라"(고린도후서 15:19)

성경의 미스터리
한개 확 풀렸어.
여러가지 많은 지식을
얻은 것같아.
나도 그래.
그런데 세상에는
종교가 너무 많아.
다른 종교는 어떤지
우리 한번 해부해 볼까?

다른 종교를 해킹하다

이단 바이러스를 차단하자!

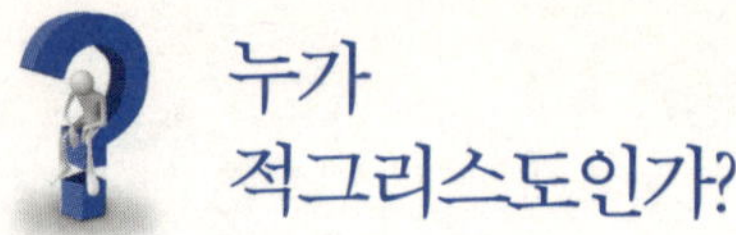

누가
적그리스도인가?

적그리스도를 헬라어로 '안티크리스토스 *ἀντίχριστος*'라고 한다. 즉, 예수님의 재림 전에 나타나 최후로 그리스도인을 압박하고, 박해하다가 상황이 역전되어 예수님이 재림하시면 예수님에 의해 패배당하고 정복될 신화적이고 악마적인, 또는 악마적이고 인간적인 그리스도의 대적자를 의미한다.

> "예수를 시인하지 아니하는 영마다 하나님께 속한 것이 아니니 이것이 곧 적그리스도의 영이니라" 요한일서 4:3

> "아이들아 지금은 마지막 때라 적그리스도가 오리라는 말을 너희가 들은 것과 같이 지금도 많은 적그리스도가 일어났으니 그러므로 우리가 마지막 때인 줄 아노라" 요한일서 2:18

적그리스도란 말은 〈요한일서〉, 〈요한이서〉와 〈요한계시록〉에서 나타날 뿐 다른 책에서는 찾아볼 수 없다. 요한은 적그리스도를 어느 한 사람임을 말하지 않고 적그리스도를 지향하는 전체를 의미하는 것 같다.

이런 의미에서 볼 때 '모친 살해 Matricide'란 신조어를 만들어 낸 네로 Nero 황제가 아마도 적그리스도일는지 모른다. 네로는 첫 번째

아내 옥타비아Octavia, 형제 브리타니쿠
스Britannicus, 아주머니 도미티아 레피다
Domitia Lepida를 죽이고, 두 번째 아내
포파에아 사비나Poppaea Sabina는 아이
를 임신한 배를 발로 차서 죽였다. 또 자
신을 낳은 어머니 아그리피나Agrippina
를 자신의 왕위를 뺏으려 했다는 이유로
암살하려고 하자, 아그리피나는 자신의
옷을 찢으며 "여기를 쳐라, 내가 네로를
낳은 나의 자궁을 쳐"라고 소리쳤다고
한다.

포파에아 사비나

　이런 네로 황제에게 마귀의 숫자 666이 수식어로 붙는다. 그는
"더 큰 도시를 건설하기 위해서 불을 질러 로마에 대화재가 일어났
다"고 당시 로마 사람이 자신을 의심하자, 그 의심을 풀기 위해 기
독교인에게 그 죄를 뒤집어 씌워 박해를 가했다.

　이때 로마에 있는 많은 기독교인이 체포되어 가장 비인도적인 방
법으로 처형되었으며, 십자가에 못 박히고, 짐승의 가죽에 매여 투
기장에 끌려 나와 사람들의 구경거리가 되거나 개에게 물어뜯기고,
야수에게 던져졌다.

　심지어는 온몸에 역청을 뒤집어 씌워 그들을 자신의 정원에 있는
기둥에 묶어 화형시키면서 그 불로 횃불을 삼았고, 불타 죽어가는
그들의 몸부림을 아주 흡족하게 바라보며 즐겼다. 그런데 아이러니

로마황제 네로의 기독교 박해에 따라 목이 잘려 순교당하는 사도 바울의 모습. 그는 로마 시민권자였기에 십자가형을 당하지 않고 목이 잘려 순교를 당했다.

하게도 극장이란 'Theater'가 여기에서 나오게 되었다.

그리고 전리품으로 잡아 온 여자들을 발가벗겨 병사들과 음탕한 성행위를 하게 하였을 뿐 아니라, 네로 자신도 옷을 벗은 채로 수레를 타고 정원을 돌아다니곤 하였다.

또한 오래 전부터 로마 가톨릭이 바빌로니아이고, 교황 제도는 적그리스도라는 말이 있었다. 그리고 존 위클리프John Wycliffe, 얀 후스Jan Hus, 마르틴 루터, 장 칼뱅Jean Calvin, 울리히 츠빙글리Ulrich Zwingli, 존 녹스John Knox 등을 비롯한 여러 다른 종교 개혁자도 교황을 적그리스도로 보았다.

어떤 신학자는 적그리스도는 전쟁의 천재 나폴레옹Napoléon이나, 3,000만 명을 전쟁터에서 죽인 칭기즈 칸Chingiz Khan, 2,000만 명을 숙청한 스탈린과 모택동毛澤東, 북한의 김일성金日成 같은 독재자를 의미한다고 한다.

오늘날에 와서 적그리스도는 거짓 그리스도인 혹은 거짓 예언자를 의미한다. 이들은 이적과 기사를 행하며 양의 탈을 쓰고 온 이리 같은 악마적인 존재다. 자신을 그리스도, 하나님 혹은 재림주라고 말하며 예언한다.

《성경》에는 마지막 환란의 때에 적그리스도 가 등장할 것과 '666' 짐승의 표를 모든 사람 에게 오른손이나 이마에 받게 할 것이라고 예 언한다(요한계시록 13:16~18). 지금 이 세상은 그때를 향하여 빠르게 달려가고 있다.

그 예를 보면, 조지아 주 제너럴 아이디 제 도General I.D. System 입법화(666표, 1997년 2 월 5일 의회승인), 캘리포니아 주 비자카드 지 문인식 자동결제 제도, 미국 전자마크 인체실 험 논란 가열, 텍사스 주 칼리지 스테이션 일 부 식품점과 워싱턴 주 시애틀 스리프트웨이 식품점에서 물건 값을 손 가락 스캐너로 결제, LG에서 지문결재 제도 실시, 생체 마이크로 칩, 영 국 전자신분증 도입, 홍체 인식 휴대폰 속에 장착 등이 있다.

이단은 구원받을 수 있는가?

"그러나 백성 가운데 또한 거짓 선지자들이 일어났었나니 이와 같이 너 희 중에도 거짓 선생들이 있으리라 그들은 멸망하게 할 이단을 가만히

끌어들여 자기들을 사신 주를 부인하고 임박한 멸망을 스스로 취하는 자들이라" 베드로후서 2:1

"우상 숭배와 주술과 원수 맺는 것과 분쟁과 시기와 분냄과 당 짓는 것과 분열함과 이단과 투기와 술 취함과 방탕함과 또 그와 같은 것들이라 전에 너희에게 경계한 것 같이 경계하노니 이런 일을 하는 자들은 하나님의 나라를 유업으로 받지 못할 것이요" 갈라디아서 5:20

이단Heresy이라 하면 기독교 정통 교리에 어긋나는 교파를 의미하는데, 초대교회 때부터 지금까지 존재하고 있다. 초대교회가 기존의 가르침으로부터 이탈한 신학적인 입장을 보였던 영지주의·몬타누스주의·아리우스주의로부터 오늘날에는 안식교·모르몬교·여호와의 증인·크리스천 사이언스·통일교 외 200여 개의 크고 작은 이단이 있다. 이들은 자기네의 주장이 옳고 다른 교파의 주장은 잘못되었으며 구원이 없다고 말한다.

세계 어느 문화권에서보다 한국 문화권에서 이단의 활동이 많다. 기독교는 2,000년 동안 이단과 씨름해야 했다. 이단을 가리키는 헬라어 '하이레시스αἵρεσις'는 원래 그 뜻이 '선택'이란 뜻을 가진 좋은 의미였다. 하지만 이단은 그 단어에 맞지 않게 《성경》을 이용하여 기독교 교리와 비슷하게 교리를 만들어 신실한 신앙인들을 혼미케 하고 있다.

이단의 수난 시대

장 칼뱅은 모든 종류의 이단을 화형에 처했고, 마르틴 루터는 모든 정신병을 귀신 들린 것으로 여겼다. 이단이나 귀신 들렸다고 잡힌 자들은 남녀노소를 막론하고 모두 발가벗겨져 여러 가지 잔인한 고문을 당하였다.

밧줄로 왼손과 오른손을 묶어 24시간 동안 그대로 두어 심한 통증이 생기게도 하였다. 마녀들이 악마에게 흡혈 당했기 때문에 24시간 안에 반드시 악마들이 다시 찾아오리라고 믿었기 때문이다.

만약 거미나 기생충, 파리들이 감옥에서 발견되면 악마가 가장한 것이라고 하여 유죄를 확신하곤 하였다. 또 마녀들은 반드시 몸의 어떤 곳에 무감각한 부분이 있다고 생각하여 두꺼운 돗바늘로 몸 구석구석을, 특히 은밀한 부분을 찔러대면서도 이것을 고문이라 하지 않았다.

이렇게 청교도인들이 원래의 목적을 잃고 있었을 때 로드아일랜드

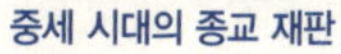
중세 시대의 종교 재판

메리 다이어

영국에서 박해를 받고 투옥되던 퀘이커교도들은 뉴잉글랜드에서도 추방되거나 심지어 죽임을 당하기까지 하였다. 예를 들면, 1659년부터 1661년 사이에 선교사인 메리 다이어 · 로저 윌리엄스Roger Williams · 윌리엄 로빈슨William Robinson · 마마듀크 스티븐슨Marmaduke Stevenson이 보스턴에서 교수형에 처해졌다. 수갑을 차거나 낙인이 찍히거나 매질을 당한 사람들도 있었고 일부는 귀를 잘리기도 했다.

뉴포트의 메리 다이어Mary Barrett Dyer(1611~1660년)는 "청교도의 법은 그들이 내세우는 자유를 위한 것이 아니라, 단지 퀘이커교도들을 비난하고 질책하기 위해 고안된 것"이라고 외쳤다. 이런 주장으로 그녀는 매사추세츠에서 추방당한 적이 있었다. 그러나 추방당하고도 다시 보스턴을 찾아올 때마다 그녀의 결심은 더욱 확고하였고, 그녀가 보스턴을 세 번째 방문했을 때 동료 퀘이커교도 두 명이 교수대에 매달리는 것을 보게 되었다. 결국 그녀도 붙잡혀서 사형대에 오르게 되었다. 사형되기 직전 그녀는 보스턴에 다시는 오지 않겠다는 조건 아래 죽음을 면하게 되지만, 그러나 그 다음 달 5월에 그녀는 다시 보스턴을 찾아왔다. 이번에도 매사추세츠 주 근처에 오지 않는다면 살려주겠다는 제의를 받지만, 그녀는 완강하게 거절했다. 결국 그녀는 1660년 6월 1일 퀘이커교도들을 추방하려는 청교도의 법에 대항하다 목숨을 잃은 순교자가 되고 말았다. 동시에 미국 내에서는 종교적 자유를 위해 죽은 유일한 여성이 되었다.

영화 속에 사는 모슬렘

'미국 테러당하다, 1만여 명 사상'이란 톱기사가 전면을 장식하고 있었다. 뉴욕 월드 트레이드 센터와 워싱턴 펜타곤에 가해진 전대미문의 동시다발 테러사건으로 1만여 명의 사상자를 냈다는 기사였다.

테러리스트들이 민간 항공기 4대를 납치하여 그중 2대로 자살공격을 한 110층의 쌍둥이 빌딩에서 근무했던 1만여 명의 직원과 그곳을 방문했던 사람들까지 불에 타고 무너져 버린 빌딩 안에 함께 묻혀버렸다. 이것은 미국의 비극이라기보다는 잘못된 종교관을 갖고 자신들의

🔍 짐 존슨

1978년 11월 18일 밤, 가이아나Guyana의 조지타운에서 인민사원을 이끄는 짐 존슨Jim Jones(제임스 워런James Warren〈1934~1978년〉이라고 불린다) 목사(?)는 276명의 어린아이를 포함하여 912명의 신도에게 청산가리를 탄 주스를 마시게 하였다. 900여 명의 사람이 다 함께 이른바 '영광스러운 죽음'을 택한 이 끔찍한 밤을 사람들은 '하얀 밤White Night'이라고 불렀으며, 부패한 사이비 종교의 대명사로 여기게 되었다.

2001년 9월 11일 오전, 미국의 최대 도시 뉴욕의 세계 무역센터에 테러리스트들이 항공기 2대로 충돌하여 거대한 화염이 발생했고 많은 시민이 사망하였다.

목숨까지 초개처럼 여겨 알라신을 위해 버리는 모슬렘 근본주의자로 불리는 광신도 테러리스트들의 비극이라 할 수 있다.

모슬렘에서는 하늘나라에서 누릴 수 있는 영화를 《코란》에 자세히 기록하고 있다. 지상에서 《코란》의 지시대로 산 사람들은 하늘나라에서 300가지가 넘는 진수성찬을 먹으며 영원한 정력과 젊음을 유지한다고 되어 있을 뿐 아니라, 8만 명의 하인과 젊고 아름다운 72명의 아내와 영원한 복락을 누린다고 한다. 그래서 그들은 테러를 성전聖戰이라고 말하며 죽는 것을 영광중에 영광으로 생각한다.

아프가니스탄의 극심한 빈곤과 종교적인 무지는 탈레반 독재자들에게는 권력을 행사할 수 있는 가장 강력한 무기가 되었다. 거짓이 왜곡되어 진리인 것처럼 해석될 때와 진리가 왜곡되어 거짓인양 이해될 때처럼 비극은 없다.

첫째, '꿈꾸는 자'라고 하였다(8절). 이것은 허망虛妄한 가르침으로 사람들을 미혹하는 거짓 선지자들을 비난하는 표현이다(신명기 13:1, KJV).

둘째, '훼방(비방)하는 자'라고 하였다(8절). '훼방'은 사탄의 전문 사역이다. 예수님은 성령을 거슬러 훼방하는 일은 용서받을 수 없다고 선언하셨다(마태복음 12:31~32).

가톨릭은 이단Heretic인가?

'암흑시대'라고 불리는 중세기에 가톨릭은 수많은 사람을 마귀와 성교했다는 이유로 체포하여 화형에 처했다. 당시 가톨릭에서는 마귀 사냥에 한창이었는데, 남자 마귀의 이름은 '인큐버스Incubus'라고 하여 잠자는 여인을 덮쳐 성교한다고 하였고, '서큐버스Succubus'

인큐버스 마귀는 잠자는 여인을 유혹하여 성교한다.

서큐버스 마귀는 잠자는 남자를 유혹하여 꿈속에서 성교한다.

15세기 이후 이교도의 침입과 종교개혁으로 분열되었던 종교적 상황에서 마녀사냥의 물결은 시작되었다. 이 잔혹한 만행은 종교적 기득권을 쥔 자들에 의해 자행되었고, 동시에 자신들의 권력을 유지하기 위한 수단으로 작용했다.

라고 하는 여자 마귀는 잠자는 남자를 유혹하여 꿈속에서 성교한다고 하였다. 이 인큐버스와 서큐버스의 수는 7백 40만 5,926이나 되었다고 한다.

이런 사건으로 당시 가톨릭 종교 재판소는 8살 난 어린아이에서 80세 된 노인에 이르기까지 닥치는 대로 체포하여 마귀와 성교했다는 이유로 화형을 처했다. 1404년에 가톨릭은 적어도 3,000명 이상의 죄 없는 사람들을 마귀와 관계했다는 이유로 처형했고, 1609년에서 1633년까지 뱀버그에서 화형을 당한 사람의 수는 약 900명이나 되었는데, 그중에는 시장 요한네스 줄리어스Johannes Julius도 포함되었다.

마귀를 빙자하여 제네바에서는 3개월 동안에 500명이, 화츠버그에서는 900명이 화형을 당했다. 스페인에서만도 1만 220명이 화형을 당했고, 9만 7,371명을 노예로 만들어 배를 젓게 했다고 한다. 심지어 이런 가톨릭의 횡포로 스페인의 인구가 200년 동안 무려 2,000만 명에서 600만 명으로 줄었다고 한다.

〈요한계시록〉을 통해서 본 가톨릭

교회가 세속적인 권력을 가지려는 욕망을 갖기 시작한 것은 4세기에 로마 제국이 교회의 박해를 중지하고, 기독교를 국교로 정한 때부터였다. 그로 말미암아 로마 제국의 정신이 교회에 스며들게 되었고, 교회는 점점 세계를 정복하던 로마 제국의 형태로 발달하게 되었다.

그 후 로마는 멸망했지만, 교회라는 이름으로 다시 살아났다. 로마의 교황은 로마 가이사Caesar의 후예였다. 바티칸은 가이사의 궁전이 있던 자리다. 교황들은 가이사가 가지고 있던 권위를 오히려 더 주장했다.

교황의 궁전은 지금까지 세계에서 가장 사치스러운 궁전의 하나다. 교황들은 세상의 왕들에 못지않은 화려함 속에서 살아왔다. 세상에는 교황의 대관식 때처럼 화려하고 웅장한 구경거리가 없을 정도였다.

로마 시는 처음에는 제국으로, 다음에는 교황으로 세계를 2,000년 동안, BC 200년부터 AD 1800년까지 세계를 지배했다. 이 지배 속에서 교황들은 하나님을 지상에 모시려고 했고, 인간의 양심 위에 최고의 권위를 가지려고 했으며, 죄와 방종을 용서하려 하였고, 자

기들의 말에 복종해야 구원을 얻는다고 주장했다.

이런 그들을 〈요한계시록〉에서는 "하나님을 모독하는 이름들이 가득하고"(17:3)라고 말하고 있다. 왜냐하면 과거 교황들은 자신을 신격화하여 '주Dominus' 또는 '신Deus'으로 자칭하며 하나님을 모독하고 자신에게 신적 영광을 돌렸기 때문이다.

또한 "짐승, 창녀, 용의 빛깔인 붉은 빛"(17:3~4, 12:3)으로 교황의 옷 색상을 나타내고 있다. 이뿐만 아니라 교황의 의자도 붉은색으로 되어 있고, 의자를 메고 있는 열두 사람의 옷도 붉은색이며, 추기경들의 모자와 옷도 붉은색이다.

원래 붉은색은 마귀의 색이었으나(12:3), 지금은 무신론자인 공산주의의 색이 되었다. 즉, 그들은 '붉은 군대', '붉은 지역', '모스크바의 붉은 광장'이라고 말한다.

그리고 〈요한계시록〉에서 "음행의 더러운

교황의 평상복은 시마르Simar라 하고, 어깨에 늘어뜨린 천은 파샤Fascia라 한다. 주교들이 입고 있는 옷도 색깔만 다를 뿐 명칭은 동일하다.

것들"(17:4)이라는 표현처럼 중세 시대의 교황의 부도덕은 극히 잘 알려졌다. 교황이 명령하는 종교 재판소는 500년 동안 1,000만 명 이상의 신자를 고문하고 화형에 처해 역사상 가장 잔인하고, 지독하고, 악마적인 사건이 되었다.

이런 것을 기록하는 것은 기분 좋은 일이 못 된다. 그러나 사실은 사실이며 역사는 역사다. 이것이 〈요한계시록〉에 예시된 것은 놀라운 일이다.

여호와의 증인은 어떻게 해서 생겨났는가?

찰스 테즈 러셀
전통적 장로교 신앙을 가진 부모 밑에서 출생하였지만, 신앙적 회의에 깊이 빠져 기독교회의 제도화된 조직과 행정 그리고 천국과 지옥 등 내세적인 교리에 대해서 매우 부정적이었다. 결국 자신의 독단적인 신념을 바탕으로 하여 추종자들과 함께 '여호와의 증인'을 조직하게 되었다.

여호와의 증인 창시자 찰스 테즈 러셀Charles Taze Russel은 1852년 펜실베이니아 주에서 태어났다. 그가 20세 때 안식교의 지도자 페인터 J. H. Painter의 저서를 읽다가 예수 재림의 시기에 대해서 관심을 갖게 되었고, 후일 자신과 같은 생각과 신앙을 가진 사람들을 모아 성경연구 모임을 시작했다. 그 후 1879년 러셀은 〈아침의 여명〉이란 잡지를 발간하다가 그 이름을 〈파수대The Watch Tower〉로 바꾸었다.

러셀은 삼위일체의 하나님, 그리스도의 신

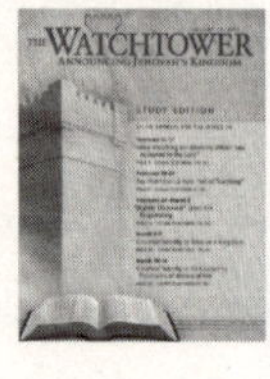

삼위일체를 부정한다. 그리스도의 신성을 부인한다. 성령의 인격성을 부인한다. 영혼의 존재를 부인한다. 그리스도의 부활은 몸의 부활이 아닌 영의 부활로 본다. 신자의 부활도 육적 부활이 아닌 영의 부활로 본다. 《재세계 번역 성경》이라는 것을 만들어 사용하고 있는데 '주'를 모두 '여호와'로 고쳤다. 세상 정권을 마귀의 소산으로 보며, 지역교회나 국가 정치에 참여를 거부하며 병역을 꺼린다. 수혈을 거부하기도 하고 치료할 수 있는 병도 치료하지 않아 사망하는 일이 있어 사회적으로 물의가 되고 있다.

성, 그리스도의 육체적 부활, 지옥의 실재를 완전히 부인하면서 다른 기독교인은 흑암 속에서 살며 자기네만이 진리 속에 있다고 주장한다. 그리고 그는 1874년 예수 그리스도가 인간의 눈에 보이지 않게 영적인 재림을 한다고 주장하다가, 1914년에는 아마겟돈 전쟁이 일어나 세상 정치는 멸망하고 하나님께서 통치하는 신정시대(천년 왕국)가 시작되리라고 예언하였다. 이 예언이 빗나가자 여호와의 증인은 1975년 10월 1일에 아마겟돈 전쟁이 일어나 세상이 끝나리라고 예언하였지만, 그 역시 거짓말로 판명되었다.

한마디로 여호와의 증인은 반국가적인 종파라고 할 수 있다. 군 입대를 거부하여 교도소에 가며, 수혈을 거부하여 살릴 수 있는 생명을 죽이며, 모든 선거를 하지 말라는 등으로 자기가 도움받고 사는 국가에 일체의 협조를 하지 않는다.

이들은 길거리에서 삼삼오오로 그룹을 지어 다니며 깔끔한 복장을 하고 있어서 쉽게 알아볼 수 있다.

모르몬교는 어떻게 해서 생겨났는가?

모르몬교의 명칭은 '예수 그리스도 후기성도 교회'라고 한다. 이단 종파의 특징은 교주가 하늘로부터 어떤 계시를 받았다고 말한다. 통일교의 문선명은 17세 되던 1936년 4월 17일 부활절 아침에 예수

조지프 스미스
그는 하늘에는 복수의 신이 존재하며 사람이 신이 될 수 있다는 가능성을 전제로 유대교와 그리스도교 신비주의를 혼합한 '완전한 삶의 방법'에 의해 영원한 번영을 누릴 수 있다고 주장하였다.

라이먼 와이트
17세 때 그는 어떤 환상을 보았을까?

그리스도가 직접 나타나서 자기를 선지자로 명했다고 주장한다. 여호와의 증인의 찰스 테즈 러셀도 17세 되던 어느 날 아침 하늘로부터 계시를 받아 새로운 교리를 터득하게 되었다고 한다. 안식교의 교주 윌리엄 밀러의 후계자 라이먼 와이트Lyman Wight는 17세 되던 해 어느 날 첫 환상을 보았다고 하였다.

모르몬교의 교주 조지프 스미스Joseph Smith도 17세 되던 어느 날 기도 중 하늘로부터 한 줄기 빛이 나타나더니 천사 모로나이Moronai가 내려와 계시를 주었는데, 그 계시대로 1823년 9월 22일 모라이 산에서 《모르몬경》을 발견했다고 주장한다. 이 《모르몬경》에는 BC 2250년과 BC 600년경에 유대인이 아메리카 대륙에 이주해 살았고, AD 34년에 그리스도가 강림하여 세례와 성찬을 베풀었다고 기록하고 있다.

모르몬교의 창시자 스미스는 신자들을 이끌고 유랑하다가 1830년 일리노이 주에서 구속되었는데, 그를 구하고자 하던 신자들과 경찰의 총격전에서 죽었다. 그 뒤를 이은 브리검 영 Brigham Young은 남은 신자들과 함께 유타 주 솔트레이크 시에 정착하였다. 모르몬교에서는 처녀는 결코 천국에 들어갈 수 없다 하여 일부다처제를 허락하였으며, 브리검 영은 27명의 여자와 결혼하여 55명의 자녀를 두었다.

또 그는 ZCMI 백화점의 창시자이자 총수이고, 브리검 영 대학교를 세우기도 했다. 미국에서는 모르몬교도의 수가 점점 늘어나 1830년 1,000명에서 오늘날에는 250만 명에 이른다. 즉, 미국인 90명 중 한 명이 모르몬교도인 셈이며 유타 주 솔트레이크 시에는 5명 중 4명이 모르몬교인이다.

이 모르몬교의 교리 제1조에 보면, 그들은 삼위일체 하나님을 믿는 깃처럼 보이지만, 하나님은 우리 인간과 같이 육체를 가진 것으로 본

브리검 영
유타 주 솔트레이크 시에 모르몬 공동사회를 건설하고 그 주변의 정치적·경제적·사회적 지도자가 되었다. 그리고 솔트레이크 시에 있는 유타 대학교의 전신인 데저렛 대학교를 설립하였다.

다. 이유는 〈창세기〉 1장 6절에 "하나님이 이르시되 우리의 형상을 따라 우리의 모양대로 우리가 사람을 만들고"라고 했기에 하나님은 골격과 육체를 가져야 한다고 주장한다.

또한 그들은 여호와의 눈(시편 33:18), 여호와의 귀(시편 34:15), 여호와의 팔(시편 89:10)을 인용하여 하나님은 육체를 가진 분이라고 말하지만, 그것은 하나님을 《성경》에서 상징적으로 표현하고 있는 것에 불과하다. 그리고 스미스나 브리검 영은 모르몬교인이 죽으면 모두 신이 된다고 주장한다.

그리고 모르몬교는 예수님을 하나님의 아들이라고 말하지만, 그리스도의 신성을 믿지 않는다. 그들은 일부다처제를 합리화하기 위

예수 그리스도 후기성도 교회라고도 하는 모르몬교는 미국 뉴욕 주州의 맨체스터에서 조지프 스미스에 의해 창립되었다. 이 모르몬교에서는 신도들에게 매주 한 번씩 가족과 함께하는 시간을 가질 것을 권장한다고 한다.

해서 "간음은 하나님의 뜻이며 다윗이 밧세바와 간음하지 않았다면 솔로몬은 태어나지 않았을 것이며, 솔로몬이 태어나지 않았더라면 구세주도 태어나지 않았을 것이다"라고 말한다. 하지만 〈사무엘하〉 12장 18절에서 다윗과 밧세바와의 간음으로 태어난 아이는 죽었다. 그 후에 다윗과 밧세바의 동침으로 낳은 아들이 솔로몬이다(사무엘하 12:24).

이런 모르몬교의 신앙에 대해 반론을 한다면, 하나님은 영이시며(요한복음 4:24), 오직 한 분인 하나님이시고(신명기 6:4, 고린도전서 8:4), 다른 신을 섬기지 말라고 엄히 경고한 유일신이다(출애굽기 20:3, 신명기 4:25, 신명기 29:26~29).

제칠일 안식일 예수재림교(안식교)의 교주 윌리엄 밀러의 예언은 적중했는가?

윌리엄 밀러는 1782년 2월 15일 매사추세츠 주 피치필드의 한 침례교회 가정에서 16남매의 맏아들로 태어났다. 상당한 독서가였던 그는 대학교육은 받지 못했다.

그는 1816년 10월 12일, 교회 집사의 요청으로 〈이사야〉 53장을 주제로 한 설교문을 낭독하던 중 참을 수 없는 강렬한 감동을 경험하고 교회에 입교하였다. 그 후 2년간 성경 연구 끝에 결론을 내리기를 예수의 재림이 천 년 이후가 아니라 그 이

제칠일 안식일 예수재림교

전에 있었으며, 〈다니엘〉 8장의 2,300일 예언 기간은 〈다니엘〉 9장의 70주일과 마찬가지로 BC 457년에 시작하여 1843년경에 마친다고 하였다.

재림운동을 시작한 지 2년 후인 1833년 9월에는 그가 사는 지역의 침례교회가 그와 상의도 없이 그를 목사로 선출하였다고 주장하였다.

1836년에는 재림에 대한 16개의 강연이 단행본으로 묶여 출판되었으며, 그 후 여러 차례 재판되었다. 이리하여 그를 추종하는 자들이 나타났는데, 이들을 '밀러주의자'라 부른다. 1840년 2월에는 재림운동의 기간지인 〈사인즈 오브 타임스〉를 발간하였다.

한편 1843년과 1844년에 절정을 맞았던 이 운동에는 700여 명의 목사와 5만여 명의 신자가 가담하였는데, 교단별 분포를 보면 감리교가 절반을 차지하였으며 나머지 여러 교파가 섞여 있었다. 이 제칠일 안식일교회는 1863년에 정식으로 발족하였다.

하지만 밀러가 1843년 4월 3일 지구가 종말할 것이라고 한 예언은

삼육대학교 캠퍼스
제칠일 안식일 예수재림교는 19세기 초기에 한국에 들어왔다. 주류 신학계에서 이단으로 분류되는 이 종파는 교육사업과 의료사업 같은 사회활동을 많이 하는데 삼육대학교도 그 목적으로 설립되었다.

맞지 않았다. 그 예언을 믿고 따랐던 수많은 추종자는 그날에 재산을 버린 후 언덕 위와 공동묘지에 모여 기다렸지만 아무런 일도 경험하지 못했다. 그러자 밀러는 그 종말의 날을 1844년 10월 22일로 연기했고 그의 추종자들은 그날 다시 그 언덕 위로 모였지만, 물론 그날도 역시 아무 일도 일어나지 않았다.

예수님은 베드로 위에 교회를 세우겠다고 했는가?

"예수께서 빌립보 가이사랴 지방에 이르러 제자들에게 물어 이르시되 사람들이 인자를 누구라 하느냐 이르되 더러는 세례 요한, 더러는 엘리야, 어떤 이는 예레미야나 선지자 중의 하나라 하나이다 이르시되 너희는 나를 누구라 하느냐 시몬 베드로가 대답하여 이르되 주는 그리스도시요 살아 계신 하나님의 아들이시니이다 예수께서 대답하여 이르시되 바요나 시몬아 네가 복이 있도다 이를 네게 알게 한 이는 혈육이 아니요 하늘에 계신 내 아버지시니라 또 내가 네게 이르노니 너는 베드로라 내가 이 반석 위에 내 교회를 세우리니 음부의 권세가 이기지 못하리

라" 마태복음 16:13~18

〈마태복음〉 16장 18절은 유명한 논쟁의 주제다. 예수님이 바위를 말하게 된 것은 바위가 많은 헬몬 산의 모습이 우뚝 솟아있었기 때문인 것 같다.

이 구절을 헬라어 원문에서 보면, "너는 페트로스Petros이니 이 페트라petra 위에 나의 교회를 세우겠다"로 되어 있다. 'Petros'라는 말은 작은 돌을 뜻한다. 리델과 스코트의 헬라어 사전에 의하면, 이 말은 돌팔매질하는 돌이나 개울가에 있는 돌을 의미한다. 개울가에 있는 돌이라도 사람이 들 수 있는 돌을 의미한다. 한편 'Petra'라는 올림퍼스 산이나 코카시스 산맥에 있는 바위를 의미한다.

따라서 이 말씀은 "너는 베드로다. 어떤 사람이 너를 흔들어도 네가 나의 신성을 표현한 그 믿음은 산처럼 움직이지 않는 바위다. 나는 나의 교회를 그 믿음 위에 세우겠다"는 뜻이다.

그러나 가톨릭 교회는 이 말씀을 예수

구이도 레니Guido Renid의 〈회개하는 베드로〉(1635년)

그의 성격은 정열적, 충동적이고 확고한 결심과 순간적인 주저함과 중간에서 동요로 인한 많은 실패가 전해지고 있다. 주님을 배반하지 않는다고 맹세하고도 주님을 세 번씩이나 부인한 것이 그 예다(마가복음 16:50, 72~77). 순수한 일신론을 주장하고 유대인과 이방인을 다 책責하였으며, 그리스도가 이방인을 교화시키라는 명령을 내리셨다고 하였다. 사도 중 대표적인 발언자로 성령의 역사를 받으라고 하였다.

텔아비브에 있는 베드로 교회

님이 베드로 위에 교회를 세우겠다고 했고, 그에게 천국의 열쇠를 주었다고 믿는다. 그래서 그들은 베드로를 초대 교황으로 추대하고 있다. 그러면서 가톨릭은 기독교가 변질된 비기독교적인 교리를 내세우는 종교라고 말한다. 이런 가톨릭 교회의 주장은 바르지 않다.

가톨릭 교회의 성모 마리아 상은 누구를 의미하는가?

모든 신비종교의 시초는 바빌로니아 여자 세미라미스Semiramis다. 그녀는 니므롯Nimrod의 아내로서 자신은 남자 없이 영적으로 잉태하여 타무즈Tammuz를 낳았다고 한다.

신학자들은 세미라미스의 이 주장이 오늘날 로마 가톨릭과 같은 의식적 종파를 만드는데 그 기초가 되었다고 말한다.

그러면 가톨릭 교회의 성모 마리아는 세미라미스이고 아기 예수는 타무즈일까? 가톨릭 교회가 안고 있는 가장 큰 문제 중의 하나가 바로 이것이다.

세미라미스와 타무즈

# 가톨릭 교회는 왜 마리아를 숭배하는가?

마리아는 아내로서, 어머니로서, 그리고 하나님께 충실한 여자로서 풍요롭고 만족스러운 삶을 살았다. 하나님을 섬기면서 보람을 느끼는 경험도 많이 하였다. 또한 여러 가지 시험과 시련을 이겨냈다. 예기치 않은 어려움에 직면하거나 가족문제로 염려하게 될 때 우리는 분명히 충실하게 인내한 마리아로부터 교훈을 얻을 수 있다(히브리 10:36).

그러면 가톨릭이 마리아를 숭배하는 것은 왜일까? 마리아의 독특한 역할에 대한 성서의 기록을 근거로 그를 숭배하는 것은 과연 옳은가?

가톨릭의 교리를 보면, 가톨릭은 마리아를 인류 구원의 다른 구원자로 본다.

첫째, 마리아는 영원한 구원을 위한 은혜를 우리에게 열어준다.

둘째, 마리아는 자신과 인류 전체를 위한 구원의 원인이 된다.

셋째, 마리아는 구세주(예수 그리스도)의 사업에 비길 데 없는 협력을 해 드렸다.

초대교회 때부터 가톨릭 신자는 1월 1일, 3월 25일, 8월 15일, 12월 8일 등 네 번을 성모 마리아를 기념하는 날로 정하여 기념한다. 나아가 사람들은 천상에 계신 성모 마리아에게 지상에 있는 인간들을 위해 빌어달라는 "은총이 가득하신 마리아님, 저희를 위하여 빌어주소서…"라고 기도한다.

이런 그들의 교리는 성경적이지 않다. 《성경》을 보면 마리아는 인류 구원사역의 전 과정과 아무런 상관이 없다. 《성경》은 오직 예수 그리스도만이 인류를 구원할 수 있는 구세주라고 말한다. 《성경》 66권 어디를 보아도 마리아가 또 다른 구원자라는 말을 찾아볼 수 없다.

"내가 문이니 누구든지 나로 말미암아 들어가면 구원을 받고"(요한복음 10:9)

마리아를 숭배하게 된 이유

마리아 숭배는 여성주의 운동Feminism과 긴밀한 관계를 가진다. 삼위일체 사상은 남성 우월주의에서 시작하였으며 아버지 하나님, 성자 하나님 등은 다 유대인의 편협된 신 사상이라고 한다. 따라서 풍성한 세계와 폭력이 없는 사회를 위해서는 하나님 어머니에 대한 인식이 있어야 한다.

또 다른 이유는 금욕주의라고 한다. 플라톤의 철학 사상과(BC 4세기 후) 금욕주의 사상(AD 2세기 이후)에 물든 초대교회 및 중세교회는 루터에 의한 종교개혁이 있기까지 성Sex을 죄의 뿌리로 생각하여 대단히 더럽게 여겼다. 곧 마리아처럼 처녀성을 지키려는 수녀들이 생겨났고 수도승들은 성욕을 억제하는 것이 최고의 목표가 되었다.

어떻게 해서 기독교가
로마 제국에 전파되기 시작했는가?

305년경 콘스탄티누스 대제(플라비우스 발레리우스 콘스탄티누스Flavius Valerius Constantius)의 사망 후 그의 아들 콘스탄티누스 1세Constantinus I가 새 황제로 추대되었으나 부 황제 위치에 머물러 있을 수밖에 없었다. 그 이유는 황제의 자리를 노리고 있던 라이벌 세력이 동로마와 서로마로 나뉘어 모두 6개 정도 있었기 때문이다. 이 라이벌 세력의 대표는 왕족의 보호 임무를 맡고 있던 엘리트 집단, 즉 '왕궁 근위대'의 지지를 받던 '막센티누스Maxentius'였다.

결국 그와 콘스탄티누스와의 대결은 불가피하였다. 이 두 장군은 312년 10월 28일 티버스 강의 밀비우스 다리에서 충돌하게 된다. 전투가 벌어지기 바로 직전 콘스탄티누스는 하늘에 떠 있는 불타는 십자가를 보았다고 한다. 그 십자가에는 'Hoc Vince'(정복이 끝났노라)라는 글자가 쓰여 있었다. 이런 환상에 감명을 받은 콘스탄티누스는 전쟁에 참전하는 모든 병사의 방패에 예수의 형상을 나타내는 글자를 그리게 했다.

콘스탄티누스 1세

막센티우스

이 전투에서 막센티누스가 전사하자 그들의 진영이 무너졌고, 콘스탄티누스는 서로마의 통치자가 되었다. 그는 정식으로 황제의 자리에 오르면서 가장 처음으로 기독교의 표식을 모든 제국의 상징으로 사용할 것과 자신이 통치하는 모든 영토 내에 있는 기독교의 활동을 절대적으로 묵인하라는 법령을 제정하였다.

당시 예수님의 제자들에 의하여 전파되던 기독교는 인구가 밀집된 로마에 급속히 퍼져 나가고 있었다. 예수님에 의하여 교회와 그 제자들의 대표직을 맡게 된 베드로는 선교활동을 위하여 제국의 수도 로마로 향한다. 그리고 67년, 기독교인에 대한 로마의 박해가 점점 심해지면서 많은 기독교인이 희생당하고 있던 그때, 베드로는 그곳에서 선교활동을 하다가 순교당한 듯하다.

베드로가 그의 사망 직전 이끌던 교회는 70년 예루살렘이 멸망한 후에 로마에 있던 교회가 모든 교회의 본부 역할을 하고 있었다. 이 로마 교회의 지도자였던 베드로는 '사제장' 혹은 '교황Pope'으로 대우받고 있었다. 그 후 90년과 305년 사이에도 십여 차례 기독교에 대한 심한 박해가 있었지만, 교회는 그 세력을 키워나갔고 신자 수 또한 전 로마에 걸쳐 꾸준히 늘어가고 있었다. 이런 당시의 현상을

라틴어 작가 테르툴리아누스Tertullianus는 "순교자들의 피가 씨앗이
되었다"고 표현하였다.

　베드로의 순교와 콘스탄티누스 1세의 취임 사이의 시기에 성장한
교회는 신앙과 '그리스도 안에서의 형제애'에 의한 결속에서 출발
한 자치 공동사회, 즉 신앙이 절대적으로 요구되는 '공동체'를 형성
하고 있었다.

　이런 공동체 '교회'는 주로 도시에 몰려 있었기 때문에 모든 가르
침은 이들 도시 교회에 우선적으로 전해지고 있었다. 하지만 도시
에서 떨어진 지역에서도 무시하지 못할 수의 교회들이 형성되고 있
었다.

　각 공동체에서 선출되어 임명된 교회의 우두머리인 주교Bishop는
예수님 열두 제자의 후임자로 인식되었다. 그래서 교회설립 초기에

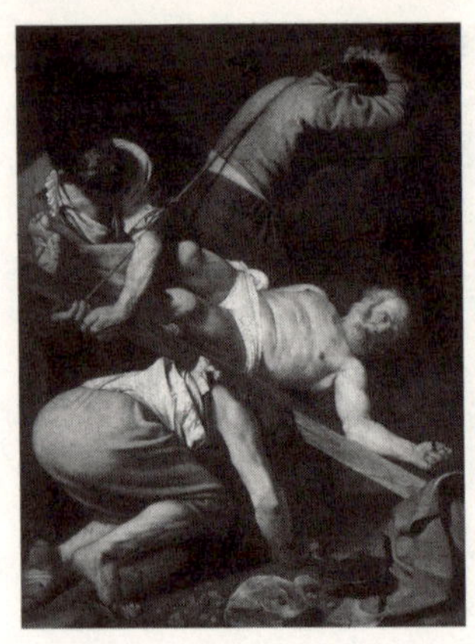

카라바조Caravaggio의 〈성 베드로의 수난〉(1600년)
"그리스도는 하늘에서 땅으로 내려오셔서 십자가에 똑바로 달리셨습니다. 그러나 나는 땅에서 하늘로 올라가는 영광을 입었으니 내 머리는 땅을 가리키고 다리는 하늘을 향해야 마땅합니다. 그리고 나는 주님과 똑같이 십자가에 달릴 자격이 없으니 십자가를 돌려서 내 머리가 아래로 오도록 매달아주십시오" 베드로의 고백.

는 '최후의 만찬'을 상징하는 예식에 사용되는 '빵과 포도주'에 손을 댈 수 있는 자격이 주교들에게만 주어졌다. 하지만 교회가 성장함에 따라 주교 혼자 교회의 행정을 보는 데 한계를 느끼기 시작했다.

그래서 '장로'를 임명하여 각 구역의 공동체를 담당하게 하였고, 주교들의 행정적인 업무 또한 '부제(집사)'들의 도움을 받아 운영하게 했다. 이런 교회의 구조와 제도는 꾸준한 성장을 거쳐 현대의 교회에까지 이어져 내려오고 있다.

유대인은 어떤 사람인가?

유대인은 본래 팔레스타인 일대에 거주하던 유목 민족이다. 이 민족은 자신들이 하나님의 선택을 받은 유일한 민족이라는 선민 신앙이 있었다. 그리스 사람에게 그리스 신호信號와 그리스어가 '우리' 의식을 보장해주는 공통분모였다면, 유대인에게는 출애굽 사건이 자신들만의 집단적 정체성을 갖게 해주는 중요한 기억이었다. 이들은 구약의 〈율법서〉, 〈선지서〉, 〈문학서〉를 가장 중요한 생활의 지침으로 삼으며, 메시야가 올 때까지 전통 속에서 만들어진 613가지의 명령을 지킬 의무가 있다고 생각했다. 또한 다른 민족과의 혼인을 금지했다. 이런 것들이 유대인을 유대인답게 만드는 핵심 사항들이었다.

고난에 찌든 유대인

BC 586년에 바빌로니아의 왕 느부갓네살Nebuchadnezza은 예루살렘을 공격하여 유대 왕국을 멸망시키고 왕과 백성을 바빌로니아로 끌고 갔다.

1792년 러시아에서는 유대인을 핍박하는 새로운 법령이 만들어졌다. 즉, 유대인은 아무 장소에서나 살 수 없고 어느 일정한 장소에서만 살 수 있다는 것이다. 그리고 유대인은 농장이나 부동산을 소유할 수 없고 자유로운 직업 선택도 불가능했다. 그리하여 수많은 유대인이 가난과 질병 속에서 죽어갔다.

1881년 알렉산더 2세Alexander II가 암살되자 유대인에게 그 죄를 뒤

집어 씌워 감금, 폭행하거나 집과 소유물에 불을 지르고 사형하기도 했다. 그때 유대인에게는 코와 혀에 낚싯바늘로 꿰매는 고문도 있었다고 한다.

유럽 인구의 1/3을 죽인 흑사병이 독일 쾰른Cologne을 휩쓸고 있었을 때 그 속죄양으로 유대인을 웅덩이에 집어넣어 불을 질러 죽였는데, 이때 희생된 유대인의 수는 5,000명이 넘었다고 한다. 또한 1942~1945년에는 히틀러와 나치당이 600만 명의 유대인을 죽이기도 하였다.

유대인의 문화의 흔적을 찾아서

피라미드는 수 천 년 전에 건축이 되었고 바빌로니아와 니네베(니느웨)는 거대한 중심도시가 되었다. 나일 계곡과 유프라테스와 티그리스의 드넓은 계곡은 바쁘게 움직이는 사람들의 무리로 메워졌는데, 이 사막의 방랑객들은 자신의 고향을 떠나 아라비아 사막의 모래벌판을 지나 비옥한 땅을 찾아 북으로 행진해 갔다. 후에 이 방랑 종족은 유대인으로 알려졌다.

몇 세기 후 그들은 인류사에 남겨진 가장 중요한 책인 《성경》을 우리에게 전해주었다. 또 몇 세기가 지난 후 그들 종족의 마리아라는 여인의 몸을 통해 전 인류사의 가장 위대한 스승, 예수 그리스도가 탄생했다.

그러나 아직 이 이상한 민족의 기원에 대해서 누가 어디에서 왔는지, 인류에게 부여된 가장 위대한 역할을 누가 했는지, 그 후 역

니네베Nineveh 또는 니느웨는 고대 아시리아의 수도다. 현재의 이라크 모술이다. 1880년대의 발굴 전에는 위대한 아시리아 제국과 그 거대한 수도의 역사적인 지식은 거의 전무하였다.

사의 무대를 떠나 지상의 민족들 사이에서 왜 추방했는지를 아무도 모른다. 이것을 알기 위해 고고학자들은 팔레스타인 지방의 토양을 열심히 파헤치고 있으며 시간이 지남에 따라 점점 더 많은 것이 알려지고 있다.

서아시아 지방에는 두 개의 넓은 강이 흐르고 있다. 이 두 강은 북부의 높은 산들에서 기원하여 페르시아 만으로 흘러든다. 진흙 성분이 많은 이 두 강둑 주변에 거주하는 사람들의 생활은 쾌적하고 매우 여유로웠다. 그러므로 북쪽의 추운 산악 지대나 남쪽의 타는 듯한 사막에 거주하던 사람들은 티그리스와 유프라테스 계곡을 삶의 거점으로 삼으려 했다.

그리하여 그들은 기회 있을 때마다 고향을 떠나 비옥한 광야로 모여들었다. 그들은 서로 싸우고 정복했으며 하나의 문명이 사라져 버린 바로 그 자리에 또 다른 문명을 건설했다. 그들은 바빌로니아와

BC 2300년경부터 고대 바빌로니아의 '성스러운 도시'로 BC 612년 신바빌로니아에 이르기까지 바빌로니아의 중심 도시로 가장 위대한 도시로 여겨졌다.

니네베 같은 대도시를 건설했고, 지금으로부터 4,000년 더 이전에 이 지역을 진정한 낙원으로 만들어 이곳에 거주하던 사람들은 주변 국가의 사람들로부터 부러움을 샀다.

그러나 이곳 외에 나일 강변에 살았고 후에 이집트라 불렀던 강력한 국가의 토양을 경작하던 수백만의 농부들이 있었다. 이곳은 좁고 길게 생긴 지역을 경계로 비옥한 바빌로니아나 아시리아와 구별되었다.

그 당시 이집트인에게 필요하였지만 이 비옥한 평야에서만 얻을 수 있었던 것이 있었고, 반면에 바빌로니아 사람들과 아시리아 사람들이 필요로 하였지만 이집트에서만 생산되었던 물품들 또한 많았다. 그리하여 이 두 지역의 국가들은 서로 교역을 하게 되었고 위에서 언급한 좁고 긴 지역을 통과하는 교역로가 생기게 되었다.

일찍이 무역로가 자리했던 이 지역엔 아라비아 사막으로부터 이주해 온 종족들이 거주하고 있었는데, 이들은 모두 셈 족으로 같은 언어를 사용했으며 같은 신들을 섬겼다. 그들은 자주 싸웠고 싸움이 끝나면 평화 협정을 맺었다가 또다시 싸우는 행위를 반복했다. 그 땅에 그들 자신의 결렬한 의지와 검의 힘보다 더 높은 권위가 없었을 때 그들은 서로의 도시를 점령하고 서로의 아내들과 양 떼를 빼앗으며 일반적인 유목민들만의 생활을 하였다.

  막연하게나마 그들이 이집트의 왕이나 바빌로니아 또는 아시리아 왕의 존재를 느낄 수 있었던 사건이 일어났다. 이들 강력한 군주들의 세관들이 무장한 한 떼의 수행원을 거느리고 이 무역로에 나타났을 때 싸움을 좋아하던 유목민들은 자신들이 매우 하찮은 존재임을 느낄 수 있었다. 그들은 깊숙이 몸을 숙여 절하면서 멤피스의 파라오나 바빌로니아나 아시리아의 왕에게 복종해야 할 종의 신분임을 인식하게 되었다.

  그러나 위에 열거한 왕의 대사인 총독이 군대를 이끌고 돌아가자 싸움과 화해를 반복하는 이 부족의 오래된 생활 습관은 이전처럼 즐거운 일인 듯 계속되었다. 인류사에서 위대한 역할을 한 유대인들에게 있어서 다투고 싸우고 유랑하고, 위에서 언급한 무역로 지역에서 기거하고자 한 소수 부족을 약탈하는 일은 하나의 경력이 되기 시작했다.

  불행하게도 우리는 이들의 역사가 어떻게 시작되었는지를 아는 것이 거의 없다. 많은 연구가가 추측은 하지만 그럴듯하게 역사적인 틈을 완전히 메우지는 못한다. 우리는 유대인이 처음에 페르시아 만의 우르 지방에서 이주해 왔다고 믿었으나 이것은 사실일 수도 있고 아닐 수도 있다.

유대인의 가장 초기의 조상은 아라비아 사막에 살았던 듯하다. 우리는 그들이 몇 세기쯤에 자신들이 거주하던 집과 대지를 버리고 서아시아의 비옥한 평야로 들어갔는지는 알지 못한다.

우리는 그들이 수 세기 동안 그들 자신의 것으로 불릴 수 있는 땅을 얻으려 애쓰며 유랑한 사실을 알고 있고, 한때는 시내 산의 사막을 지나 이집트에서도 잠시 살았던 일을 알고 있다. 그런데 이즈음부터는 이집트와 시리아의 역사서들도 구약성경에 열거된 사건들에 관해 약간의 조명을 던져주기 시작한다. 그 후의 얘기는 이미 잘 알려진 얘기들로 이집트를 떠나서 사막을 횡단하며 이주 여행길에 오른 유대인이 어떻게 강한 부족으로 힘을 모을 수 있었는지와 어

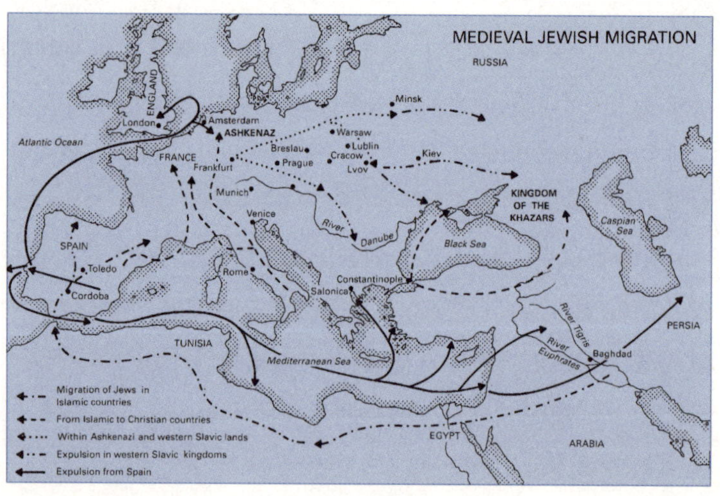

중세 유럽 유대인 경로

떻게 무역로에서 팔레스타인이라 불리는 작은 지역을 정복하고 그곳에 국가를 세웠으며, 마케도니아의 알렉산더 대왕의 제국에 합병될 때까지 어떻게 독립 국가로 남아 있었으며, 그 후 대 로마 제국의 작은 속국의 하나가 되었는지 등에 관한 이야기다.

그러나 이 역사적인 사실을 언급할 때 한 가지 명심할 것이 있다. 지금은 역사서를 쓰고 있는 것이 아니며 실제로 일어난 사건을 말하고 있는 것도 아니다. 유대인이라 불리는 사람들이 어떤 일을 했느냐에 관해 말해주고 싶을 뿐이다.

우리 모두가 알다시피 사실인 것과 우리가 '사실이라고 믿는 것' 사이에는 많은 차이가 있다. 모든 국가의 모든 역사서는 이 특별한 국가의 사람들이 믿었던 과거의 이야기를 사실일 것이라고 말한다.

세상의 다른 지역에서 사실인 것은 유대인에게도 사실이다. 3,000년 전의 유대인이나 2,000년 전의 유대인, 그리고 오늘날의 유대인, 또한 당신과 마찬가지로 평범한 인간일 뿐이다. 그들은 (그들 자신이 때때로 주장하는 것처럼) 그렇게 선한 존재도 아니고 (그들의 적들이 자주 말하는 것처럼) 그렇게 악한 존재도 아니다. 많은 책이 유대인에 대해 좋게 또는 나쁘게 묘사했으므로 역사에서 이들에 관한 정확한 평가를 찾기란 쉽지 않다.

우리는 유대인이 지니고 있는 연대기의 역사적인 가치에 대해 배우려 할 때와 이집트인과 가나안 사람들 그리고 바빌로니아 사람들과의 사이에서 일어난 사건들을 연구하려 할 때에 같은 어려움을 경험한다.

　이방인들은 거의 환영받지 못했다. 끝없는 여행으로 이어진 세월 동안 유대인이 방문했던 대부분의 나라에서 그들은 이방인일 뿐이었다. 나일 강 계곡과 팔레스타인 골짜기 그리고 유프라테스 강변에 오랫동안 거주하던 원주민들은 두 팔을 벌려 그들을 환영하지 않았다. 오히려 그들은 "우리에게는 우리 후손을 위해서도 땅이 모자랄 지경이다. 그러니 이방인들은 다른 곳으로 가보라"고 했다. 바로 여기에서 분쟁이 시작되었다.

　유대의 역사가들은 고대를 돌이켜 보며 자신들의 조상을 가능한 한 가장 밝게 조명하고자 했다. 미국인들은 매사추세츠에 거주했던 청교도들의 덕을 찬양하며 가련한 백인들이 야만인의 잔인한 화살을 맞아야 했던 처음 몇 년의 공포에 대해 상세히 묘사하고 있다. 그러나 그들은 마찬가지로 백인의 나팔총에서 내뿜는 잔인한 총탄에 맞아야 했던 인디언의 운명에 관해서는 거의 언급하지 않고 있다.

　구약성경은 수 세기 동안 우리가 판독하고 이해할 수 있었던 유일한 역사였다. 그러나 150년 전부터 우리는 이집트의 상형문자를 읽는 방법을 알아내기 시작했고, 100년 전부터는 바빌로니아의 신비한 설형문자를 해독할 수 있는 열쇠도 발견해냈다. 그리고 여기서 고대 유대인의 연대기 작가들이 쓴 이야기와 매우 다른 면을 발견하게 된다. 우리는 이것들로부터 애국적 역사가들이 범한 실수를

볼 수 있고, 자기 민족의 영광과 업적을
나타내기 위해 진리를 어떻게 왜곡시켰
는지를 알 수 있다. 그들에게 의존하지
도 않고 그들의 생각을 공격하지도 않는
다. 단순히 고대 아시아와 아프리카의
역사에 대한 그들 자신의 의견을 그대로
옮길 뿐이다. 또한 박학한 역사가들의
비평서들을 연구할 필요가 없다고 생각
한다.

고대의 돌에 상형문자로 새겨진 《성경》

만일 당신이 BC 1세기를 산 유대인에게 '바이블Bible'이란 단어
를 사용했다면, 그는 당신이 무엇을 말하는지 알지 못할 것이다. 이
단어는 비교적 새로운 단어로 4세기 때 콘스탄티노플의 총주교였던
존 크리소스톰John Chrysostom에 의해 고안되었는데, 그는 유대인의
《성경Holy Bible》 모음을 'Biblia' 또는 'Books'라고 불렀다. 이《성
경》은 거의 1,000년의 세월 동안 계속 쓰였는데 몇몇 예외를 제외하
고는 대부분 히브리어로 쓰였다.

모든 작은 유대인 마을이나 유대인 사원은 신앙심 깊은 노인들이
동물의 가죽이나 이집트의 파피루스에 쓴 《성경》 사본들을 소유하
고 있었다. 때론 이 사원을 방문하는 사람들에게 사용될 목적으로
다른 지역과 구별되는 법률과 예언을 모아 적어 놓은 파피루스 사
본들도 발견되었다.

BC 8세기 때 유대인이 팔레스타인 지방에 정착하면서 《성경》 편집 작업은 점점 더 왕성해졌다. 신약성경에 관하여는 그 역사가 아주 간단하다. AD 200~300년 동안 기독교인은 로마의 권위에 맞서 싸워야 하는 위험을 당하게 되었다.

그들이 내세운 사랑과 자비의 이념은 야만적인 무력의 힘 위에 세워진 로마 제국의 안전에 매우 위험한 것으로 간주되었다. 그러므로 초기 기독교인은 서점에 가서 "〈복음서〉 한 권과 〈사도행전〉 한 권 주세요"라고 말할 수가 없었다. 그들은 그들의 정보를 작은 팸플릿에 비밀리에 적어서 손에서 손으로 전달했고 수많은 팸플릿이 베껴지고 베껴졌다. 그러는 동안에 교회가 승리를 거두게 되었고 박해받던 기독교인은 로마 제국의 통치자로 부상하게 되었다. 그들은 무엇보다도 먼저 박해받던 3세기까지 일어난 문화적 혼돈을 정리하고 질서를 잡으려 했다. 그 후 몇 세기 동안은 토론과 논쟁으로 이어진 세월이었다.

많은 유명한 종교 회의가 로마와 카르타고, 툴로에서 개최되었고, AD 700년쯤 신약성경은 동방과 서방의 교회들에서 정식으로 채택되었다. 그 이후 그리스어로 쓰인

전 세계 인구 68억 명 중 1퍼센트에도 못 미치는 1,400여만 명에 불과한 유대인이 노벨상을 독식하는 이유는 뭘까? 그 이유를 학자들은 유대인의 역사와 교육을 꼽았다. 과거 유럽에서 십 수 세기에 걸친 박해와 추방에 시달리며 디아스포라Diaspora를 겪은 유대인은 한 곳에 정착해 기반을 닦는 농업이나 생산업에 종사하기 어려웠다. 잦은 이동과 생존 본능은 '머리', 즉 두뇌 계발에 의존하도록 했다. 여기에 하드웨어보다 소프트웨어를 중시하는 실사구시實事求是의 교육이 더해졌다는 분석이다.

것을 원본으로 해서 수많은 언어로 번역이 계속되었으나 원본으로부터 큰 변화는 일어나지 않았다.

오늘날의 유대인

하버드 대학교와 예일 대학교 재학생의 30퍼센트를, 뉴욕의 의사·변호사·치과의사의 60퍼센트를, 세계 인구 0.25퍼센트로 노벨상 수상자의 21퍼센트를 차지하고 있다. 1901~1995년까지 노벨상 수상자 663명 중 140명이 유대인이며 단일 민족으로 최다 수상자를 배출한 민족이다.

20세기 가장 뛰어난 인물 후보는 알베르트 아인슈타인Albert Einstein, 카를 마르크스Karl Marx, 지그문트 프로이트Sigmund Freud였는데, 이들은 독일계 유대인이었으며 아인슈타인이 20세기 최고 인물로 뽑혔다.

1935년 나치스의 박해를 피해 독일계 유대인 30여만 명이 미국에 입국하였다. 그들이 미국에 도착한 후 미국의 노벨상 수상자는 많이 늘어났고, 독일의 노벨상 수상자는 줄어들었다.

현재 미국이 홀로 세계 초강대국이나, 이런

알베르트 아인슈타인

카를 마르크스

지그문트 프로이트

미국의 번영에는 유대인의 기여를 작게 볼 수 없다. 유대인은 특히 과학·의학·경제·예술 부분에 이바지하였다.

유대인이 소유한 미국의 주요 재산과 성공한 유대인

〈워싱턴 포스트〉·〈뉴욕 타임스〉·〈타임지〉·〈뉴스위크〉·〈뉴욕 포스트〉·〈월 스트리트 저널〉·〈위클리 스탠더드〉·〈US 뉴스 & 월드 리포트〉·ABC·CBS·NBC·CNN·AOL 타임워너.

카스 루퍼트 머독Keith Rupert Murdoch(오스트레일리아의 사업가)·하퍼 콜린스Harper Collins(현재 미국 6대 메이저 출판사 중 하나로 알려진 출판사를 세움)·마이클 블룸버그Michael Bloomberg(미국의 금융정보 서비스 블룸버그 설립자)·토지 왕으로 뉴욕의 월가를 만들어 낸 존 야코프 에스터John Jacob Astor·광산 왕 벤저민 구겐하임Benjamin Guggenheim·철도 왕 코르넬리우스 밴더빌트Cornelius Vanderbilt·세계 금융을 지배하는 존 피어폰트 모건John Pierpont Morgan·백화점의 대부 버그도프 굿맨Bergdorf Goodman.

1999년 연방 상원의원은 100명 중 11명, 캘리포니아 주의 2명의 상원의원, 백악관·국방부·CIA 등 정관계에서도 유대인이 자리하고 있다. 연방 대법관을 지낸 유대인이 7명, 전체 미국 변호사(74만)의 15퍼센트인 약 11만 명, 뉴욕과 워싱턴 시 변호사의 40퍼센트이며, 1999년 미 전국 의사 68만 명의 15퍼센트인 10만여 명이 유대인이며, 중세 유럽 의사의 50퍼센트가 유대인이다.

전 세계 다이아몬드 제조업체의 60퍼센트, 거래의 80퍼센트를 장악하고 있는 회사가 드비어스De Beers, 이 드비어스의 창업자 두 명 중 한 사람이 유대인이다.

2000년 미 경제 월간지 〈포브스〉가 발표한 400대 부자 중 23퍼센트인 92명이 유대인이며, 상위권 50명의 36퍼센트, 10억 달러 이상 재산가의 24퍼센트가 유대인이다.

1년에 모금한 최대금액은 45억 달러가 되며, 연평균 10억 달러를 모금한다. 각종 선거에서 미국인 투표율은 평균 52퍼센트이지만, 유대인 투표율은 80퍼센트가 넘는다.

월스트리트

버그도프굿맨 백화점

유대인은 비록 거대한 유적지를 남기지는 않았으나, 미국뿐 아니라 곳곳에 거대한 흔적을 남겼고, 종교·정치·사상·철학·경제·금융·음악·문학과 기술·언론 등 스포츠를 제외한 거의 전 분야에 걸쳐 선구자적인 역할을 하였다.

만약 이스라엘에서 전쟁이 일어난다면 미국에 사는 유대인들은 재산 50퍼센트를 동원해서 조국인 이스라엘을 지원할 것이고, 젊은 이들은 모국으로 가서 자청하여 병사가 될 것이다.

유대인 천재 교육법

① 끊임없이 대화를 나눈다. 아이를 동등한 인격체에서 토론하고 결론을 이끌어내는 대화식으로 대화한다. 이 대화법이 유대인 교육의 핵심이며 부모에게는 상당한 인내와 끈기를 요구한다.

② 놀이도 학습과 함께한다. 어린이들은 항상 4~5명씩 그룹을 이루어 놀이를 한다. 또래 집단의 공동생활 속에서 정해진 규칙과 시간표에 따라 먹고 자면서 남과 함께 지낼 때 지켜야 할 규율을 자연스럽게 터득한다.

③ 체벌 대신 반성의 시간을 가진다. 체벌 대신 어떤 상황에도 소리를 높이지 않고 아이와 대화를 나눈다. 자신의 입장을 들어주는 엄마의 모습을 보면서 아이는 억울함보다는 진정으로 반성의 기회를 얻게 된다.

④ 밤마다 책을 읽어준다. 유대인 부모들은 잠자리에 항상 아이들에게 책을 읽어주어 어휘력을 키우고, 엄마 아빠가 들려주는 이야기를 통해 풍부한 정서와 상상력을 키우게 된다.

통일교는
어떻게 해서 생겨났는가?

통일교의 공식 명칭은 '세계 기독교통일 신령협회'다. 1954년 한국에서 출발한 통일교는 1955년에 혼음 파동을 일으켰고, 교주 문선명은 1960년 3월 1일에 현재의 아내인 17세의 한학자와 결혼을 했다. 또한 교주 문선명은 17세 되던 해에 다른 이단 교주들과 똑같은 체험을 했는데, 기도 중에 예수가 나타나서 메시야 사명을 계시를 통해서 주었다고 한다.

2009년 3월, 미국 상원의원 전용 건물에서 '세계평화통일가정연합' 행사를 가지면서 문선명은 이날 "(나는) 60억 인구를 구원하기 위해 이 땅에 보내졌다"면서 "황제들, 왕들, 대통령들이 하늘과 땅에 대고 '문선명 목사는 구세주이자 메시야이며 부활한 그리스도이다'고 선언했다"고 한다.

문선명 교주가 하늘에서 계시를 받았다는 《원리해설》(혹은 《원리강론原理講論》)은 김백문이 쓴 《성서신학》을 참조하여 교리를 전개했다고도 한다.

《원리강론》은 '하나님의 창조 이상', '천사장의 횡적 사랑에 의한 아담과 하와의 타락 경위', '성모 마리아와 세례 요한 등 사명 담당자들의 책임 미완수로 초래된 예수의 십자가 비극' 등을 주제로 하여 《성경》을 풀어나갔으며, 여신도들은 가정을 포기할 정도로 심취했다.

이화여자대학교 여학생들이 통일교로 몰려들자, 당시 기독교 교육학과 교수였던 김영운 씨에게 진상 조사를 의뢰했는데, 조사차 통일교에 갔던 김 교수마저 통일교의 마력에 빠져들었다. 이렇게 되자 이화여자대학교 김영문 교수와 동참했던 몇몇 교수와 사길자 씨 등 14명에 대해서 퇴학 처분을 내렸다.

문선명은 성서를 해석한 내용과 신과 직접 영적 교류를 통해 얻은 계시를 엮어 《원리강론》을 만들었다고 한다. 통일교에서 《원리강론》은 신구약에 견주어 성약成約으로 부르고 있다. 세상을 창조한 신의 뜻이 이루어지는 과정을 드러낸다는 뜻이라고 한다. 신구약이 미완성이라면 성약에 해당하는 《원리강론》은 완전한 구원을 약속하고 있다고 주장한다.

통일교회의 자금의 원동력은 1966년에 신탄 공기총 공장을 건설한 것이 본격적인 돈벌이의 시초가 되었고, 지금 세계 각지에서 인종을 초월해서 수십만 명의 젊은 여성이 액세서리를 팔아서 생기는 이익금을 모두 통일교에 바치고 있다. 그것은 이들이 통일교회의 《원리강론》에 빠져 있기 때문이다.

아버지가 감리교회의 목사인데도 어느 젊은 백인 여성은 통일교회를 위해서 액세서리를 판매하고 있었는데, 모두 한국에서 만든 것이었다.

합동 결혼식

1982년 10월 14일, 서울에서 6,000쌍의 합동 결혼식이 한 장소에서 한 명의 주례자에 의해 거행되었는데, 주례자는 통일교 교주인 문선명이었고 6,000쌍의 남녀는 세계 각국에서 온 통일교의 열성 신자였다.

1988년 10월 30일에는 6,500쌍의 합동 결혼식이 있었는데, 주례자는 역시 문선명 교주 부부였다. 1992년 8월 25일에는 서울 잠실 올림픽주경기장에서 세계 131개국에서 온 2만 825쌍의 합동 결혼식이 있었다. 역시 주례는 문선명 부부였다. 여러 사정으로 내한하지 못한 9,800쌍은 MBC 미디어텍의 협조로 세계 최초의 위성 중계 결혼식을 올려 화제를 불러일으켰다. 이들은 위성 중계를 통해서

서울에서 거행되는 결혼식에 따른 성혼
행사와 똑같은 절차를 따랐으며, 소위
자기들의 '신앙의 조국'인 한국을 향해
경배하였다. 그리하여 실제로 이날 결혼
식을 올린 부부는 3만 652쌍이었다.

경기도 고양시에 있는 통일교회에서 수
천 명의 결혼식 장면.

부처님의 복부는
왜 튀어나왔는가?

BC 563년에 왕자로 태어난 싯다르타 고타마Siddhartha Gotama는 궁
전에서 온갖 진귀한 진수성찬만 먹고 자랐다. 결혼한 지 10년이 지
난 30세에 그는 종교적 회심을 경험하면서 독신 생활로의 부르심을
받았다. 그런 후 그는 아내와 아들, 게으르고 호화로운 궁전 생활을
과감히 버리고, 거지의 옷을 걸친 후 인도의 황무지에 있는 굴속으
로 들어갔다.

굴속으로 들어간 후 먹는 것이 제일 큰 문제였다. 그가 먹은 것은
보리Bodhi라고 불리는 이끼나 부리, 날곡식 등이었으며 가끔 들에
서 자라는 열매를 먹었다. 그는 이런 보잘것없는 것을 먹어야 진리
에 도달할 수 있다고 생각했던 것 같다. 그 결과 그는 몹시 쇠약해
져서 빈약한 영양상태 때문에 "내 사지는 마치 관절이 마디마디 맺
혀 있는 곤충같이 되어 버렸다"라고 자신의 건강 상태를 표현했다.

어쨌든 그는 이런 생활 때문에 건강이 매우 좋지 않았다.

고타마는 마침내 깨달음은 굶주림으로부터 오는 것이 아니라는 것을 알게 되었다. 그 후 전통적인 인도인의 식생활로 바꾼 뒤 체중은 늘었으나, 한 번 얻은 십이지장, 위궤양으로 말미암아 위의 통증과 장이 타는 듯한 고통을 겪어야 했다.

BC 483년 파바 마을에 있는 망고 언덕에서 설법을 마친 다음 그는 부처를 환영하기 위하여 베풀어준 잔치에서 식사하게 되었는데, 고타마는 이 음식을 먹고 갑자기 위경련과 타는 듯한 장의 통증을 느껴 식사를 채 마치지도 못하였다. 고타마는 그 증세를 아무것도 아닌 양 숨기려 하였으나 항문 출혈이 너무 심해 그의 제자들을 깜짝 놀라게 하였다.

고타마는 '쿠시나가라'라는 지방에서 설법하기 위하여 제자들의 부축을 받아 도보로 여행하기 시작했다. 그러나 얼마 가지 못해 출혈에 의한 심한 탈수현상으로 생긴 갈증 때문에 길가에 쓰러졌다. 다행히 가까이 있는 시냇물을 마시고 난 후 갈증은 해소되었으나 이 때문에 장이 자극을 받아 증세가 더 심해졌다.

출혈과 구토로 말미암아 심신이 약해진

싯다르타 고타마

고타마는 쿠시나가라의 외곽 지대에 도착하자마자 피로 때문에 쓰러졌다. 순간순간 의식이 명료해졌을 때 그는 그를 따르던 사람들에게 모든 생물은 결국 죽는다는 사실과 "목적을 위하여 최선을 다하라"는 말을 마지막으로 하였다. 그의 제자들은 그가 큰 고통 없이 해탈의 경지에 이르러 마침내 죽었다고 주장한다.

오늘날 의사들이 고타마의 생애에 대한 가장 오래된 기록을 보고서 급성 소화불량이 동양의 가장 위대한 종교 사상가 중의 한 사람을 죽게 했다고 판명하였다.

고타마의 시체는 화장되었는데, 8개의 집단으로 나뉜 그의 추종자들은 누가 그 재를 보관할 것인가에 대해 많은 논쟁을 벌였다. 평화를 가르치던 부처의 유물을 가지고 싸우는 것이 부질없는 짓인 것을 인식

파바 마을 춘다의 집터
춘다는 파바 마을에 살던 대장장이의 아들로 부처(고타마)에게 마지막 공양을 한 사람이다. 음역하여 순타純陀라고 한다.

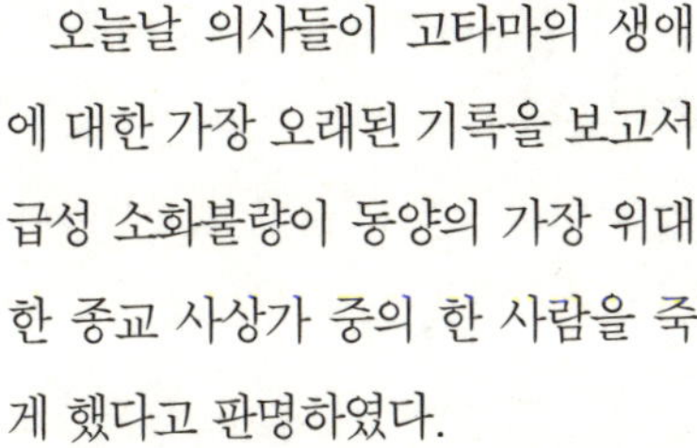

🔍 석가모니의 유해

석가모니의 사후 그의 유해는 다비茶毘(화장)되었고, 그 유골舍利은 중부 인도의 8부족에게 분배되어 사리탑에 분장分藏되었다. 이 사리탑은 중요한 예배 대상으로 되어 후에 불탑신앙으로 발전하였다. 특히 대승大乘불교에서는 불타에 관한 철학적 고찰이 가해져 불타에는 법신法身(진리로서의 불타) · 보신報身(보살의 원願 · 행行에 의하여 성취된 불타) · 응신應身(중생구제를 위하여 상대방에 상응하게 나타나는 불타)의 3신이 있다고 말한다.

한 이 집단의 지도자들은 마침내 이 재를 8개로 똑같이 나누었다.

8개의 금으로 만든 유골 단지는 인도 안에 있는 8개의 왕국에 전해졌고, 이 유물 앞에 제단을 만들어서 숭배하였다. 가장 눈에 띄게 튀어나온 부처의 복부는 그가 어떻게 해서 죽었는가를 우리로 하여금 다시 생각하게 한다.

그는 왜 부귀영화를 뿌리치고 고행자가 되었을까?

한때는 왕자였던 탁발 수도승이 중생 계몽을 위한 설법을 위해서 인도 전역을 돌아다니고 있었다. 이 싯다르타 고타마라고 불리던 왕자는 네팔 산맥 기슭에 카필라바스투Kapilavastu라는 지방을 통치하던 영리하고 유명한 아버지와 그를 낳은 지 일주일 만에 사망한 어머니 마야 데비Maya Devi 사이에서 출생하였다. 전설에 의하면, 그의 어머니가 일찍 사망한 것은 아들이 거지 인생으로 전락하는 것을 보는 괴로움을 피하기 위해서였다고 한다.

그는 자기 기질과 맞지 않게 화려하고 정치적인 배경에서 성장하였으며, 아들이 왕관을 사양할 것을 눈치 채고 이를 두려워하게 된 그의 아버지는 이 아들을 모든 고뇌가 보이는 환경으로부터 격리하려고 애쓰지만, 그의 노력은 실패로 끝나게 된다.

마야 데비

보리수 아래 명상을 하고 있는 고타마에게 우유죽을 바친 수자타 장자의 집터.

어느 날 마차를 타고 가던 왕자가 카필라바스투 동쪽 문에서 쇠약해진 노인의 고통을 목격하게 되는 것을 시작으로, 두 번째 날은 남쪽 문에서 질병으로 고생하는 자를, 세 번째 날은 죽은 자를, 그리고 마지막 북쪽 문에서 탁발 그릇을 든 중이 지나가는 것을 목격하게 된다.

이 네 가지 광경을 머릿속에서 지우지 못하고 있던 왕자는 마침내 왕자의 자리를 버리고 중이 될 것을 결심한다. 그 당시 인도의 종교계는 필연적인 윤회사상을 가르치는 브라만 계급에 의해 독점되고 있었다. 그러나 고타마는 그들의 가르침을 받아들이지 않았다.

그는 나이란자나Nairanjana 강변의 우루벨라Uruvelā 지방으로 들어가 6년을 머물다 마침내 보리수나무 아래서 해탈을 하고 '깨친 자'라는 의미가 있는 부다Buddha가 되어 열반에 들게 된다.

불교 사상의 궁극적인 목표는 무엇일까?

불교는 최고 신의 경지인 열반에 도달하는 것(니르바나Nirvana)이 목표다. 이것을 해탈이라고도 한다. 열반이란 자신의 희생, 사랑하는 마음, 선행, 그리고 모든 욕망을 배제하는 수련을 통하여 자신을 극복한 자만이 얻을 수 있는 영적인 단계이며, 이 열반의 달성은 두 단계로 나누어진다. 속세에서 얻을 수 있는 자아가 없어지는 단계와 죽은 후에 얻어질 수 있는 완성의 단계, 즉 개체가 영원으로 합쳐지는 단계다.

불교 사상은 종교 의식의 준수가 핵심이 되는 바라문교와는 달리 도덕적인 원칙에 입각한 정확한 삶을 추구하는데 모든 중점을 둔다. 희생과 기도, 그리고 제사와 사제를 원하는 신에게 의지하기보다는 죽은 인간의 영혼은 다른 육체를 가지고 이 세상에 다시 태어나는 것이 거듭된다는 윤회사상을 강조하고 있다.

불교 사상이 승려들에게 요구하는 도덕적 기준 역시 매우 엄격하여 살생과 남의 것을 소유하는 행위, 간음, 거짓말, 음주, 그리고 금이나 은의 소유가 엄격히 금지된다. 신들에 대한 봉사만을 강요하던 다른 종교와는 달리 자신들의 삶에서 완성의 길로 가는 방법을 제시하는 불교

부다가 주장하는 네 가지

첫째로 이 세상은 모두 고해의 바다라는 것, 둘째로 욕망이 고뇌를 부르고, 셋째로 욕망을 누르면 고뇌를 이길 수 있으며, 넷째로 이런 욕망을 누르기 위해서는 정견正見 · 정어正語 · 정업正業 · 정명正命 · 정념正念 · 정정正定 · 정사유正思惟 · 정정진精精進 · 팔정도八正道를 따라야 한다.

사상은 짧은 시기에 인도를 기점으로 하여 미얀마 · 중국 · 한국 · 일본 등의 전체 아시아 지역으로 전파되었다.

이 불교 사상은 2,500년이 흐른 지금까지도 전 세계를 통해 교세를 떨치고 있으며, 그 신자 수는 약 4억이 넘는다.

공자는 과연 죽어야 하는가?

"유교는 처음부터 거짓을 안고 출발했다. 많은 사람이 모르고 있지만, 유교의 씨앗은 쿠데타로 왕권을 쟁탈한 '조갑'이라는 한 중국인 사내의 정치적 탐욕을 감추려는 목적 아래 뿌려진 것이었다.

BC 500년경 황하 유역에서 일어난 이 사건의 현장을 우리는 고대 동양문화의 실록인 '갑골문'에서 발견할 수 있다.

공자의 도덕은 '사람'을 위한 도덕이 아닌 '정치'를 위한 도덕이었고, '남성'을 위한 도덕이었고, '어른'을 위한 도덕이었고, '기득권자'를 위한 도덕이었고, 심지어 '주검'을 위한 도덕이었다. 이 때문에 공자의 도덕을 딛고 선 유교 문화는 정치적 기만과 위선, '남성적 우월', '젊음과 창의성의 말살', '주검 숭배가 낳은 우울함'으로 가득할 수밖에 없었다.

그리고 이 이방인의 문화는 조선왕실의 통치 이데올로기가 되어 우리의 삶 속으로 들어왔다. 그것은 사농공상으로 대표되는 신분 사회, 토론 부재를 낳은 가부장 의식, 위선을 부추기는 군자의 논리, 끼리끼리의 협

잡을 부르는 혈연적 폐쇄성과 그로 말미암은 분열본질, 여성차별을 부른 남성 우월의식, 스승의 권위 강조로 인한 '창의성 말살 교육' 따위의 문제점들을 오늘날까지 지속시키고 있다.

이것들은 오늘날 우리 삶의 공간에 필요한 투명성과 평등, 번뜩이는 창의력, 맑은 생명과는 너무도 동떨어진 것들이다. 유교의 유효 기간은 이제 끝난 것이다.

–《공자가 죽어야 나라가 산다》 중에서

공자
그는 중국의 대철학자, 유교의 개조開祖다. 성은 공孔, 이름은 구丘다. 아버지 숙량흘과 어머니 안징재의 열한 번째 아들로 세 살 때 아버지를 잃고 집이 빈곤하여 젊어서 위리와 승전 등 관직에 있었다. 공자의 도가 그 당시에는 실행되지 못하였지만, 뒤에 한무제漢武帝의 표창을 거쳐 지금까지 2,400년 동안 중국 사상계를 지배했다.

'공자孔子'(BC 551~BC 479년)라고 불리던 철학자는 노魯나라의 청평향·취읍, 즉 지금의 산둥성에서 태어나 국가의 곡식 창고를 관리하는 정부 관리직에 머물기도 하다가 자신을 정사에 조언하는 고문으로 써 줄 당대의 지도자를 찾던 노력을 포기한 후 개인 교습에 나서게 된다. 그 후 그가 사망할 때까지 그의 사상을 더욱 다듬는 일에만 몰두한다.

공자의 사상을 기초로 하는 유교가 가르치고 있는 핵심은 모든 것에 부여된 자연스럽고 올바른 자신의 위치를 뜻하는 '도'이며 사람들, 특히 정부 관리들은 이런 자신의 도를 튼튼히 하기 위해서 개인의 도덕적인 책임을 완수하는 것은 물론 사회를 향한 도덕적 책임을 게을리하지 말아야 한다는 것이다.

그 당시 이런 그의 사상은 특정한 질서가 요구되는 집단 혹은 가정에서 실제로 이용되면서 적극적인 호응을 얻게 되었다. 그것은 연장자와 더 나은 위치에 있는 사람들에 대한 존경심 혹은 사회에서 외면당하던 하류 계급층에 대한 공평한 대접 등의 사상이 당대 집단의 질서를 튼튼히 해 줄 수 있었기 때문이다.

1945년 북한에서 김일성이 집권했을 때 제일 먼저 유교에 관한 책들을 불태웠고, 1966년 문화 혁명 때 모택동은 공산주의와 관계없는 공자의 《논어》부터 불태웠다고 한다.

만약에 공자의 아버지 숙량흘叔梁紇과 어머니 안징재顔徵在가 산아 제한을 하여 공자가 태어나지 않았다면 한국은 이미 세계 5대 선진국 대열에 들었을지도 모른다.

《논어》
지금 전해지는 《논어》는 《노논어》(노나라에서 전해지는 논어)를 중심으로 편찬한 교정본이다. 《논어》는 모두 20편으로 나뉘어 있고, 각 편의 머리 두 글자를 따서 편명으로 삼고 있다. 예컨대 첫 편인 학이學而는 '학이시습지불역열호學而時習之不亦說乎'에서 따왔다. 그리하여 《논어》의 내용 구성은 배움에서 시작해 '하늘의 뜻을 아는 것(知命)'까지로 되어 있다.

무함마드는
왜 메카에서 도주했는가?

571년 아라비아의 광활한 반도 지방에 거주하던 베도우인Beduoin 족의 지파인 쿠라이시Quraysh 족 집안에서 태어난 무함마드는 610년

무함마드
610년경 알라의 계시를 받고
모슬렘교를 창시했다. 박해를
피해 622년 메카에서 메디나로
갔는데, 이를 '헤지라Hegira'라
고 한다. 메디나에서 신자들을
모아 630년 메카 함락에 성공
한 무함마드는 모슬렘 공동체
'움마Ummah'를 세우고, 이를
확장했으며, 이후 모슬렘교는
아라비아 전역에 퍼졌다.

메카Mecca에서 전도 생활을 시작하였다. 이 당시 메카는 다른 도시들과 떨어져 있는 지역 조건에도 불구하고 시리아나 · 이라크 · 이집트 · 예멘 지방으로 나가는 쿠라이시 족의 낙타상들이 집결하는 근래 부쩍 번창하게 된 쿠라이시 족들의 무역 산업은 물론, 중동 지방의 문화가 교류되는 비교적 중요한 도시가 되어가고 있었다(실제로 무함마드는 이 낙타상으로 부자가 된 쿠라이시 족과부 여인과 결혼을 하게 된다).

또한 이 메카는 순례자들에게도 중요한 도시가 되어가고 있었는데, 그것은 쿠라이시 족들이 경배하는 보호 신인 '검은 운석'이 있는 카바 신전이 이 도시에 있었기 때문이다.

주위의 가난한 자들을 도와주는 한편 그런 카바 신전의 우상에서 벗어나 '유일한 알라'를 섬길 것을 설교하던 무함마드는 이를 못마땅하게 생각하던 부자상인들과 메카 유지들의 탄압이 날로 심해지자 이들을 피해 자신을 따르는 추종자들과 함께 메카를 도망친다.

모슬렘교는 시리아와 이집트, 그리고 에티오피아 전 지역에 전파되는 것은 물론 그 당시 불교보다도 200년이나 오래된 고대 종교인 조로아스터교가 뿌리박고 있던 아라비아 반도, 즉 예멘 지방과 페르시아 국경 지역에까지 퍼지고 있었다.

그 후 8년 동안 무함마드와 그의 추종자들은 인근의 아랍 족들과

다른 종족들과 전쟁에서 승리하면
서 점점 영토와 세력을 확장해 나가
기 시작했다. 이에 따라 630년 드디
어 그들은 도망쳐 나온 메카를 정복
자의 입장으로 입성할 수 있게 된다.
그리고 2년 후 무함마드는 사망했지
만, 이미 그의 명성은 아라비아의 주
인으로서 깊이 뿌리내리고 있었다.

　"참된 자가 온다, 거짓 것은 사라
지리라"는 말을 남기고 그는 세상
을 떠났다. 그의 죽음에 대하여는

그의 신성을 시험하기 위한, 한 부인의 독 넣은 음식을 먹었기 때문
이라고 전해진다. 열두 명의 아내가 있었으나 아들은 오직 하나였
는데 요절했다.

무함마드의 성공 비결은 무엇일까?

무함마드의 성공 비결은 그의 정중하고 세련된 처세술에 있다고 해
도 과언이 아니다. 인간의 약점을 잘 알고 있었던 그는 모든 사람의
요구에 부합하는 처세의 무기로 그들을 공격할 줄 알았으며 개인적
인 생활 태도 역시 아랍 족의 일상생활의 범주에서 벗어나지 않으
면서도, 모든 종족의 우두머리 수고와 추종자들의 위험을 같이 나
누고 있었다. 이슬람 종교를 신봉하는 사람들을 일컫는 '모슬렘

Moslem'이라는 단어에는 '신에게 복종하는 자'라는 의미가 포함되어 있다.

하나님과 마지막 날, 그리고 천사들과 하나님의 장부帳簿를 믿고 있던 무함마드는 구약성경의 모세와 예수를 비롯한 많은 예언자 중에 자신이 마지막 예언자라고 주장했다. 또한 하나님은 항상 변함없는 '법'으로 세상을 다스리시며, 사람은 이 세상에서 어떻게 살았느냐에 따라서 상과 벌을 받게 된다고 믿었다.

모슬렘의 혈통은?

유대인이 자신들을 이브라함의 아들 이삭의 자손이라고 믿는 것 같이 이들은 자신들을 이스라엘의 자손이라고 믿는다. 메카에 신전을 세운 것은 아브라함이었지만, 모슬렘은 이곳을 자신들의 신앙으로 귀속시켜 적어도 일생에 한 번은 이곳을 순례할 것을 의무로 정하고 있다.

일 년 중 순례의 달로 정해진 특정한 시기에 이곳에 도착한 순례자들은 일정한 의식을 거친다. 그리고 아브라함의 신전 중 유일하게 남아 있다고 믿는 검은 돌이 있는 카바 신전(세계의 모든 모슬렘은 기도를 드릴 때마다 이 방향을 향하여 선다)의 주위를 세 번 돈다. 그 후 검은 돌에 입을 맞춘 후 아라라트 산에 올라가 설교를 듣는다. 이런 메카의 순례를 마친 거의 모든 모슬렘은 그곳에서 384킬로미터 떨어진 메디나 도시에 있는 무함마드의 무덤을 방문하기도 한다.

《코란》에 의하면, 모슬렘이 지켜야 할 일상생활의 계율로 돼지고기를 비롯한 하나님의 이름 아래 살생 되지 않은 모든 짐승의 고기를 금하며, 도박과 이익을 노리고 돈을 빌려주는 행위 및 술이나 약물에 취하는 행위를 금하고 있다. 한편 모든 남성에게는 네 명의 아내를 맞이할 수 있는 권리와 동시에 모든 아내를 공평하게 사랑해 주어야 하는 의무가 요구되었다.

모슬렘이 존재할 수 있었던 이유

무함마드가 사망한 후 한때 몇몇 아랍 족은 모슬렘교를 버리고 자신들의 과거 생활로 돌아가려고 했다. 그러나 무함마드의 자리를 계승한 그의 친구 아부 베크르Abu Bekr를 비롯한 그 당시 모슬렘 지도자의 줄기찬 노력으로 이들을 다시 아랍 족

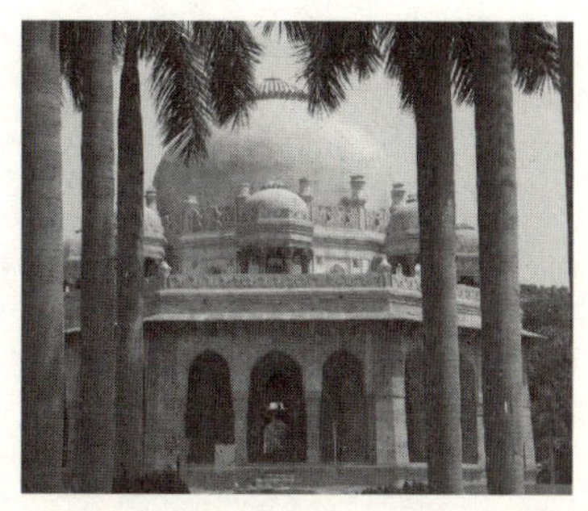

무함마드의 무덤

의 울타리 안에 묶어 놓을 수 있었다.

또한 그 후 10년 동안 이들은 페르시아와 시리아 그리고 이집트를 굴복시켜 그곳의 모든 아랍 족을 강제적으로 모슬렘으로 끌어들이는 데 성공한다. 100년 뒤에는 이들의 제국이 스페인으로부터 중앙아시아로까지 확장된다.

13세기 중반부터는 교세가 점차 약해지기 시작하여 19세기 말까지 회복하지 못하고 있다. 하지만 여전히 그 종교적인 가치는 꾸준히 유지되고 있으며, 특히 인도와 아프리카 그리고 일부 아시아 지역에서 환영받고 있다.

정확한 숫자는 산출되지 않고 있지만, 모슬렘 당국의 발표에 의하면, 모슬렘 신자의 수는 현재 약 13억 명에 달한다고 한다(2009년 통계).

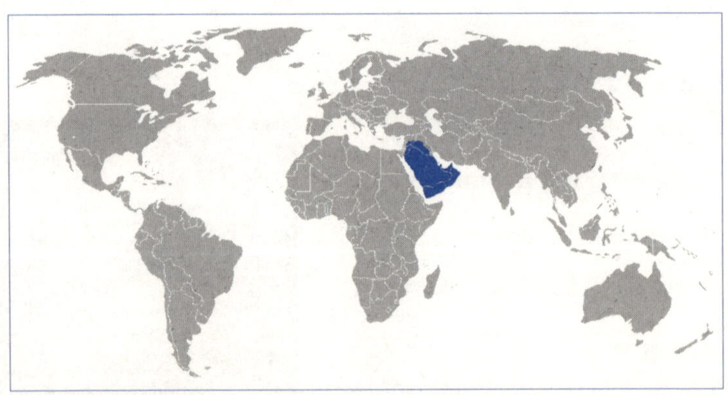

모슬렘이 절정에 올랐던 아부 베르크의 제국(634년)

모슬렘의 다섯 기둥

모슬렘의 다섯 기둥은 수니파의 가장 기본적인 다섯 의례(실천)를 가리키는 말이며, 시아파에서는 사용하지 않는 말이다.

① 신앙고백(샤하다) - 알라 이외에 다른 신은 없으며 무함마드는 알라의 예언자라는 선언.

② 기도(살라트) - 하루에 다섯 번 알라에게 기도해야 하므로 여행을 하다 일정한 시간이 되어도 장소를 가리지 않고 예배를 드린다.

③ 자선(자카트) - 일반적으로 상공업에 종사하는 부자들의 재산 2.5퍼센트는 농민들의 연 생산의 10~20퍼센트 정도이며, 이 돈이나 생산물은 가난한 사람들에게 나누어진다.

④ 단식(사움) - 라마단(모슬렘력 9월) 한 달 동안 일출부터 일몰까지 음식 및 음료의 섭취와 어떠한 성행위도 허용되지 않는다.

⑤ 메카 순례(하즈) - 모슬렘력 12월(둘 힛자)에 이루어지며, 경제적·신체적으로 능력이 있는 모슬렘이라면 모두가 일생에 한 번은 행하는 것이 좋다.

나도 여러 종교가 왜 잘못되었는지 확실히 알게 됐어. 계속해서 같이 과학과 윤리의 세계로 들어가 보자.
여러 종교에 대해서 많이 알 수 있어서 좋았어. 그러면 과학과 윤리에 대해서는 성경에서 어떻게 말하고 있을까?

제3장

과학과 윤리가 성경을 질투하다
아! 과학과 윤리가 보인다!

동성애는
잘못된 것인가?

현대적 감각으로 본 동성연애자Homosexuality의 유전자는 정상적인 사람들의 유전자와 달라서 그 유전자가 명하는 대로 산다고 한다. 하지만 의학적으로 증명된 것은 아니다.

미국에서는 동성 간의 결혼문제가 뜨거운 감자가 되고 있다. 샌 프란시스코 시 정부에서 동성 부부에게 정식 결혼증명서를 발급해 준 것이 계기가 되었는데, 과연 동성 결혼을 법적으로 인정해야 할 것인가 생각해 볼 문제다. 그러나 이미 네덜란드·벨기에·스웨 덴·덴마크 등과 같은 나라에서는 동성 결혼을 법적으로 인정하고 있다. 과거 역사를 거슬러 올라가 보면 동성애가 그리 새로운 것은 아니다.

 **동성애자**

동성연애자로 사용된 것은 19세기 말 헝가리 의사가 이전의 동성애를 종 교적 또는 도덕적으로 모멸하는 용어 인 Sodomy를 대신하여 병리학적 인 식으로 만들어진 용어다. 그러나 산업 화 이후 동성애자들에 대한 탄압이 시 작되면서부터 동성애와 동성애자를 모 멸하는 용어로 사용되기 시작했다.

《성경》에서 말하는 소돔과 고모 라 때에도 동성애는 있었고, 고대 그리스인들은 동성연애를 허용했을 뿐 아니라, 당시 귀족들은 동성애를 이성 간 사랑보다 더 고귀하게 여겨 미소년들을 데리고 다녔다는 얘기 도 있다. 고명한 철학자 소크라테 스, 아리스토텔레스가 동성애자였 다는 사실만 봐도 짐작할 수 있다.

그러나 중세 기독교 문화로 접어들면서 동성
애는 죄악시 되었으며, 사회적으로 비난의 대
상이었다. 그리고 19세기 영국의 극작가 오스
카 와일드Oscar Wilde조차 "감히 그 이름을 말
할 수 없는 종류의 사랑"이라고 표현한 것을 보
면 동성애가 얼마나 사회적으로 금기시됐는지
헤아릴 수 있다.

그러나 이제는 당당하게 동성애자임을 커밍
아웃하는 유명인들도 늘어나고 있고, 〈소년은
울지 않는다〉·〈GO〉·〈번지 점프를 하다〉·
〈내 어머니의 모든 것〉·〈헤드윅〉·〈몬스터〉·
〈밀크〉 등 동성애를 소재로 다룬 영화들도 끊이
지 않고 제작되고 있다.

이미 미국에서는 동성애자가 천만 명을 넘어서고 있으며, 한국에
서도 대학가를 중심으로 동성애자의 권리를 주장하는 모임이 형성
되고 있다.

오스카 와일드

그는 날카롭고 약삭빠른 재치
로 유명하며, 런던의 후기 빅
토리아 시대 사람으로 가장 성
공한 극작가일 뿐만 아니라,
그 시대의 가장 잘 알려진 유
명인 중 하나로 평가된다. 또
한 그는 와일드는 퀸즈베리
Queensberry 사건이라는 유명
한 재판으로 말미암아 극적인
몰락을 겪게 된다. 그는 1900
년 파리에서 생을 마감했다.

소돔과 고모라가 왜 멸망하였을까?

하나님께서 이 도시를 불과 유황으로 심판하셨는데, 남색자Sodomite
들이 들끓었기 때문이다(창세기 19장). 이 죄악의 소굴은 아브라함이
사는 헤브론과 멜기세덱이 사는 예루살렘에서 몇 킬로미터밖에 되
지 않았다. 그들의 죄악이 너무 심해서 그 악취가 하늘에 닿았다. 그

소돔과 고모라
그림이 보여주듯 당시 소돔과 고모라는 남색자들이 많았다. 그 죄로 말미암아 심판을 받아 멸망하고 말았다.

곳의 위치는 대략 사해의 북쪽 끝이 아니면 남쪽 끝이다.

오랜 전설에 의하면, 소돔과 고모라가 멸망될 때에 사해의 남쪽 끝에 커다란 지형의 변화가 있었다고 한다. 고대의 작가들은 이 두 성읍이 사해 밑에 묻혔다고 생각했다. 그러나 1924년 윌리엄 올브라이트William Foxwell Albright 박사와 멀빈 카일Melvin G. Kyle 박사는 미국 동양 연구소와 크세니아Xenia 신학교의 공동 발굴대를 인솔하여, 사해의 동남쪽에서 많은 물이 흐르는 오아시스를 다섯 개 발견하였다. 그 가운데에 사해보다 150미터 높은 곳에 성벽으로 둘러싸인 '밥 에 드라Bab-ed-Dra'라고 하는 고원이 있었는데, 종교적인 의식이 있던 곳으로 추측하고 있다.

《성경》이 동성연애자에 대해 말하다

《성경》은 그들에 대해 단호하게 "영원한 불의 형벌"을 받게 된다고 말하고 있다.

"너는 여자와 동침함 같이 남자와 동침하지 말라 이는 가증한 일이니라"(레위기 18:22)

"누구든지 여인과 동침하듯 남자와 동침하면 둘 다 가증한 일을 행함인즉 반드시 죽일지니 자기의 피가 자기에게로 돌아가리라"(레위기 20:13)

"그와 같이 남자들도 순리대로 여자 쓰기를 버리고 서로 향하여 음욕이 불 일듯 하매 남자가 남자와 더불어 부끄러운 일을 행하여 그들의 그릇됨에 상당한 보응을 그들 자신이 받았느니라"(로마서 1:27)

"불의한 자가 하나님의 나라를 유업으로 받지 못할 줄을 알지 못하느냐 미혹을 받지 말라 음행하는 자나 우상 숭배하는 자나 간음하는 자나 탐색하는 자나 남색하는 자나 도적이나 탐욕을 부리는 자나 술 취하는 자나 모욕하는 자나 속여 빼앗는 자들은 하나님의 나라를 유업으로 받지 못하리라"(고린도전서 6:9~10)

"소돔과 고모라와 그 이웃 도시들도 그들과 같은 행동으로 음란

우리나라 동성애의 실태

우리나라 동성애가 대학에 등장한 것은 1995년 10월로, 연세대학교에서 '성 정치'라는 용어로 등장했다. 2000년에는 탤런트 홍석천의 커밍아웃이 일반인들에게 적잖은 충격을 주었다. 이제는 동성애 동아리를 조직해 드러내놓고 활동하고 있다.

최근 우리나라에서 동성애를 다루는 웹 사이트는 약 50여 개 이상인데, 그곳에 올라온 동성애 관련 질문은 총 1만 개 이상이며 동성애를 다룬 서적과 전문 자료는 4,500권이 넘는다. 또 이태원과 종로에는 동성애자들만의 공간이 100여 곳 있다니 우리가 생각하는 이상으로 동성애에 대한 관심과 대상이 폭넓음을 짐작할 수 있다.

하며 다른 육체를 따라 가다가 영원한 불의 형벌을 받음으로 거울이 되었느니라"(유다서 1:7)

 ## 간음과 간통은 어떻게 다른가?

간음Fornication은 서로 결혼하지 않은 두 남녀가 상호 합의로 이루어지는 성적관계를 의미하고, 간통Adultery은 결혼한 사람이 자기의 배우자가 아닌 사람과 이루어지는 자발적인 성행위를 의미한다.

이 두 단어는 《성경》에서 동의어로 해석된다. 즉, 간음은 기혼이든 미혼이든 간에 남자가 결혼한 여자와 혹은 여자가 결혼한 남자와 성적관계를 하는 것을 의미한다. 그래서 십계명에서는 "너희는 간음하지 말라"(제7계명, 출애굽기 20:14, 신명기 5:18)고 하였고, 더 구체적으로는 "너는 네 이웃의 아내와 동침하여 설정하므로 그 여자와 함께 자기를 더럽히지 말지니라"(레위기 18:20)고 말씀하고 있다.

그리고 이 죄를 지은 사람, 쌍방

을 죽이라고까지 명하고 있다. "누구든지 남의 아내와 간음하는 자 곧 그의 이웃의 아내와 간음하는 자는 그 간부와 음부를 반드시 죽일지니라"(레위기 20:10) 《성경》에는 그들을 죽이는 방법에 대해서는 구체적으로 밝히고 있지 않지만, 랍비들의 구전에 의하면 목을 졸라 죽였다고 한다.

하지만 예수님은 자신들은 죄로부터 자유롭지 못하면서도 남에 대해서는 법적으로 정죄하려는 자들에게 "너희 중에 죄 없는 자가 먼저 돌로 치라"(요한복음 8:7)고 엄격히 말씀하셨다. 가정생활의 신성불가침을 보장하기 위해 사형으로 처벌하는 제도가 필요한 사회 속에서 예수님은 간음한 여인에게 자유를 주면서 더는 죄를 짓지 말라고 하셨다. 이것은 예수님이 간음죄를 정당화하신 것이 아니라, 자신들의 죄는 깨닫지 못하고 여인의 죄만을 정죄하고 있던 사람들에게 깨우침을 주기 위한 사건이다.

이혼의 근거가 되는 간음

〈신명기〉 24장 1절을 보면, 어떤 사람이 결혼한 후 아내에게 "수치

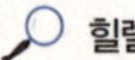 **힐렐**

BC 70년경에서 AD 10년경 사이에 살았던 바리새파의 위대한 지도자다. 헤롯 대왕Herod the Great 통치 때에 활동했던 제2성전 시대의 가장 위대한 현인이다. 그는 바빌로니아에서 태어나서 성장한 후에 예루살렘으로 이주하여 '스마야Shemaiah'와 '압탈리온Abtalion' 학당에서 수학하였다. 힐렐은 그의 세대와 다가오는 모든 세대의 경건한 사람의 표상이 된다.

 **샤마이**

BC 50년경에서 AD 30년경 사이에 활동했던 바리새파 학자다. 힐렐과 달리 유다에서 태어났다. 힐렐과 평생 율법 해석(할라카)을 가지고 논쟁을 벌였던 인물이다. 할라카Halakha 문제에서 샤마이는 힐렐보다 더욱 엄격한 노선을 가졌다. 그의 해석이 전반적으로 더 보수적인 이유는 더 오래된 할라카를 따르고 성문 율법을 문자적으로 해석하고자 하는 경향 때문이었다.

되는 일"이 발견되어 이혼하였다는 애매하게 표현되어 있다. 남편이 이혼할 수 있는 근거에 대해 랍비들 사이에서도 이론이 많았는데, 그들은 도덕적인 관점에서 남편과 아내 사이의 관계가 도덕적으로 불가능하게 되는 경우 이외에는 이혼을 찬성하지 않았다.

힐렐Hillel 학파에서는 하찮은 이유로도 이혼을 법적으로 허락했던 반면, 좀 더 엄격한 샤마이Shammai 학파는 간음 이외에는 이혼을 허락하지 않았다. 예수님의 견해도 이 샤마이 학파의 견해와 일치하였다(마태복음 5:32, 19:9). 더 나아가 예수님은 간음죄는 음란한 생각을 품고 여자를 보는 것부터 죄가 성립한다고 하셨다(마태복음 5:28).

사도 바울은 이런 죄(간음과 간통)를 짓은 사람들은 하나님 나라를 유업으로 받을 수 없다고 하였다(고린도전서 6:9).

오늘날 미국에서는 간통이 죄로 성립되지 않고 단지 사생활의 한 형태로 보며, 간음도 죄로 여기지 않는다. 한국에서는 아직도 간통죄가 통용되고 있다.

사랑은 죽음을 넘어

늙은 유대인 부부가 경영하는 작고 어수선한 가게가 있었다. 거기에는 땅콩, 군밤, 튀김과자 등 맛있고 향기 있는 물건들이 많았다.

상쾌한 여름날 그 엄마와 아빠는 가게 밖에 흔들의자를 놓고 나란히 앉아 있었다. 아빠는 두 손을 포개고 하얀 수염에 머리를 끄덕이며 조용히 코를 골았다. 엄마는 언제나 작고 가느다란 손을 아빠의 어깨에 얹고는 아빠 가슴에 기대고 앉아 있었다. 때로는 정다운 눈길로 아빠를 바라보는 그녀의 미소 띤 얼굴과 눈처럼 하얀 머리카락은 마치 그녀를 천사처럼 보이게 했다. 엄마는 이렇게 말하곤 했다. "아주, 아주 어린애 같아요, 당신." 이렇게 정다운 사람들과 함께 평화로운 세월이 몇 년이 흘러갔다.

그러던 어느 날 나는 어린 나이로는 이해하기 어려운 소식을 들었다. 엄마가 세상을 떠나신 것이다. 아빠도 곧 엄마 뒤를 따랐다. 아빠는 죽기 전날 언제나 하던 것처럼 자기의 왼쪽 어깨 위로 팔을 들어 두드리고 있었는데, 그의 뒤에 조용히 다가온 인기척을 듣지는 못했다. 아빠가 혼자 속삭인 말은 이러했다.

"여보, 당신은 내가 겁내지 않기를 바라겠지. 마치 어린애가 겁을 먹듯이 말이요. 그래서 당신이 먼저 갔구려."

이렇게 참된 사랑에는 끝이 없다.

근친상간은 저주를 받는가?

근친상간은 《성경》에서 뿐만이 아니고 세계 어느 나라에서도, 어느 문화권에서도 거의 다 금기로 되어 있다. 〈신명기〉 27장 20절에 의하면, 계모와 구합(성교)하는 자는 저주를 받는다고 하였고, 22절에서는 누이와 관계하는 자도 저주를 받는다고 했다.

《성경》이 고발한 근친상간은?

- 롯과 그의 큰딸(창세기 19:33)
- 롯과 그의 작은딸(창세기 19:35)
- 아브라함과 그의 이복누이(창세기 20:12)
- 나홀과 그의 질녀(창세기 11:27, 29)
- 르우벤과 그의 아버지의 후궁들(창세기 35:22, 49:4)
- 아므람과 그의 고모(출애굽기 6:20)

헨드릭 골치우스 Hendrick Goltzius의 **〈롯과 두 딸〉** (1616년)

환경이 사람에게 얼마나 큰 영향을 미치는가를 생각하게 한다. 두 딸은 어려서부터 하나님도 경악한 음란과 죄악의 땅 소돔의 모습을 보면서 자랐다. 그 죄를 두 딸도 짓고 말았다. 성적인 유혹과 타락에는 그 누구도 자신할 수 없다. 요즘의 우리 사회는 어쩌면 소돔과 고모라보다 더 타락한 모습일지도 모른다.

- 유다와 그의 며느리(창세기 38:16~18)
- 암논과 그의 누이(사무엘하 13:2, 14)
- 압살롬과 그의 아버지의 열 명의 후궁들(사무엘하 15:16, 16:21~22)
- 헤롯과 그의 동생의 아내(마가복음 6:17~18)
- 〈아모스〉 2장 7절과 〈고린도전서〉 5장 1절을 또한 살펴보라.
- 가인(창세기 4:17)과 셋(창세기 4:26)에 관해서는 어떠한가?

낙태는 해서는 안 되는가?

《성경》에서 낙태Abortion에 관한 내용을 거의 찾아볼 수 없는 것은 하나님의 백성에게는 낙태란 상상을 허락하지 않기 때문이다. 낙태는 한마디로 말해서 죄다. 왜냐하면 살인에 해당하는 행위이기 때문이다.

〈시편〉을 읽어보면, 우리가 어머니의 배 속에 있을 때 하나님은 우리를 디자인하고 계신다는 것을 알 수 있다(139:13~16). 그래서 예레미야 선지자는 그가 태어나기 전에 이미 하나님에 의해서 부름을 받았다고 하였고(예레미야 1:5), 사도 바울도 자기가 모태에 있을 때 이미 부름을 받았다고 믿었다.

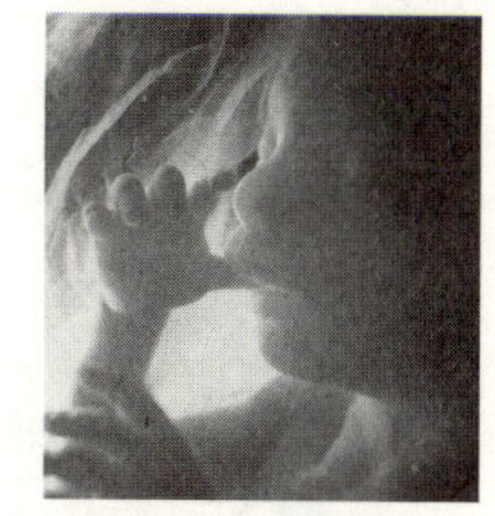

하나님이 금지하는 낙태가 한 해 34만 건 이상 불법으로 이루어지고 있다(2009년). 하지만 음성적으로 행해지는 숫자를 더하면 훨씬 많다.

루이스 월퍼트
그는 생물학자Biologist로 발생
생물학Developmental Biology
이 전공이며 이 분야에서 대단
한 권위자다. 현재 영국 런던
대학교에서 발생생물학과 응
용의학을 가르치고 있다.

우리 인생에서 가장 큰 사건은 출생이나, 결혼이나, 이혼이 아닌 '낭배현상'이라고 생물학자 루이스 월퍼트Lewis Wolpert는 말했다.

모든 생물은 발생 때 '낭배현상' 과정을 거친다. 이 과정은 세포들이 배열되고 이동할 때 단순한 구형 또는 평평한 모양의 배아가 원래의 모양으로 접근해 가도록 변형한다. 이 기간에는 기본 신체 설계도가 세워지고 세포들이 새로운 위치를 잡기 위해 이동한다.

수정은 정자와 난자가 난관 내에서 결합하는 것을 말한다. 이미 수정되는 순간 인간 생명은 시작된다. 이때 하나님이 영혼을 주시기 때문에 인간으로 보아야 한다.

수정란은 곧 세포 분열을 개시하고 자궁 내로 이동을 시작하면 이때 남녀의 성별도 결정된다(수정 때부터 착상까진 약 10일 간 걸린다).

낙태는 현행법으로는 범죄로 취급하지 않고 있지만, 엄연한 살인 행위다.

 **강신술이란
무엇인가?**

한국에서는 역학이라는 이름 아래서 역학자들이 점을 치고 있다.

그러나 이들은 그것이 과학적이며 통계학이지 결코 미신이나 점을 치는 행위가 아니라고 주장하고 있지만, 일종의 강신술Mediumism or Spiritualism의 하나로 볼 수밖에 없다.

많은 이가 점집을 찾는 이유는 미래에 대한 불안감이 커지고 있기 때문이라고 한다. 높아지는 실업률, 빨라지는 정년, 요동치는 집값 등 하루하루 급변하는 세상 속에서 살다 보니 미래는 불투명하다.

강신술에 관한 이야기는 〈사무엘상〉 28장 7~14절에 잘 나타나 있다. 사울은 하나님의 영이 떠나지 않았을 때에는 신접한 자와 박수와 점치는 사람들을 모두 죽였다. 그러나 자신의 죄로 말미암아 하나님의 영이 떠난 이후 임박한 전투의 결과에 대한 어떤 표징을 원하는 사울 왕은 무당(바알라트 오브, 문자 그대로 '지옥의 여주인')에게 죽은 사무엘의 영혼을 불러 전쟁에서 승리할 수 있을지의 여부를 묻는 죄를 지었다.

여기 '오브'라는 단어는 그곳으로부터 영들을 소환하는 점치는 구멍Divining Pit을 의미하지만, 때로는 강신술사(사무엘상 28:3, 9, 레위기 19:31)나 영 자체(이사야 29:4)를 의미한다.

이런 사람들, 모든 점치는 자Sorceress는 〈요한계시록〉 21장 8절에 보면 불과 유황으로 타는 못에 던진다고 하였고, 〈출애굽기〉 22장 18절에서도 무당(점치는 사람)을 살려두지 말라고 하였다. 〈레위기〉에서는 박수를 믿지 말 것과 복술Divination or Soothsaying을 하지 말며, 술수를 행치 말라고 하였다(19:26, 31).

그리스도인은 점을 치러 가도 안 되고 점을 치기 위해서 무당을 불러도 안 되는 것은 우리의 미래는 하나님 외는 아무도 모르기 때문이다. 우리의 걸음을 인도하시는 분은 하나님이시다(잠언 16:9).

바빌로니아의 별자리

요시야 왕(유다 16대 왕)
율법책을 발견한 후 율법책을 읽으며 요시야 왕은 회개를 하고 눈물을 흘린다. 그 후 자신의 모든 정치력을 동원하여 종교개혁을 일으킨다. 우상을 섬기던 제사장들의 자격을 박탈하였고, 우상으로 말미암은 사회적 부패, 특히 성적 부패를 정리하였다.

점성술이란?

점성술Horoscope은 아마도 고대의 바빌로니아로부터 유래한 것 같다. 그들은 별과 별자리를 숭배의 대상으로 삼았다. 이스라엘 백성은 하나님을 경배의 대상에서 떠났을 때 이런 형태의 숭배를 행하였는데, 유다의 요시야 왕 시대에 이르러서는 점성술이 그 나라에서 널리 행해졌다. 이 문제에 대한 하나님의 생각은 명백했다.

그로부터 여러 세기 전에 모세의 율법은 별 숭배를 금지하면서 그 법을 어기는 자는 사형에 처해질 것이라고 명시했다(신명기 17:2~5). 요시야 왕은 유다 사람의 종교적 관습을 바로 잡기 위해 여러 가지 조처를 취했는데, "해와 달과 황도대 별자리와 하늘의 모든 군대에게" 바치는 희생을 금지한 것도 그 가운데 하나다(열왕기하 23:5). 요시야 왕이 이렇게 했던 것은 마음을 다하여 그의 계명을 지키기 원했기 때문이다 (열왕기하 23:3). 이런 그의 행동은 오늘날 하나님을 '영과 진리'로 경 배하기 원하는 사람들에게 본이 된다(요한복음 4:24).

점쟁이Fortune Teller를 방문하는 것과 박수를 부르는 것은 하나님 을 대항하는 죄가 된다.

 줄기세포 연구는
잘못된 것인가?

2009년 3월 9일, 버락 오바마Barack Hussein Obama 대통령은 줄기세 포Stem Cell 연구에 대한 연방정부의 재정 지원을 허용했다. 그는 줄 기세포 연구가 제공하는 잠재력은 엄청나게 크다고 말했다. 비윤리 적 문제로 비판의 대상이 되어 왔던 줄기세포 연구는 일단락되었 다. 줄기세포 연구는 인간 복제와 하등의 연관이 없고 오로지 인간 질병의 치료를 위해서만 진행될 것이다.

줄기세포는 시행착오의 학문이다. 실패를 거듭할수록 성공 확률 은 커진다. 신경 세포를 주입하면 치매도 예방할 수 있고, 파킨슨 병, 신경 손상, 뇌졸중과 심장병, 관절염 등 난치병 치료에 응용할 수 있다. 치료용 줄기세포는 환자의 세포를 기증받은 난자와 융합 시켜 만든 복제 배아에서 얻는다. 최근 복제에 필요한 난자를 아예 줄기세포로 만들어낼 수 있다는 연구 결과가 나왔다.

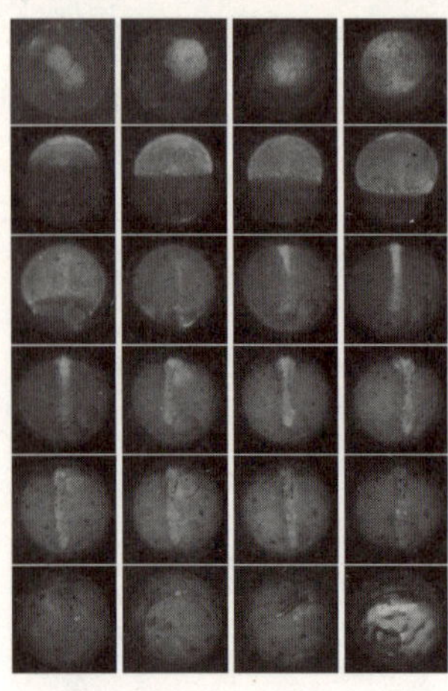

원시 생식세포

다세포동물 생식세포 계열의 초기 단계에 속하는 완성된 생식소 내에 위치하기 이전의 생식세포의 그 자손 세포가 생식소에서 생성하는 난원세포 또는 정원세포다. 여러 동물에서 원시 생식세포는 다른 조직세포로부터 구별하는 형태적 특징을 가진다.

영국 셰필드 대학교 줄기세포 생물학 연구팀은 코펜하겐에서 개막된 유럽 인간생식 태생학회 연례 회의에서 배아 줄기세포를 정자와 난자가 되기 직전의 세포인 원시생식세포Primordial Germ Cell로 배양하는 데 성공했다고 발표했다.

연구팀은 시험관 수정에 쓰고 남은 배아에서 추출한 줄기세포를 세포구Embryoid Body로 불리는 세포 덩어리로 배양한 다음, 어떤 유전자들이 활성화되는지를 관찰했다. 그 결과 2주 후 세포구 중 극소수가 원시 생식세포에서 발견되는 유전자들을 발현시키기 시작한 것이다. 이에 대해 해리 무어Harry Moore 박사는 "연구 결과는 배아 줄기세포 복제에 사용되는 난자를 기증받지 않고도 얻는 방법이 있음을 뜻하는 것"이라고 밝혔다.

동물 실험에서도 같은 연구가 성공을 거둔 바 있다. 2003년 미 펜실베이니아 대학교 한스 숄러Hans Robert Schöler 박사팀은 쥐의 배아 줄기세포로 난자를 만들어내는 데 성공하여 〈사이언스〉에 발표했다.

아예 복제하지 않고도 환자와 유전자가 같은 배아 줄기세포를 얻을 수 있다는 연구결과도 있다. 황우석 교수팀의 서울대학교 강성근 교수(수의대)는 "아직 논문으로 발표되지 않아 뭐라고 평하기 어렵다"면서 "문제는 환자의 세포핵이 배아 줄기세포와 얼마나 잘 융합되느냐 하는 것"이라고 말했다. 이 방법은 호주 모나시 대학교와 황우석 교수팀에서도 시도하고 있다.

강 교수는 "기존 배아 줄기세포의 핵이나 단백질을 환자의 세포와 융합시켜 환자 세포를 배아 줄기세포로 만드는 연구가 진행되고 있다"고 말했다. 이렇게 만든 세포는 핵 두 개가 합쳐진 것이어서 염색체가 정상보다 2배인 4세트가 있게 된다. 따라서 원심 분리를 통해 정상 배아 줄기세포처럼 염색체를 2세트로 만드는 과정이 필요하다. 그러나 이 모든 방법은 다른 배아 줄기세포가 있어야 한다는 점에서 근본 대책이 되지 못한다.

황우석 교수는 기자 회견에서 "이론적으로 보면 역 분화 연구가 윤리적 문제를 해결하는 지름길"이라고 밝혔다. 역 분화는 수정란이 분화해 줄기세포가 되고 이후 다양한 세포로 분화되는 것과는 반대로 다 자란 세포에서 줄기세포를 만들어 내는 것을 말한다.

강성근 교수는 역 분화의 가능성을 일차적으로 세포Trans간 분화 가능성에서 찾는다. 그는 "면역 세포인 T 세포를 활성화한 뒤 여기서 얻은 단백질을 피부를 구성하는 섬유아세포에 처리했더니 T 세포와 같은 특성을 나타냈다는 연구 결과가 있었다"며 이를 활용하면 환자의 세포를 원하는 조직세포로 바로 변환시키는 것도 가능하다"라고 말했다.

세포간 분화의 한계는 본격적인 역 분화로 극복할 수 있다. 환자

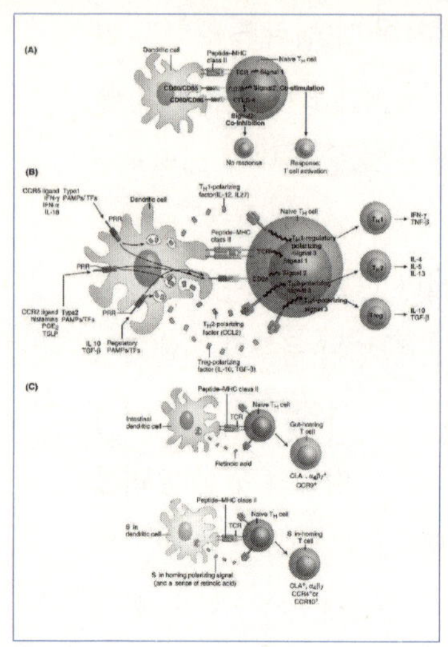

면역 세포인 T 세포의 활성화

- 수술 없이도 관절염을 치료하고 건강한 관절을 유지한다고 한다.
- 자가혈을 이용한 줄기세포로 관절 내에 영양을 공급, 순환 촉진으로 세포 재생을 활성화해 연골 및 인대와 손상조직을 재생시킨다고 한다.
- 고주파가 가해지면서 신체 각 조직이 진동, 마찰하게 되어 회전운동, 뒤틀림, 충돌 운동에 의해 생체열을 발생하여 혈액순환 촉진 및 신진대사를 증진시킨다고 한다.

세포를 아예 줄기세포 단계로 역 분화시켜, 다시 여기서 원하는 세포를 골라 만들어내는 것이다. 이렇게 되면 윤리 논란이 일고 있는 복제도 필요 없게 된다.

최근 서울대학교 식품 동물생명공학부 한재용 교수팀은 동물에서 역 분화에 성공했다. 연구팀은 닭의 수정란에 있는 원시 생식세포를 역 분화시켜 인간 배아줄기세포처럼 다양한 세포나 조직으로 분화되는 줄기세포를 만드는 데 성공했다. 줄기세포가 분화되어 원시 생식세포가 되고 이후 정자나 난자가 되는데 이를 거꾸로 돌린 것이다.

줄기세포 문제는 《성경》에서 언급되지 않았기 때문에 《성경》 말씀으로 비추어 볼 수도 없지만, 우리 그리스도인의 양심으로 볼 때 반대할 만한 이유가 없다고 본다. 그러나 문제가 되는 것은 황우석 박사팀이 개를 복제하는데 성공했고, 과학자들의 호기심은 끝이 없어서 이들이 결국에는 인간을 복제하지 않을까 두려워진다.

자살은 용서받을 수 있는가?

모든 작가가 사람들에게 깊은 감동을 줄 수 있는 글을 쓰기를 바라지만, 젊은 시인 요한 볼프강 괴테Johann Wolfgang von Goethe(1749~1832년)와 같이 세상을 깜짝 놀라게 할 정도의 성공을 거둔 사람은 드물다.

그러나 그의 자서전적 소설인 《젊은 베르테르의 슬픔》은 유럽 전역에 걸쳐 많은 사람이 자살하게 하였다. 이 소설의 내용은 베르테르Werther는 젊은 변호사로서 상속사건을 처리하러 어느 마을에 왔다가 로테Lotte를 알게 되고 그녀를 열렬히 사랑한다. 그러나 로테에게는 약혼자가 있다는 것을 알고 공사公使의 비서가 되어 먼 나라로 떠난다. 베르테르는 속무俗務 생활과 공사의 관료 기질 등 인습에 반항하다가 파면되고, 사교계에서도 웃음거리가 되어 다시 귀국한다. 새로운 가정을 꾸미고 있는 로테의 따뜻한 보살핌

요한 볼프강 괴테
독일의 작가이자 철학자, 과학자이며 고전주의의 대표자로 자기 체험을 바탕으로 한 고백과 참회의 작품을 썼다. 한때에는 바이마르 공국의 재상이었다. 작품에 희곡 〈파우스트〉, 자서전 《시와 진실》이 있다.

요한 볼프강 괴테의 《젊은 베르테르의 슬픔》

은 그의 고독감을 더욱 깊게 하여 마침내 그는 권총 자살을 한다.

한때 유럽 젊은이들은 이 소설에 등장한 찻잔을 좋아했고, 남자들은 베르테르와 같이 푸른색 코트와 노란색의 짧은 바지를 입기도 하였다.

어떤 사람은 일이 자기 생각대로 되지 않을 때에는 죽음으로써 자기의 용기를 드러내려고 한다. 이보다 더 비겁하고 어리석은 행동은 없다. 그래서 존 콜린스John C. Collins는 "자살은 살인에 있어서 가장 나쁜 형식이다. 왜냐하면 그것은 회개할 기회를 전혀 남겨놓지 않기 때문이라"고 하였다.

문화가 자살을 부추긴다

"예수를 믿는 사람이 자살을 하면 구원받을 수 있는가?"라는 질문은 신앙인이 가장 많이 하는 질문 중의 하나다. 한국은 세계에서 자살을 가장 많이 하는 나라로 알려져 있다. 유명 연예인의 자살, 유명 정치인의 자살, 유명 사업가의 자살… 이렇듯 자살은 문화로 자리 잡았다. 심지어 인터넷 자살 사이트와 자살을 도와주는 자살 도우미까지 등장하면서, 그리고 안락사와 존엄사 등의 다양한 방법으로 자살행위에 가담하면서 죄의식을 전혀 느끼지 못하고 있다.

자살이란 말은 오늘날 사회학적으로나 신학적으로 매우 광범위하고 다양한 함축성을 지니고 있다. 2005년 아카데미상을 휩쓸었던 클린트 이스트우드Clint Eastwood 감독과 주연 그리고 여우주연상을 받은 힐러리 스웽크Hilary Swank가 열연한 〈밀리언 달러 베이비A Million dollar-Baby〉라는 영화가 있다.

이 영화에서 권투 시합 과정에서 받은 심리적 육체적 상처로 코마Coma(의식불명) 상태에 있는 여주인공의 인공호흡기를 클린트 이스트우드(배우 이름)가 몰래 제거하여 안락사를 시키는 장면이 있다. 이런 장면을 보고 사람들은 눈물을 흘리며 감동을 받고 열광하며 아카데미상까지 주었다.

독일의 작가 토마스 만Thomas Mann의 《마의 산Der Zauberberg》에서도 보면, 주요한 인물들은 다른 환자들이 죽어가는 것을 목격하고는 자기 자신에게도 이런 일(죽음)이 머지않아 오게 된다는 것을 믿고 그것을 기다리며 산다. 그중 네덜란드의 상인 페퍼코른은 마의 산에서 병을 얻어 건강이 악화되고 있다는 것을 알고 병과 싸우기를 포기하고 자살하고 만다. 또한 다른 이들도 질병에 대해, 두려움에 대해 맞서 싸우기보다 차라리 결핵에 걸림으로써 죽음으로 가는 지름길을 찾는다.

이처럼 사람들은 자신의 삶에서 실패를 경험 삼아 다시 일어서기보다는, 맞서 싸우기보다는 쉽게 항복함으로써 자살이 인생의 피난처인 양 생명을 버린다.

자살은 자기를 죽음으로 몰고 가는 행위만이 아니라, 타인을 충동해서 궁극적으로 자기의 죽음을

토마스 만의 〈마의 산〉

가져오는 행위, 자기의 죽음을 예견할 수 있는 상황을 알면서도 피하지 않는 행위다. 이렇듯 다른 사람의 자살을 돕는 행위도 간접적 살인 행위가 된다.

모든 자살이 다 자살로 간주되어야 하는가?

자살Suicide이란 단어는 라틴어 Suicidium에서 유래하였다. 그 의미는 고의적으로 자신의 생명을 종식하는 자해적 행위를 말한다.

그러면 군인들이 죽음을 알면서도 전쟁터에 나가서 싸우다 죽는 것은 자살행위인가? 자살 행위로 볼 수 없다. 자살 행위란 고의적인 행동의 결과라기보다는 의도적인 행동의 결과를 말한다. 그런 의미에서 데어데블Daredevil이나 스턴트맨이 위험한 줄 알면서 몸을 불사르듯 연기하는 것과 위태로운 묘기를 부리다가 불행하게 죽는 것은 결코 자살 행위로 볼 수 없다. 죽고자 하는 의지가 없기 때문이다.

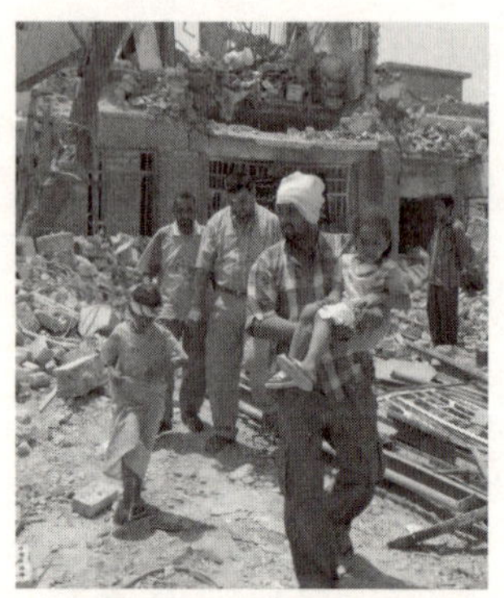
바그다드에서 발생한 폭탄 테러로 폐허가 된 집을 나서는 주민들. 이 테러로 그 자리에서 19명이 숨졌다(2007년).

그러나 천황과 술 한 잔을 나누어 마시고 탈출구 없는 비행기를 타고 적의 진지로 뛰어 들어가 죽는 것은 분명한 자살 행위다. 잘못된 종교로 목숨을 들의 풀처럼 여기는 모슬렘 근본주의자들은 알라 신을 위해서 자살 폭탄을 가지고 뛰어들거나 비행기를 납치해서 빌딩을 향해 공격한다. 이것은 죽고자 하는 의지가 있기 때문에 자살 행위다. 즉, 죽음을 지향하는 항구적恒久的인 의지가 있을 때 그것은 자살에 해당한다.

하지만 예수님과 바울, 순교자들은 신앙과 죽음 사이에서 양자택일의 선택을 강요받았을 때 신앙을 택해 죽은 것은 그들이 죽음 자체를 추구한 것은 아니다. 순교자들이 진정으로 원한 것은 죽음이 아니라, 하나님 안에 있는 참되고 영원한 생명이었다.

《성경》에도 자살한 사람들이 있다

은 삼십 냥에 예수님을 판 가룟 유다는 스스로 목매어 죽었고(마태복음 27:5), 사사 중의 한 사람인 삼손은 팔레스타인 사원의 기둥을 뽑아서 그의 원수들 위에 떨어지게 할 때 자신도 그들과 같이 죽을 것을 알고 있었다(사사기 16:30).

이스라엘의 초대 왕 사울은 블레셋과의 전쟁에서 중상을 입고 패배가 확실해지는 상황에서 이방인의 손에 잡혀 모욕적인 죽음을 당할 바에야 차라리 죽는 것이 낫겠다고 생각하여 스스로 자기 칼로 자결하였다(사무엘하 31:4). 이 사울의 경우는 자살이 전쟁터의 위급함 가운데서 행하여진 것이라고 하지만, 자신의 영적 파산상태에서 일어났던 일이라고 보는 것이 옳다.

아비멜렉은 기드온의 첩이 낳은 아들로서 이복형제 70명을 살해하고 정권을 잡았던 인물이다. 집권한 지 3년 만에 전쟁터에 나섰는데 한 여인이 던진 맷돌에 두개골이 함몰되어 죽음에 임하게 되자 병기 잡은 소년을 시켜 자신을 칼로 치게 했다. 《성경》은 이런 그의

기슬베르투스Gislebertus의 〈가룟 유다의 자살〉
(1120~1130년)
가룟 유다는 제사장과 장로들에게 은 삼십을 받
고 예수님을 팔았다. 그 후 그는 죄책감에 은을
성소에 던져 놓고 나가서 목매어 죽는 자살을
선택했다. 제사장들은 그 돈을 성전 재정에 넣
는 것을 싫어하여 토기장의 밭을 샀다.

비참한 최후를 형제 70명을 살육한 "쌓은 악"에 대한 보응이라고
기록했다(사사기 9:56).

아히도벨은 다윗의 자문관이었다(사무엘하 15:12). 다윗의 아들 압
살롬이 반역을 일으켜 다윗이 피신하자 압살롬은 아히도벨을 초청
했는데, 이때 아히도벨은 다윗을 배반하고 압살롬을 따랐다. 아히
도벨이 다윗을 죽이기 위해 압살롬에게 군대를 요청했을 때 다윗은
전략으로 압살롬 진영에 들여보낸 후새로 하여금 아히도벨의 책략
을 무용지물로 만든다(사무엘하 17:1~14). 이로 말미암아 아히도벨
은 고향으로 돌아가 목을 매어 자살하고 만다(사무엘하 17:23).

이렇게 《성경》에 등장하는 자살하는 사람들은 먼저 영적으로 인
격적인 파산을 겪었다. 회개하지 않은 사람들의 심령 끝이 궁극적
으로는 자살로 나타나고 있다.

그러나 요나를 통해서 볼 수 있는 것은 그가 원했던 것과는 달리
니느웨 백성이 회개하고 구원받은 것을 보면서 분개하며 하나님에
대한 저항으로 죽음을 자청했다. 그러나 그때 요나가 자신의 생명

을 자의적으로 거둘 수는 없다는 것을 알았던 것처럼, 사람은 자신의 생명을 자의적으로 버려서는 안 된다.

자살과 교회사

종교 회의에서 자살을 금한 것은 AD 305년 엘비라 종교회의The Synod of Elvira에서 공식화되었다. 이유는 당시 순교를 자청하는 사람들이 있었기 때문이다.

이그나티우스Ignatius 같은 사람(107년경)은 자청해서 순교의 자리에 걸어나갔다. 그렇다고 그의 순교를 자살의 한 형태로 간주할 수는 없다. 순교자들은 박해의 두려움 때문에 순교를 자청한 사람은 없기 때문이다.

그러나 클레먼트Clement of Alexandria, 락탄티우스Lactantius, 그레고리Gregory of Nazianus와 같은 교부들은 자살은 살인에 해당한다고 반대했던 대표적인 지도자다. 더욱이 당대 최고의 신학자였던 성 아우구스티누스는 자살은 살인죄에 해당한다고 강력히 반대했으며, 모든 생명은 하나님의 주권에 속함을 주장함으로써 자살이 개인적인 선택이라는 고대 로마와 그리스 문화권에 자리한 자살에 관한 이해와 전통적인 관습을 깨뜨렸다.

그 후 알레스 공의회The Council of Ales in 452에서도 다시금 자살은 '사탄적 죄행'이라고 규정했다. 또한 올리언스 공의회The Council of Orleans in 533에서는 자살한 사람의 헌금을 받아서는 안 된다고 했고, 563년 브라가 종교회의The Synod of Braga에서는 자살한 사람

페테르 파울 루벤스Peter Paul Rubens의 〈이그나티우스의 기적〉(1615~1620년)

로마로 압송되던 중 서머나에서 자신을 위해 구명운동을 하고 있던 로마의 그리스도인들에게 이그나티우스는 다음과 같은 편지를 썼다.

"나는 여러분에게 탄원합니다. 나에게 불합리하게 친절하지 마십시오. 내가 하나님께 갈 수 있도록 야수들을 위한 먹이가 되도록 기도하십시오. 세상이 더는 나의 몸을 보지 못할 그때, 나는 진실로 예수 그리스도의 제자가 될 것입니다."

의 장례식에서 찬송가를 부르는 것을 금지했으며, 님스 공의회The Council of Nimes에서는 자살한 사람은 교회의 묘지에 안장하는 것을 금했고, 1441년 스웨덴 공의회에서는 자살한 사람의 교회묘지에 안장은 신성한 묘지를 오염시키는 것이라고 규정했다.

20세기 이르기까지 대부분 교회에서는 자살한 사람들의 장례식을 거절했으며, 교회의 묘지에는 물론 묻히지 못했다.

"자살한 사람은 지옥에 간다"라는 말을 쉽게 말할 수는 없다. 모든 주권은 하나님께 있기 때문이다.

술을 마시는 것은 죄인가?

모든 자동차 사고의 원인을 분석한 결과 대부분은 운전사들이 만취해 있거나, 어떤 형태로든지 술에 취해 있었다고 한다. 미국에서는 일 년에 자동차 사고로 5만 명이 죽는데, 이것은 한국 전쟁에서 죽은 미군 수보다, 월남에서 죽은 병사들보다 더 많은 숫자라고 한다.

운전하기 전에 딱 한 잔 마신 술 때문에 생기는 자동차 사고는 60퍼센트가 넘으며, 그중 70퍼센트는 사망자를 내고 있다. 대부분 부부 싸움의 원인도 쌍방의 한 사람이 술에 취해서 내뱉는 말 때문이라고 한다. 〈잠언〉 23장 29~35절을 보면, 술에 대해서 자세히 설명하고 있다.

음주사고가 높은 지역은 강원도가 3.1퍼센트로 가장 높았다. 성별은 여자의 사고율이 남자보다 1퍼센트포인트 높았고, 30세 미만의 운전자 사고가 많은 것으로 조사됐다(2010년 보험개발원 조사).

"재앙이 뉘게 있느뇨 근심이 뉘게 있느뇨 분쟁이 뉘게 있느뇨 원망이 뉘게 있느뇨 까닭 없는 상처가 뉘게 있느뇨 붉은 눈이 뉘게 있느뇨 술에 잠긴 자에게 있고 혼합한 술을 구하러 다니는 자에게 있느니라 포도주는 붉고 잔에서 번쩍이며 순하게 내려가나니 너는 그것을 보지도 말지어다 그것이 마침내 뱀 같이 물 것이요 독사 같이 쏠 것이며 또 네 눈에는 괴이한 것이 보일 것이요 네 마음은 구부러진 말을 할 것이며 너는 바다 가운데에 누운 자 같을 것이요 돛대 위에 누운 자 같을 것이며 네가 스스로 말하기를 사람이 나를 때려도 나는 아프지 아니하고 나를 상하게 하여도 내게 감각이 없도다 내가 언제나 깰까 다시 술을 찾겠다 하리라"

〈갈라디아서〉 5장 21절에서는 술 취한 자는 하나님의 나라를 유업으로 받지 못하리라고 했고, 〈누가복음〉 21장 34절에서는 방탕함과 술 취함과 생활의 염려로 마음이 둔하여지고 뜻밖의 그날이 덫

조반니 벨리니Giovanni Bellini의 〈술취한 노아〉(1515년)
하나님께 인정받고, 말씀에 순종하며 인류 역사상 누구도 경험해보지 못한 방주의 삶을 살았던 노아는 술에 취해 자손을 저주하고 자신의 삶에 오점을 남겼다.

과 같이 너희에게 임하리라고 했다. '그날'은 예수 그리스도의 재림을 의미한다.

한국 사람의 술 문화는 어느 나라에서도 찾아보기 어려운 진풍경을 보여준다. 1960년과 1970년대에는 술을 마시지 못하면 아예 남자 축에도 들지 못했고, 술을 많이 마시는 자는 사회적으로 그리고 성적으로 우위를 나타냈다. 밤의 대학로에는 많은 남녀 학생이 술에 취해 땅바닥에 쓰러져 있기도 한다.

오랫동안 술 마시면 혈관과 뇌세포를 손상하며 간경변증Cirrhosis을 일으켜 알코올 중독자가 되게 한다고 한다. 그래서 한국은 위암과 간암과 폐암 발생률이 불명예스럽게도 세계에서 1위를 장식하고 있다. 술로 말미암은 직접적이며 간접적인 피해는 말로 다 할 수 없을 정도로 다양하다.

《성경》은 술을 마시는 것이 죄라고 말하지 않는다. 단지 술 취하는 것이 죄가 된다며 금하고 있다. 그리고 그리스도인이 술에 취해서는 안 되는 이유 중 하나는 우리의 몸이 성전이기 때문이다.

세계 정치인 음주 실수

선진 7개국(G7) 재무장관 회의 직후 나카가와 쇼이치 일본 재무상이 보인 '횡설수설 회견'이 국제적 화제가 됐다. 이 외에도 세계의 주요 정치인들이 음주 구설에 오른 적은 많다.

음주 실수와 관련해 대표적인 사람은 보리스 옐친 전 러시아 대통령이다. 1994년 9월 아일랜드 순방길에 술에 취해 비행기에서 내리지 못하는 바람에 정상회담을 펑크 낸 적도 있다. 1994년 8월 독일 방문 때 베를린 시의 야외광장에서 군악대 환영 연주회에 참석해서는 흥에 취해 대뜸 악단을 지휘하겠다고 나서기도 했다. 1997년 스웨덴 방문길에는 "핵무기를 3분의 1로 감축하겠다"는 깜짝 발언으로 실무자들을 화들짝 놀라게 했다.

평소 술을 입에 대지 않는 것으로 알려진 니콜라 사르코지 프랑스 대통령은 G8(선진 7개국+러시아) 정상회의 때 블라디미르 푸틴 전 러시아 대통령과 회동을 마친 뒤 술에 취한 듯 비틀거리는 모습을 보여 눈총을 받았다.

젊은 시절 술고래였다가 종교에 귀의한 조지 W. 부시 전 미국 대통령

인간 게놈프로젝트란 무엇인가?

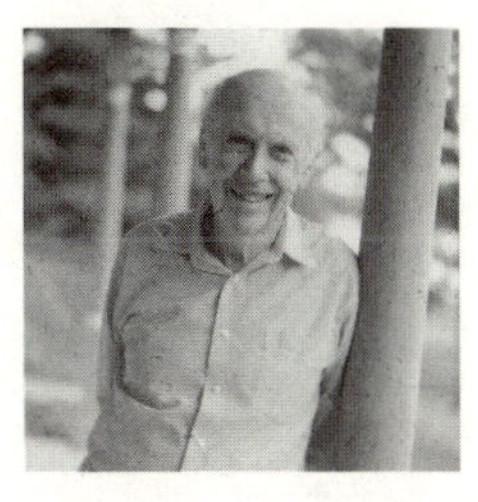

제임스 왓슨
그는 미국의 분자생물학자다. 프랜시스 크릭과 공동연구로 DNA의 구조에 관하여 이중나선 모델을 발표하였다. 1962년 크릭, M. H. F. 윌킨스와 함께 DNA의 분자구조해명과 유전정보 전달에 관한 연구업적으로 노벨생리·의학상을 수상하였다.

DNA는 1953년 미국의 생물학자 제임스 왓슨 James Dewey Watson과 영국의 물리학자 프랜시스 크릭 Francis Crick이 발견해서 1962년에 노벨상을 공동 수상했다.

인간의 몸은 약 60조의 세포로 구성되어 있다. 세포 하나의 크기는 0.0025센티미터로 전자현미경으로 20만 배 확대해서 볼 수 있다. 만

그는 런던 대학교에서 물리학을 전공하고, 제2차 세계대전 후 생물학 연구에 몰두했다. 마침 케임브리지 대학교 캐번디시 연구소에 유학 중이던 미국 출신 젊은 생물학자 제임스 왓슨과 교류를 하기 시작했다. 둘은 이때부터 관심 분야를 함께 연구하기로 동의했고, 1962년에 노벨생리상도 같이 받았다.

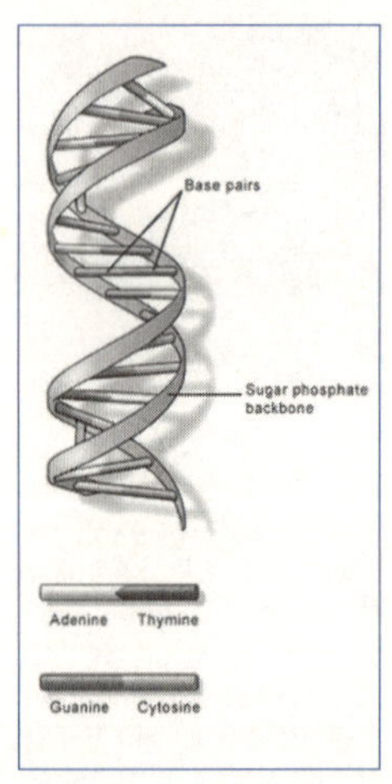

DNA 이중나선 구조 모형

약 개미 한 마리를 20만 배 확대해서 본다면 약 1/2마일 정도 길게 보일 것이다.

이 세포 안에는 핵이 있는데, 그 안에는 아버지에게서 온 23쌍의 염색체와 어머니로부터 온 23쌍의 염색체가 있다. 쉽게 말하면, 염색체 안에서 DNA가 이중나선형으로 유전자를 안고 꼬여서 내려가고 있다.

우리 인간은 나 자신도 잘 이해 못 하는 뜻을 나타내는 4 화학글자4 Chemical Letter로 연결된 글자 덩어리인데, 염기 서열 30억으로 내려가고 있다고 한다. 이 염색체에 새겨진 글자들이 어떤 순서로 배열되었고, 어떤 역할을 하는지, 그 글자가 의미하고 있는 뜻을 해독해 내는 작업을 '인간 게놈프로젝트Genome Project'라고 한다.

인간 게놈프로젝트는 2003년에 완성되었고, 현재는 특허를 냈기 때문에 게놈의 지도를 보려면 어느 일정한 금액을 내야 한다.

이 연구는 하나님이 창조한 인간 생명의 비밀을 몰래 들여다보는 위험성이 있지만, 인간의 질병을 치료한다는 관점에서 본다면 환영할 만하다.

성경에서는 장기기증을 허용하는가?

장기기증에 관한 이야기를 《성경》에서 찾아볼 수 없는 것은 그 시대에는 장기이식을 생각하지도 못할 때였다. 최근에 와서 장기 이식 기술이 발달하여 각막이식·심장이식·신장이식 등 고도의 의학적인 기술로 진행되고 있는데, 살아 있는 사람이나 죽은 지 얼마 되지 않은 사람에게서 장기를 기증받아 이식수술을 하게 된다.

많은 사람이 지갑 속에 자기가 급사했을 경우를 대비해서 장기를 기증하겠다는 문서를 넣고 다닌다. 김수환 추기경도 그의 유언에

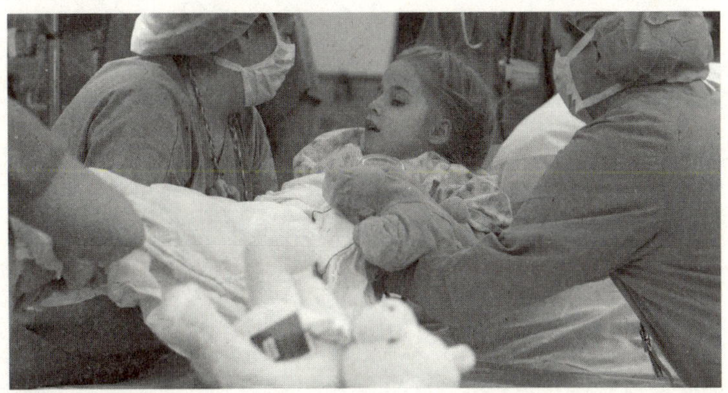

장기기증이식 수술
지난 50년 동안 인간의 면역 체계를 파악하려는 노력이 성과를 나타냈다. 1950년대 중반 보스턴의 피터 브리검 병원에서 일란성 쌍둥이 사이의 신장 이식 수술이 최초로 있었다. 의료계에서는 남자 형체에서 여자 형체에게로, 부모에서 자녀에게로 점차 장기 이식의 범위가 넓혀졌다. 즉, 그들은 유전적으로 일치하는 개인 사이의 장기 이식으로 출발하여 유전학적으로 유사한 기증자와 피이식자 쌍으로 발전해나간 것이다. 그리하여 장기 기증자의 범위를 크게 확대한 결과를 가져왔다.

따라 각막이식 수술을 했다. 장기를 필요로 하는 사람들에게 자기의 장기를 기증하는 것은 《성경》에 어긋나지 않는다고 본다.

눈을 못 보는 시력 장애인이 각막이식으로 눈을 뜨게 되고, 죽을 수밖에 없는 사람이 다른 사람으로부터 장기를 기증받아 살아날 수 있다면 이보다 더 큰 사랑이 어디에 있겠는가. 예수님은 "자기의 생명을 친구를 위해서 내 준다면 그보다 더 큰 사랑은 없다"(요한복음 15:13)고 하셨다.

죽은 사람을 화장하는 것은 잘못된 것인가?

죽은 사람을 매장하는 것은 하나의 관습이었다. 아브라함은 아내 사라를 동굴에 매장했고, 예수님의 시체도 돌 무덤에 안치되었다(마태복음 27:60). 하지만 〈레위기〉 20장과 21장에 보면, 만약 제사장의 딸이 매춘을 할 경우 그를 처형한 후 불에 태우라고 하였다(레위기 20:10, 21:9). 즉, 죄인은 불로 태워버리라고 하나님께서 명하신 것이다.

실제로 아간과 그의 가족이 불순종하여 이스라엘이 아이 성 전투에서 패배하였을 때 그의 동족들을 돌로 친 뒤 그 시체를 불로 태웠다(여호수아 7:25). 더욱이 요시야 왕은 유다에서 우상숭배를 뿌리 뽑기 위해 바알에게 희생을 바치던 제사장들의 무덤을 파헤쳐 그들의 뼈를 꺼내어 그들이 사용하던 제단 위에서 불로 태워버렸다(역대하

34:4~5).

　이런 예는 하나님께서 화장Cremation 한 사람들을 인정하지 않는다는 것을 의미하는 것일까? 그렇지 않다는 것을 알려주는 《성경》 기록이 있다.

　이스라엘과 블레셋과의 전투에서 블레셋이 승리하자, 그들은 사울과 세 아들의 시체를 벳산 성벽에 매달아 굴욕을 주었다. 하지만 이스라엘의 길르앗 야베스 주민은 그 소식을 듣고 시체를 가져와 불에 태운 뒤 뼈를 땅에 묻어주었다(사무엘상 31:2, 8~13).

　이 기록을 언뜻 보면 화장이 부정적인 의미를 준다고 생각할 수 있다. 사울 역시 하나님께서 기름 부은 다윗을 대적하여 싸웠고 하나님의 은혜를 상실한 채

엘리 마르쿠제Elie Marcuse의 〈사울 왕의 죽음〉(1848년)
사울 왕은 처음에는 겸손하였지만, 후에 여호와의 섭리를 망각하고 하나님의 뜻을 어기는 오만불손한 행위를 거듭하였다. 그로 말미암아 블레셋과의 전쟁에서 그의 세 아들을 잃고 자신도 큰 상처를 입고 길보아 산에서 자살했다.

죽은 악한 사람이었기 때문이다. 하지만 사울과 함께 죽은 사람 중에 그의 아들 요나단도 있었다. 그의 시체 역시 똑같이 취급당했다. 그런데 그는 악한 사람이기는커녕 다윗에게 지원을 아끼지 않은 절친한 친구였고, 이스라엘 사람들은 요나단이 "하나님과 함께 일했다"고까지 말할 정도로 인정한 사람이다(사무엘상 14:45).

　그리고 다윗은 길르앗 야베스 사람들이 사울 가족에게 어떻게 했

워리스턴Warriston의 화장터
자신이 죽은 후 어떤 장례 절차를 원하는가 하는 질문에 매장(일반인 25.6퍼센트, 기독교인 27.2퍼센트)보다는 화장(일반인 73.9퍼센트, 기독교인 71.4퍼센트)을 선호하는 응답자가 더 많았다. 사후 시신을 기증할 의향이 있느냐는 질문에는 84.3퍼센트가 없다고 답했으며, 15.7퍼센트가 있다고 답했다. 기독교인도 없다는 답변이 73.2퍼센트로 지배적이었다(2005년 지저스 TV자료).

는지를 알았을 때 그들에게 "야베스 주민 여러분이 사울 왕의 장례를 잘 치러서, 왕에게 의리를 지켰으니, 주께서 여러분에게 복을 주시기 바랍니다"(사무엘하 2:5, 표준새번역)라고 감사하며 칭찬해 주었다. 다윗은 사울과 요나단의 시체를 화장했다고 해서 불쾌해하지 않았고 오히려 그들을 축복해 주었다.

많은 그리스도인이 화장을 꺼리는 이유 중 하나는 부활의 문제가 되지 않겠느냐고 말한다. 전혀 문제가 되지 않는다. 전능하신 하나님, 무에서 우주를 말씀으로 창조하신 하나님께서 죽은 자가 불에 타 재가 되어 바다에 뿌려졌다고 해도 부활을 못 시킬 그런 분이 아니다. 하나님은 죽은 자를 분명히 부활시키겠다고 말씀하셨다(전도서 9:5, 요한복음 5:28~29, 요한계시록 20:13).

《성경》에서는 죽은 사람의 몸을 어떻게 처리해야 하는지 구체적으로 알려주지 않고 있다. 매장을 하는 것은 품위 있고 존경심 있는 장례의 방법이지만, 21세기를 살아가는 우리에게는 부자연스러운 방법이라고 생각한다. 세계 각지에서는 배고픔과 질병으로 죽어 가는데 장례로 불필요한 돈을 소모한다는 것은 바람직하지 않다.

부활할 때 죽어서 흩어졌던 몸의 분자들이 다시 모여서 리사이클

Recycle 되는 것으로 생각하는 신자들이 있는데 전혀 그렇지 않다. 하나님은 우리가 부활할 때 새로운 몸을 주신다(고린도전서 15:44).

최면술은 잘못된 것인가?

최면술Hypnosis이란 잠을 순간적으로 자게 하여 내면세계를 확장해서 들여다보는 것을 말한다. 그러나 자기의 잠재의식Subconscious을 자기 아닌 다른 사람(심리학자나 치료사)에게 허용한다는 것은 용납할 수 없으며 위험한 행위다.

최면에 잘 걸리는 지의 여부를 알아보기 위해 다음과 같은 실험을 한다고 한다. 환자를 방 가운데 서게 하고 그 뒤에 서서, 절대로 다치지 않을 테니 안심하고 뒤로 넘어지라고 한다. 이때 주저 없이 넘어지면 최면에 잘 걸리고 그렇지 않으면 잘 걸리지 않는다고 한다. 잘 걸린다고 생각하면 어떤 암시Suggestion를 준다. 또한 최면에 걸린 사람이 받아들

영화 〈인셉션Inception〉(2010년)
현실과 비현실, 가상세계와 현실세계, 존재와 비존재의 대립개념은 현실과 꿈이라는 또 다른 개념에 의해 뒤엉키곤 한다. 어떤 이들은 현실세계와 가상세계를 혼동하거나 아예 두 세계를 서로 바꾸어 인식하기도 한다. 물론 꿈과 현실이 뒤바뀌었다는 생각은 고대 인도로부터 종종 등장했다. 이 영화는 노골적으로 두 영역의 울타리를 무너뜨리고 있다.

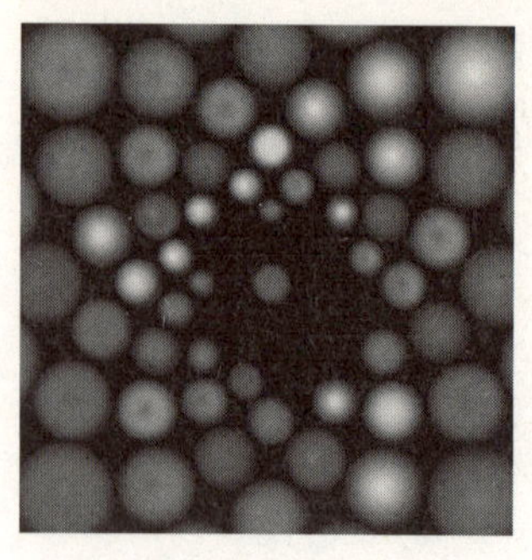

퍼져가는 뉴이지 문화

얼마 전 KBS는 '마음'을 주제로 한 다큐멘터리를 6주 연속 방영해 적지 않은 반향을 일으켰다. 마음·생각·무의식·기억·용서 등 인간 내면 문제를 심층적으로 다룬 이 프로의 방영 이후 시중엔 '마음'과 '명상'에 대한 관심이 한층 커지고 있다. 이뿐 아니라 근래 각종 미디어에선 요가나 명상은 물론 최면술, 점성술에 이르기까지 뉴에이지적 요소를 지닌 콘텐츠가 빈번히 다뤄지고 있다. 소리 없이 파고 들어와 점령하는 뉴에즈 문화를 잘 분별해야 한다.

인다면 다른 암시를 준다. 이때 최면사는 최면에 걸린 사람의 잠재의식 속에 다른 생각을 심을 수 있는 힘을 가지게 된다. 인간의 의식이 있는 마음은 잠을 자게 하고, 잠재의식의 마음은 최면을 행한 사람에게 사로잡히게 된다. 이런 상태에 몰입되면 굉장한 힘이 나올 뿐만 아니라, 위험한 경지에까지 가게 된다. 왜냐하면 모든 것이 잠재의식 속에 심어지기 때문이다.

한 번 최면에 걸린 사람은 다음에도 걸릴 확률이 높다. 이 정도 되면 손가락 하나로도 사람을 황홀경으로 빠트려서 넘어지게 할 수 있다. 자기의 내면세계를 그 누구에게도 노출해서는 안 되며, 오로지 삼위일체 하나님께만 해당한다.

최면은 치료와 처방의 효과보다 많은 문제와 위험을 가져오게 한다. 어떤 목사는 "나도 그 유명한 목사처럼, 손가락 하나로 뒤로 넘어지게 할 수 있다"고 했는데, 그는 최면을 하나의 은사로 생각하는 것 같다. 최면술은 잘못된 것이다. 《성경》에서는 최면에 관한 내용을 찾아볼 수 없다.

침술은
잘못된 것인가?

BC 500년경 침술Acupuncture의 발상지는 인도라고 하는 설도 있으나 확실하지는 않다. 어쨌든 중국에서 발달하여 한국에 건너온 것만은 사실이다. 또한 침술이 상당한 효과가 있는 것은 사실이다.

침술은 기독교 문화에서 시작된 것은 아니며, 《성경》에서도 찾아볼 수 없다. 이것은 음과 양의 개념을 가진 노자老子의 《도덕경》을 중심으로 한 도교道教에서 온 것 같다.

우주에는 반대의 힘을 겨루는 세력이 있는데, 선과 악 그리고 건강과 질병이다. 침구사는 이런 생체 리듬의 흐름의 균형을 바로잡아 고통을 제거하여 치료 효과를 낸다고 한다. 어떤 신경의 연결 고리에 바늘이 꽂아질 때 몸의 다른 쪽에 있는 에너지가 솟아 나와서 통증이 사라져 병을 치료할 수 있다고 하며, 두뇌에서 생산하는 자연적으로 통증을 없애주는 엔도르핀 혹은 베타 엔도르핀 같은 물질이 어느 일정한 부위에 바늘이 들어가면 나온다고 주장한다.

지금 중국에서는 침술로 마취제 없이 수술을 하고 있다고 한다. 수술할 때 두 개의

김홍도의 〈노자출관도〉
노자가 외뿔소를 타고 함곡관을 나서는 모습.

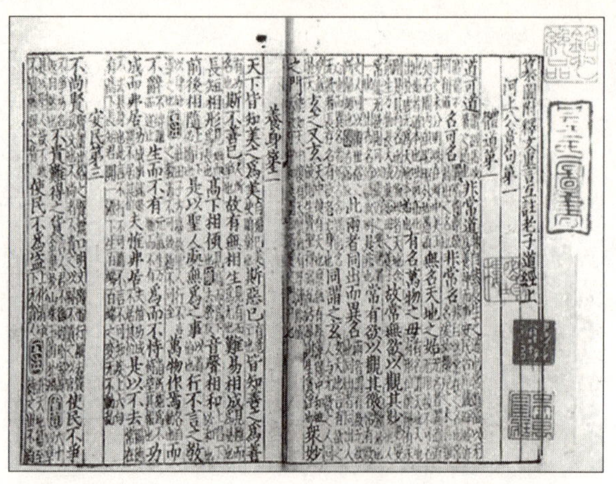

노자의 《도덕경》

춘추시대 말기에 노자가 난세를 피하여 함곡관函谷關에 이르렀을 때 윤희尹喜가 도를 묻는 데에 대한 대답으로 적어 준 책이라 전하나, 실제로는 전국 시대 도가의 언설을 모아 한漢나라 초기에 편찬한 것으로 추측된다. 내용은 우주 간에 존재하는 일종의 이법理法을 도道라 하며, 무위無爲의 치治, 무위의 처세훈處世訓을 서술하였다.

바늘을 환자 머리의 양쪽 귀 위쪽에 꽂아 놓는다고 한다. 장점은 의사가 수술을 받는 환자와 대화를 하면서 수술을 할 수 있다는 것이다. 아마도 엔도르핀의 분출이 마취제 역할을 하는 것 같다.

어떤 사람들은 기진맥진할 때까지 되면 놀라운 건강의 환희를 느낀다고 한다. 그러나 문제는 엔도르핀의 분출을 막으려고 하는 뇌의 통증센터의 끈질긴 노력 때문에 몸은 자연히 피곤해진다고 한다.

이처럼 침으로 병을 치료할 수도 있고 그렇지 않을 수도 있다. 침술에 관한 기사가 《성경》에 없는 것을 보면 《성경》과 일치하지 않는 것 같다.

침으로 마약중독도 치료 가능

한국한의학연구원 침구경락연구센터 최선미 박사팀과 대구 한의대학교 양재하 교수팀은 '전통 침술의 코카인 중독재발 치료 효과 및 메커니즘 연구'를 통해 침이 스트레스로 인한 코카인 흡입 재발을 억제한다는 결과를 확인했다고 밝혔다. 코카인 등 마약류 중독을 침을 통해 치료할 수 있는 가능성을 열어 놓은 셈이다.

침 시술에 사용된 혈(신문혈)은 신경안정 효과를 목적으로 사용되는 혈 자리로, 손바닥 손목주름에 새끼손가락 쪽으로 있는 두 힘줄 사이 시점이다. 실험결과, 신문혈에 침으로 자극받은 쥐는 침 자극을 받지 않는 쥐와 비교해 코카인 자가 투여 행동이 나타나지 않았으며, 중독에 의해 활성되는 대뇌 측좌핵의 신경활성물질이 침 자극으로 억제되는 것을 확인했다.

앞에서 너무 재미있었어!
로맨스도 있고,
과학적인 이야기도 있고…
우리 이제
역사·종교·문명의
세계를 탐험해 볼까!
그래 히스토리가
스트레스를 주지만
재미있을 거야!
수수께끼 같은 역사의
문명을 터득해 보자구!

역사 · 종교 · 문명의 수수께끼

수수께끼 같은 역사의 문명을 벗기자!

# 우주는 언제 어떻게 창조되었는가?

우주는 우연의 산물인가, 아니면 창조주의 세밀한 디자인에 의한 단 번의 창조인가? 5세기 로마의 위대한 정치가이며 사상가였던 보이티우스Boetius(?~524년)는 사람들이 말하는 우연이란 것도, 강의 흐름을 따라 헤어졌던 배들이 다시 만남과 같이 하나님 섭리의 법칙을 따라 움직이고 있음을 노래했다.

"아케메니아Achaemenia 산 바위를 원천삼아 흘러내리던 물은 얼마 안가 두 갈래로 갈리어 티그리스 강과 유프라테스 강이 되었네. 그러나 다시 합쳐지면 강물은 한 흐름으로 되돌아와 양편 물에 떠오던 것들도 하나가 되니 헤어졌던 뱃머리들이 서로 만나고 물살에 뽑혀온 나무들도 합쳐지며 한데 엉킨 강물은 우연히도 큰 물결 이루어 놓네. 그렇지만 이

보이티우스
가톨릭 순교 성인. 뛰어난 학식을 인정받아 테오도리쿠스 Theodoricus 대제의 집정관을 거쳐 최고 행정 사법관이 되었다. 전 집정관 알비누스를 옹호하다가 반역 혐의를 받아 파비아 감옥에 갇혀 순교했다.

모든 우연한 결과는 경사진 토지의 형상과 맴돌며 흘러가는 강물의 법
칙이 그렇게 지배한 바로다. 이처럼 아무 법칙 없이 멋대로 부동하는 듯
보이는 우연이라도 항상 그 어떤 제약을 받고 있나니 이는 곧 섭리의 법
자체라네."

-《철학의 위안》 중에서

《성경》은 하나님이 무Ex Nihilo에서 우주를 창조하셨다고 가르치
고 있다. 하나님께서 우주를 창조하시기 전에는 하나님 이외에는
아무것도 존재하지 않았다는 것을 의미한다(요한복음 1:1~3, 골로새
서 1:16, 히브리서 11:3~4).

〈로마서〉 4장 17절에서도 하나님은 무에서 우주를 창조하심을 나
타내고 있다. 하나님에 관한 헬라어는 《성경》 전체에서 20단어나
되어 그 뜻의 다양성을 보여준다. 헬라어에서는 문자적으로 '없는
것을 있는 것 같이 부르시는 이',
'존재하지 않는 것을 존재하게 하
신 이'가 된다.

우주 창조는 하나님의 말씀으로
단 번에 창조되었음을 빅뱅Big Bang
이론 열역학 제2의 법칙에서도 확
인할 수 있다. 이 이론은 우주의 무
질서 증가 원리는 우주가 자연적으
로 생긴 것이 아니라, 어느 한 시각

> **빅뱅이론 열역학 제2의 법칙**
>
> 고립계에서 총 엔트로피(무질서도)의 변화는 항상 증가하거나 일정하며 절대로 감소하지 않는다. 에너지 전달에는 방향이 있다는 것이다. 즉, 자연계에서 일어나는 모든 과정은 가역과정이 아니라 한다.

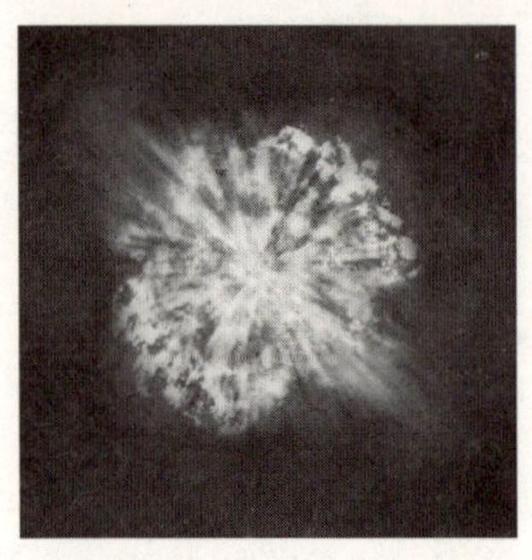

우주의 기원은 우주가 점과 같은 상태에서 137억 년 전에 대폭발이 일어나 팽창하여 현재에 이르고 있다는 빅뱅이론에서 출발하고 있다. 하지만 미국 워싱턴 대학교의 천문학자인 에릭 애골Eric Agol은 "팽창은 우주를 설명하는 가장 강력한 이론"이라며 "그러나 무엇이 팽창하게 한 것인지에 대해서는 아무도 모른다"고 밝혔다.

에 가장 강력한 힘(말씀)에 의해서 생겼으리라고 시사한다.

빅뱅이론처럼 우주가 창조되었을까?

언젠가는 소멸하였다가 다시 태어날, 그리고 이전에도 그런 과정을 되풀이했으리라고 짐작되는 우주의 탄생은 145억 년 전으로 거슬러 올라간다. 어둡고 아무것도 없는 공간을 흘러다니던 초밀도의 원시물질이 어느 순간 갑자기 폭발한다. 이 폭발을 우리는 빅뱅이라고 한다.

다시 말하면, 빅뱅이 시작되는 때는 아토 세컨드Attosecond(1초의 10경분의 일)다. 즉, 영겁(1초의 1,000분의 1) 혹은 찰나(1초의 75분의 1)에 시작되어 10초 후에는 우주가 야구공만 해지고, 15초 후에는 무중력 상태에 들어갔다가 3분 만에 온 우주공간을 메우게 된다. 1만 년 이후부터 1,032도의 고열이 식기 시작해서 10억 년 이후부터 우주다운 우주의 모습을 보인다는 것이다.

그러나 우리 마음속에 있는 가장 오래된 질문은 "우리는 어디에서 와서, 무엇을 하다가, 어디로 가는가?"이다. 아무도 그 대답을 하지 못한다. 그것은 우리의 학식과 이론을 초월해 있기 때문이다.

우리는 시간의 처음과 나중, 공간의 넓이를 측정할 수 없다. 우리가 생각하여 알 수 있는 최고의 대상은 지성이다. 그렇다면 지성은 어디에서 왔으며, 누가 지성을 인간에게 주었을까?

엿새 동안에 이 세상이 창조되었다는 이야기는 5,000년 전의 서아시아 사람들 사이에서 잘 알려져 있었고 유대인도 자연히 이런 영향을 받아오고 있었다.

하지만 막연하게나마 땅과 바다, 나무와 꽃, 새, 그리고 남자와 여자의 창조에 각기 다른 신들의 행위가 개입되어 있다고 믿어오던 다른 민족들과는 달리 유대인은 '하나의 신(하나님)'의 존재를 인식하고 있었고, 신을 인식한 최초의 민족이다.

하나님은 우주를 왜 창조하셨을까?

우주의 지름이 얼마나 되는지 아는 사람은 아무도 없지만, 그 안에 은하계 같은 별들의 무리가 5조나 된다고 한다. 그러나 근래(2000년) 허블 망원경이 탐사한 바로는 5조가 넘는다고 한다.

지구에서 가장 가까운 별인 프록시마 세토리까지의 거리는 4.25광년이나 걸리며, 만약에 우주선을 타고 간다면 8,768,000년이나 걸릴 것이다. 그렇다면 우주 궁극 수평선은 189,200,000,000,000,000,000,000,000,000이나 된다(이 숫자가 광년이든, 마일이든, 킬로미터이든 상관할 바가 아니다).

하나님은 이렇게 광대한 우주를 자신의 영광을 나타내 보이기 위하여 창조하셨다(이사야 43:7). 우주에 속한 수 백조의 별들은 하나님의 영광을 나타내기 위해 빛을 발하며 일정한 궤도를 통해서 일정한 시간으로 움직이고 있다. 그리고 지구는 총알보다 아홉 배나

빠른 속도로 태양을 돌고 있으며, 태양은 은하계를 돌기 위해서 지구보다 아홉 배나 빠른 속도로 운행하고 있다.

우리는 하나님의 창조물인 우주에 대해서 연구하기보다는 하나님의 경륜 앞에 무릎을 꿇고 항복하는 자세를 취해야 한다. 하나님께 도전하는 것처럼 무모한 것은 없기 때문이다.

빅뱅이론과 아인슈타인의 상대성 이론

우주 창조에 관한 빅뱅이론과 알베르트 아인슈타인의 상대성이론($E=mc^2$)은 서로 상반되는 이론에 부딪힌다고 한다. 즉, 우주는 빅뱅처럼 우연Accidental하게나 산만하게 창조되지 않았고, 하나님의 세밀한 계획과 생각으로 하나하나 질서있게 창조되었다고 하기 때문이다. 만약 빅뱅이론이 사실이라도 우주 창조는 하나님께서 계획하신 것만은 사실이다.

그리고 달은 지구에서 떨어져 나간 것으로 과학자들은 말하고 있었지만, 닐 암스트롱Neil Alden Armstrong 이후 달의 나이가 지구보다

알베르트 아인슈타인
독일 태생의 이론물리학자. 광양자설, 브라운 운동의 이론, 특수상대성이론을 연구하여 1905년 발표하였으며, 1916년 일반상대성이론을 발표하였다. 미국의 원자폭탄 연구인 맨해튼 계획의 시초를 이루었으며, 통일장이론을 더욱 발전시켰다.

더 많다는 사실이 알려졌다. 이것은 하나님의 우주 창조가 빅뱅이론에 의한 것이 아니고 하나하나 어떤 치밀한 계획에 의해서 창조되었다는 학설을 지지해주고 있다.

닐 암스트롱이 최초로 달에 도착하여 돌을 채취하는 모습. 그 돌은 약 39억 년 되었다고 한다.

달의 나이는?

놀랍게도 달에서 유출된 99퍼센트 이상의 돌이 지구에서 발견된 것들 중 가장 오래된 돌의 90퍼센트보다 훨씬 이전에 생겨난 것이라는 사실이 밝혀졌다. 닐 암스트롱이 이 '고요의 바다'에서 주워 온 첫 번째 돌은 약 39억 년이나 된 것으로 판명되었다. 그러나 당시 지구에서 가장 오래된 돌은 약 37억 년 된 것이었다.

그 후 달에서는 각 50억 년, 55억 년, 혹은 59억 년 정도 된 암석이 발견되었다. 이것은 이 암석이 태양계가 생겼던 비슷한 시기 아니면 훨씬 이전에 생성된 것임을 의미한다. 게다가 1973년에 열린 '달 연구 학회Rock Party'에서는 무려 63억 년이나 된 암석들이 전시되었는데, 더욱 놀라운 사실은 이 암석이 과학자들이 추측할 때 가장 최근 생성된 달의 표면에서 주워 온 돌이라고 한다.

· 이런 점에서 달은 태양이 발생하기 훨씬 오래전에 있었던 별들 가운데서 생성됐다고 주장하는 과학자들도 있다.

추수감사절에
왜 칠면조를 먹기 시작했는가?

1620년 12월 메이플라워Mayflower호를 타고 플리머스Plymouth에 도착한 102명의 청교도는 추운 겨울을 지내고 새봄을 맞이하여 곡식을 심고 가을에 처음으로 추수한 후 하나님께 감사를 드리기 위하여 추수감사절Thanksgiving Day을 만들었다.

이때 칠면조 고기를 먹기 시작한 것은 인디언 처녀들이 가지고 온 칠면조를 백인 처녀들이 요리해서 인디언들에게 나누어주기 시작한 데서 유래되었다.

메이플라워호
원래는 포도주를 운반하던 상선이었다. 무게 180톤, 길이 27.5미터의 이 작은 배가 세계 최대 강국인 미국을 낳은 셈이다.

장 프랑수아 밀레Jean François Millet의 〈칠면조가 있는 가을 풍경〉(1873년)
바람이 부는 이 을씨년스러운 가을날이 그나마 조금 생기 있어 보이는 것은 붉은 머리를 한 칠면조 여러 마리가 부산히 먹이를 주워 먹고 있기 때문이 아닐까.

클로드 모네Claude Monet의 〈칠면조〉(1877년)
추수감사절날 무려 4,500만 마리의 칠면조가 오븐 속으로 들어간다. 이날 백악관은 무수히 많이 희생되는 칠면조를 애도하기 위하여 특별히 한마리를 놓아주는데 이는 일종의 애도의 표시다.

 # 댄 브라운의 다빈치 코드는 사실인가?

레오나르도 다빈치Leonardo da Vinci의 〈최후의 만찬The Last Supper〉은 르네상스 스타일 가운데 가장 뛰어난 작품이다. 이 작품은 가장 귀중한 보배 중 하나로 여겨지기도 하는데, 이 작품을 원작이라고 하기에는 좀 문제가 있다.

레오나르도는 1495년부터 1497년 사이에 이탈리아 밀라노의 산타마리 델 그리지에 있는 수도원의 식당 벽에 이 그림을 그렸다. 그는 가끔 생각나는 대로 그렸으나 결국은 그림을 완성하지 못했다고 한다. 그리고 이 그림은 당시 별로 환영받지 못했다.

1517년, 이 작품은 습기 때문에 몹시 손상되었고, 몇 해 뒤에는 유명한 미술 역사가였던 조르조 바사리Giorgio Vasari의 말대로 단순한 '점 투성이'로 보일만큼 형편없이 손상되었다. 그래서 수도원에 기거하던 수도사들은 그 그림에 대한 존경심을 모두 상실해버렸고 마침내 예수의 다리가 그려진 부분에 출입구를 만들기에 이르렀다. 그 이후에도 이 그림은 계속해서 훼손되면서 1706년에는 프랑스 군이 이 수도원을 점령하여 마구간으로 사용하기까지 했다. 또한 어떤 군인들은 예수의 머리에다 사격 연습을 했다.

그 후 파리 대학교에서 미술을 전공하고 돌아온 '호세'라고 하는 청년이 장난기 어린 마음으로 요한의 턱수염을 없애버리고 여성적인 부드러움이 보이도록 다시 그려 작품을 복구시켰다.

《다빈치 코드》는 미국의 소설가 댄 브라운이 2003년에 쓴 미스터리 추리 소설이다. 기호학자 로버트 랭던이 파리의 루브르 박물관에서 벌어진 살인 사건을 조사하면서 시온 수도회와 오푸스 데이가 나사렛 예수 그리스도가 마리아 막달레나와 결혼하여 아이를 가졌다는 사실을 두고 벌이는 사투를 추적하는 이야기를 다루고 있다.

제2차 세계대전 중에는 〈최후의 만찬〉을 보호하기 위하여 모래주머니를 쌓아두었으나 폭탄이 떨어져서 수도원은 파괴되고 다행히 〈최후의 만찬〉이 그려진 벽만 남아 있게 되었다.

이런 모든 학대와 훼손으로 그림이 매우 손상되었기에 오늘날 사람들이 보는 〈최후의 만찬〉은 다른 화가들에 의해 복구된 것이고, 다빈치의 손길이 남아 있는 것은 희미한 윤곽과 매우 적은 붓 자국뿐이다.

이 그림에서 예수님의 제자 요한을 막달라 마리아라고 자신 있게 쓰고 있는 《다빈치 코드The Davinci Code》의 저자 댄 브라운Dan Brown은 상상력이 〈최후의 만찬〉의 역사성에 도달하지 못했기 때문이다. 파리의 미술관에 가면 레오나르도 다빈치의 〈최후의 만찬〉에 관한 역사성 있는 자료들을 읽을 수 있다.

또한 로마 황제 콘스탄티누스 1세가 정치적으로 이용하기 위해서 그리스도의 인간적 특성에 관하여 언급한 복음서를 삭제하고, 예수를 신성을 가진 인간으로 복음서를 각색하여 새로운 《성경》을 만들도록 재정적인 지원을 했다는 이야기가 《다빈치 코드》에 있는데, 콘스탄티누스 1세의 재위 기간은 306~337년이다. 그러나 우리가 가지고 있는 신약성경 〈누가복음〉과 〈요한복음〉의 사본이 발견되었을 때 탄소 14로 연대 측정한 결과 AD 175~225년으로 나타났다.

그리고 당시 교회는 디오클레티아누스Diocletianus 황제(245~316년)의 끔찍한 박해로부터 살아남았는데, 그 속에서 예수 신앙을 지켰던 교회 지도자들이 황제가 《성경》을 변조한 것에 대한 항의했던 편지나 기록을 찾아볼 수 없다고 한다.

디오클레티아누스 황제

《성경》이 변조된 사실이 있었다면 당시 목숨을 아끼지 않았던 교회 지도자들은 분명히 항의했을 것이다. 더 자세한 것은 런던에 있는 종교 박물관에 가면 콘스탄티누스 1세에 관한 역사적인 자료에서 확인할 수 있다.

그러므로 콘스탄티누스 1세나 니케아 공의회가 《성경》을 조작했다는 댄 브라운의 주장은 허구적인 착각이다.

티타노 산
301년 성 마리누스St. Marinus가 로마 디오클레티아누스 황제의 기독교 박해를 피해 티타노 산에 은신하며 공동체를 세웠다고 한다.

최후의 만찬과 현대인 식단의 차이

미국 코넬 대학교의 윈신크 교수는 올해 〈비만 국제 저널〉이라는 학술지에 흥미로운 연구 결과를 발표하였다(2010년).

그는 화가들의 빈번한 소재인 〈최후의 만찬〉이라는 작품에 등장하는 음식물과 그릇의 크기를 시대별로 비교하였다. AD 1000년~2000년 사이에 다양한 화가들이 그린 52편의 〈최후의 만찬〉에 표현되어 있는 빵과 음식, 접시들을 CAD-CAM이라는 컴퓨터 프로그램을 이용하여 3차원적으로 크기를 분석하였다.

분석한 결과 지난 천 년간 음식의 크기가 꾸준히 증가하였음이 보였다고 한다. 지난 천 년간 주요리(메인코스 요리)는 그 사이즈가 69.2퍼센트 증가하였고, 빵과 접시는 각 23.1퍼센트, 65.6퍼센트씩 증가했다. 특히 1500년대부터 2000년대 사이에 그 증가가 두드러지게 관찰되었다고 한다.

마사다에서의 자살, 어떤 방식으로 했을까?

마사다Masada는 이스라엘 사해의 서해안에 위치한 엔게디의 남쪽으로 약 16킬로미터 떨어져 있는 난공불락의 요새다. 이곳은 66년에 일어난 유대군의 반란 중 마지막 저항의 터였다. 로마인들은 엄청난 노력을 기울인 끝에 비로소 이곳을 함락시킬 수 있었다.

마사다는 신약에서 직접적인 역할을 담당하고 있지 않지만, 플라비우스 요세푸스Flavius Josephus(?37~?100년)의 기록에 의해서 불후의 명칭으로 남고 있으며 그 역사는 짧고 격렬했다. 요세푸스에 의하면, 마사다는 유다 마카베우스Judas Maccabeus(?BC~BC 161년)의 동생이자 후계자인 대제사장 요나단 마카베우스Jonathan Maccabeus(?BC~BC 143 또는 142년)가 처음으로 요새화하였으나 헤롯 왕 때에 이르러서야 사람들의 관심을 끌게 되었다.

BC 42년 히르카누스 2세Hyrcanus II의 통치 때 헤롯과 바사엘 두 형제의 반대자였던 헬릭스라는 사람이 헤롯이 시리아에 가 있는 동안 이 요새를 임시 점유

마사다

마사다는 유대인 고위 성직자인 요나단 마카베우스가 처음 세운 요새로, 유대 왕인 헤롯 왕은 도피처이자 겨울 궁전으로 사용하기 위해 호화로운 궁전을 건설하기도 했다. 또 AD 70년 8월 예루살렘이 로마에 함락된 후, 유대인 지도자 엘레아자르 벤 야이르가 이끄는 유대인 열성당원 960명이 피신해 3년 동안 로마에 저항한 곳이다.

루키우스 플라비우스 실바
그는 8,000명으로 구성된 로마 군단을 이끌고 마사다 요새 주위에 8개의 캠프를 둘러 세웠고 마사다를 함락시켰지만, 그는 이런 말을 남겼다. "나는 마사다를 정복했지만, 유대인을 정복하지 못했다."

하게 되었다. 헤롯은 이 요새의 가치를 충분히 알고 있었기 때문에 곧 이 성채를 되찾았다. 그 후 그가 로마로 가서 자기 왕국에 관한 권리를 주장하는 동안 자기 가족들이 안심하고 지낼 수 있는 곳으로 만들었다. 헤롯은 왕국을 확고히 장악하자 마사다 요새의 축성을 본격적으로 시작했다. 이곳은 결국 건축과 군사 전략 면에서의 그의 천재성을 입증해 주는 기념탑이 되었다.

로마인은 유대를 속주로 삼아 총독으로 하여금 통치하게 하던 시대에 이 요새를 점령하였다. 그러나 AD 66년 여름에 '시카리우스Sicarius'라는 광신적인 혁명주의자들이 계략을 써서 이곳을 탈취하였으며, 그 후로 마사다는 모든 전쟁 기간을 통해서 시키라우스의 활동 거점이 되고 있었다.

플라비우스 베스파시아누스Flavius Vespasianus 황제는 BC 68년까지 예루살렘과 광야의 세 요새, 즉 헤로디움, 마카이루스 그리고 마사다를 제외한 전체 팔레스타인을 정복했으며, 루키우스 플라비우스 실바Lucius Flavius Silva가 제10군단 사령관으로서 대규모의 토성을 쌓아 마사다의 성벽을 파괴한 것은 5년 후(AD 73년)의 일이었다.

그러나 마사다 요새에 있었던 960명의 혁명주의자는 엘레아자르 벤 야이르Eleazar ben Yair의 "비굴한 항복이냐, 로마인들의 칼에 죽느냐, 자유인으로서 죽음을 택하겠느냐?"의 연설을 듣고 자유인으로서 죽음을 선택한 후 먼저 남자들은 여자와 어린아이들의 목숨을 끊었다. 남자들만 남게 되었을 때 그들은 제비를 뽑아 열 사람을 택했고, 이들은 나머지 남자들을 모두 죽였다.

영화 〈마사다〉의 한 장면
960명이 있는 마사다 요새를 정복하기 위해 로마는 제10군단을 움직여야 했다.

그 후 열 사람은 다시 제비를 뽑아 한 사람이 아홉을 죽이고 그는 스스로 자결했다. 로마 군인들이 마사다에 올라왔을 때에는 그들의 시체와 보얀 연기가 나는 궁전의 폐허뿐이었다.

이 최후의 증인은 역사가 요세푸스에 의하면, 로마 군대가 마사다를 함락했을 때 동굴 속에 숨어 있던 2명의 여자와 5명의 어린이었다고 한다.

시간의 풍상은 성경의 사실성을 증명해 줄 수 있는가?

고고학적인 면에서

성서 비평가들은 예수를 십자가에 못 박도록 넘겨준 로마의 유대 총

빌라도가 한때 유대의 통치자였다는 증거가 새겨져 있는 돌(현무암).

독 본디오 빌라도의 존재에 의문을 제기했다(마태복음 27:1~26). 하지만 1961년에 지중해의 항구 도시인 가이사랴Caesarea에서 빌라도가 한때 유대의 통치자였다는 증거가 새겨져 있는 돌이 발견되었다.

과거에는 이스라엘의 왕이 된 용감한 목동 다윗이 실존 인물이라는 증거가 성서 밖에서는 찾아볼 수 없었다. 하지만 1993년에 고고학자들이 이스라엘 북부에서 BC 9세기의 것으로 추정되는 현무암을 발견했는데, 거기에는 '다윗의 집'과 '이스라엘의 왕'이라는 문구가 새겨져 있다고 한다.

1835년 영국 육군 장교 헨리 롤린슨Henry Rawlinson경은 바빌로니아 동북쪽 320킬로미터의 지점에 있는 베히스툰Behistun 산에서 높이 570미터나 되는 큰 바위에 수직 절벽으로 높이 130미터까지 매끈하게 조각되어 있는 것을 발견했다. 그는 이것이 BC 521~485년에 다스린 바사 왕 다리오Darius의 명령으로 BC 516년에 조각된 것을 조사하여 알았다. 에스라의 기록대로 다리오의 통치 아래 예루살렘 성전은 재건되었다.

이 비문에는 바사어·엘람어·바빌로니아어로 다리오의 정복을 길게 서술하고 있었는데, 롤린슨은 바사어를 조금 알고 있었으므로, 이것은 같은 내용을 3개 국어로 기록한 것으로 가정했다. 그는 4년 동안 놀라운 끈기를 가지고 바위에 올라갔고, 사다리와 줄을 이용하여 사본을 떴다. 번역은 14년 이상이나 걸려 완성했다. 그로 말미암아 그는 고대 바빌로니아어의 열쇠를 발견했고, 고대 바빌로니아 문학의 방대한 보고를 세계에 터놓았다.

1968년 젊은 이탈리아 두 고고학자 지오반니 파티나토Giovanni Patinato와 파올로 마타이Paolo Matthae를 깜짝 놀라게 했던 북시리아 지방에서의 우연한 발굴로, 막대한 진흙 토판 약 3~4만 개는 고대 문화에 대한 당시의 고고학 개념(특히 모세 시대의 문자 불가론)을 뒤집어엎을 만한 엄청난 것이었다.

20세기 초반, 옥스퍼드 대학교의 윌리엄 램지William Ramsay 교수의 북그리스 지방 델피Delphi에서 비석들의 발굴은 신약성경, 특히 의사 누가 기록의 역사적 정확도에 관해 많은 전문가로 하여금 감탄을 금치 못하게 만들었다.

텔 단 석비 비문

BC 9세기 후반의 것으로 알려진 한 유명한 비문은 '다윗의 집 석비'라 불린다. 이 석비는 다메섹을 다스리던 아람 왕 하사엘이 이 도시를 점령한 후에 세웠다.

"…에 대해 (음모를 꾸)몄고…(조약이?) (맺어졌다. 나의 아버지 (…바라크)엘은, 그가 아(벨)에서 싸울(때 그에 대항하여) 올라갔고, 나의 아버지는 운명하시어 (그의 조상에게로) 돌아가셨다. 이스라엘 왕이 전에 내 아버지의 땅에 들어왔으(나), 하닷이 나를 왕으로 세웠고, 나를 위해 모든 일을 앞서 행했다. (그리고) 나는 왕국의 일곱…으로부터 떠났다. 그리고 나는 수(천 대의 전)차와 수천 명의 마병을 이끈 칠십(명의 왕)을 죽였다. (그 후 아합)의 아들, 이스라엘 왕 요(람을 내가 죽였고,) 또한 (요람)의 아들, 다윗의 집의 (왕 아하시)야를 (내 손으로) 죽였다. 그리고서 나는 (그들의 마을을 잿더미로 만들었으며…그들의 성)을 폐허(로 만들었다…) 다른… 그리고 (그들의 모든 성읍을 전복시켰다…그리고 예후)는 이스(라엘을…) 다스(렸…). 괄호 안은 파손된 부분이다.

이세벨의 화장품

《성경》에 나오는 이세벨은 눈 화장을 즐겨 하였다고 한다. 하버드 대학교, 예루살렘의 히브리 대학교, 영국 고고학회, 팔레스타인 발굴 재단의 후원을 받던 한 발굴대는 사마리아에 있는 아합의 '상아 궁'의 폐허에서 이세벨이 화장품을 섞는 데 사용했던 접시와 작은 돌합을 발견했다(1908~1910, 1931~).

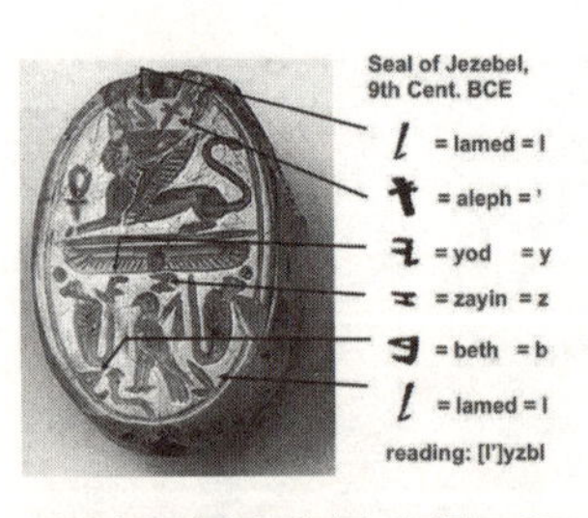

1964년에 발견된 반지를 네덜란드 유트레히트Utrecht 대학교의 구약 전문가인 마르조 코펠Marjo Korpel의 연구 결과 이세벨의 것으로 확인되었다.

여기에는 여러 가지 색깔, 즉 검정·초록·빨강의 색조 화장품을 담을 수 있는 작은 구멍이 있고, 그 가운데는 이것을 섞어 쓸 수 있도록 파인 곳이 있었다. 아직도 붉은 흔적이 남아 있다.

바알 신에게 희생된 아이들의 유해

므깃도에 있는 아합과 이세벨 시대, 바알 숭배의 무서운 특징을 나타내는 바알에게 희생된 아이의 유해가 담긴 항아리가 발견되었다.

〈아합과 이세벨〉
이세벨은 구약에서 가장 악한 여인으로 알려진 아합 왕의 아내다. 죽을 것을 알고도 눈 화장을 하고 머리를 꾸몄고, 자신을 죽이러 오는 예후에게 당당히 호통을 쳤던 여인이다.

므깃도는 유명한 전쟁터로 역사의 마지막 전쟁인 아마겟돈과 같은 이름이다. 그 위치는 에스드라엘론Esdraelon 평지의 남쪽, 나사렛 서남쪽 16킬로미터, 갈멜 산을 횡단하는 길의 입구, 아시아와 아프리카 사이의 주요 도로이며, 유프라테스 강과 나일 강 사이의 중요한 곳에 있으며, 동쪽과 서쪽의 군대가 만나는 지점에 있다.

이집트를 세계 제국으로 만들었던 투트메스 3세Thutmes III는 "므깃도는 천 개의 도시의 가치가 있다"고 말했다. 제1차 세계대전 때 에드먼드 알렌비Edmund Allenby 장군이 터키 군대를 무찌른 곳도 므깃도였다(1918년). 그리고 지상의 어느 곳보다도 더 많은 피를 흘리게 된 곳이라고 한다.

시카고 대학교의 동양연구소는 팔레스타인 정부의 도움을 받아

바알에게 희생된 아이의 유해가 담긴 항아리가 발견된 므깃도.

바알 신에게 희생되기 위해 끌려가는 사람들.

(1924년), 이 언덕의 발굴권을 가지고 조직적으로 층을 제거하면서 역사적인 모든 것을 기록하고 보존하고 있다.

과학적인 면에서

《성경》에서는 약 3,500년 전에 땅이 '허공'에 매달려 있었다고 말한다(욥기 26:7). 또한 BC 8세기에 이사야는 '원 모양의(즉, 구체인) 땅'이라는 표현을 사용했다(이사야 40:22).

지구가 받침대도 없이 허공에 떠 있고 그 모양 역시 공처럼 둥글다는 것은 현대에 와서 밝혀진 사실이 아닌가?

예언적인 면에서

유프라테스 강을 끼고 전략적 요충지에 자리 잡고 있던 고대 바빌로니아는 고대 동양의 정치적 · 종교적 · 문화적 중심지라고 일컬어졌다. 그런데 BC 732년경 예언자 이사야는 바빌로니아가 멸망할

것이라는 예언을 하면서 구체적으로 알려주
었다.

즉, '고레스Cyrus'라는 지도자가 바빌로니
아를 정복할 것이고, 그 도시를 보호해 주던
유프라테스 강물이 '말라 버릴' 것이며, 성
문이 '닫히지 않을' 것이라고 했다(이사야
44:27~45:3). 그로부터 약 200년 후인 BC
539년 10월 5일에 이 예언은 모두 성취되었
다. 바빌로니아가 《성경》에 예언된 방식 그
대로 멸망되었다는 것은 그리스 역사가 헤
로도토스Herodotos(?BC 484~?BC 430년)의
기록을 통해 확증되었다.

헤로도토스
그는 고대 그리스의 역사가다. 페르
시아 전쟁을 중심으로 동방 여러
나라의 역사와 전설 및 그리스 여
러 도시의 역사를 서술한 저서 《역
사》로 알려졌으며, '역사의 아버지'
로 불린다.

또한 이사야는 바빌로니아에 "결코 사람
이 거주하지 않을 것"이라는 쉽게 이해가 가지 않는 예언을 하였다
(이사야 13:19~20). 전략적 요충지에 자리 잡고 있는 거대한 도시가
영원히 황폐하리라고 예언하는 것은 참으로 대담한 일이 아닐 수
없다. 그런 도시는 폐허가 되더라도 재건될 것으로 생각하는 것이
일반적이다. 하지만 바빌로니아는 전복된 후로도 한동안 존재하다
가 결국 이사야의 예언대로 완전히 황폐되었다.

고대 바빌로니아가 있던 자리는 현재 "뙤약볕이 내리쬐고 먼지
가 날리는 황량한 벌판"이라고 〈스미스소니언Smithsonian〉지는 알
려 준다.

# 함무라비 법전은
사실인가?

이 법전은 가장 중요한 고고학적 발견이다. BC 2000년에 바빌로니아의 왕이었던 함무라비(?~BC 1750년)는 아브라함과 같은 시대의 인물이다. 그는 아시리아를 연구하는 고고학자에 의하여 〈창세기〉 14장에서 아브라함이 롯을 구하려 했던 '아므라벨Amraphel'과 같은 사람으로 추측된다.

그는 나라의 법을 성문화하여 돌에 새겨 중요한 성읍마다 세웠다. 그중 바빌로니아에 세워졌던 것이 1902년 자크 드 모르간Jacques de Morgan이 인솔한 프랑스 발굴대에 의해서 인도 수사Susa의 폐허에서 발견되었는데, 이유는 엘람의 왕이 전쟁 기념물로 비석을 뽑아 옮겨 놓았기 때문이다. 지금은 파리에 있는 루브르 박물관에 소장되어 있다.

이것은 잘 연마된 굳고 검은 돌로 높이 2.25미터, 폭 0.65미터의 약간 원기둥꼴로 사면 가득히 셈 족 바빌로니아어의 설형문자로 282조의 법조문이 쓰여 있다. 이 글은 4,000줄에 달하여 성서의 양과 같고 지금까지 발견된 것 중에 가장 긴 설형문자 석판이다. 석판의 윗부분에

태양신 샤마스와 함무라비
함무라비는 바빌로니아 제1왕조의 제6대 왕이다. 분열된 바빌로니아를 통일하여 바빌로니아를 수도로 하는 대제국을 건설하였으며, 〈함무라비 법전〉을 제정하여 중앙 집권 정치를 확립하였다.

는 함무라비가 태양신 샤마스Shamash로부터 법률을 받는 그림이 있
고 제사 · 재판 · 논쟁 · 결혼 · 동업 · 공공사업 · 운하건설 및 관
리 · 운하와 대상을 이용한 여객 및 화물 운송업 · 국제무역 기타 여
러 문제에 대하여 기록되어 있다. 이처럼 아브라함 시대에 만들어진
서적이 돌에 새겨져 지금도 존재하고 있는 것은 그 당시 잘 발달한
법의 체제와 상당히 진보한 학문의 기술을 증명한다.

함무라비는 역대 바빌로니아의 왕 중의 한 사
람으로 매년 국력을 신장시키고 나라의 전반적
인 발전을 꾀하는 실력 있는 지도자였다. 그리
고 탁월한 행정가였다. 따라서 그의 왕국은 '바
빌로니아의 황금 세대'라고 일컬어진다.

함무라비는 1850년과 1750년 사이의 약 43년
간 바빌로니아를 통치하였다. 그는 300년이나
된 수메르와 아카디아의 법들을 개정함으로써
새로운 법체계를 확립시켰는데, 이것을 그의 이
름을 붙여 〈함무라비 법전Hammurabi's Code〉이
라고 명명했다. 또한 그는 최고 한계 가격과 최
저임금 제도를 제정했고, 공정하고 능동적이며
효과적인 세금제도를 만들었다. 그리고 모든 지
방의 지도자들은 행정 제반에 관한 모든 일을
왕에게 상세하게 알려야 하는 중앙 집권제를 추
구하였다. 그가 재임하는 동안에는 건축업도 활

**원기둥꼴로 마들어진 〈함무
라비 법전〉**
여기에는 282조의 법조문이
쓰여 있다.

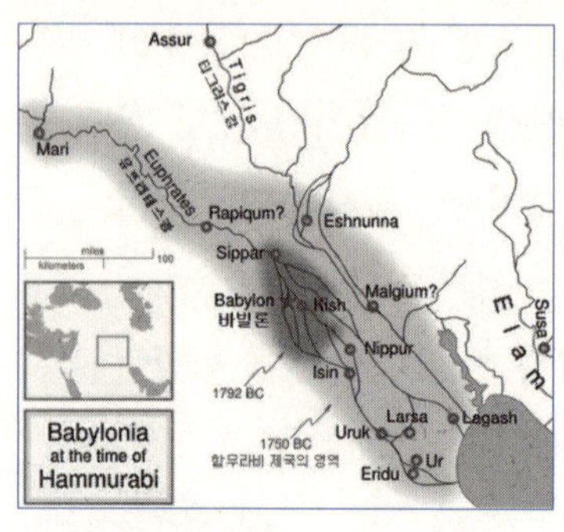
함무라비 당시의 바빌로니아 지도

기를 띠었다.

그러나 혹자는 함무라비는 법전의 창시자가 아니라 단지 선조에서부터 내려오던 모든 법을 모아 고치고 개정하여 다시 옮겨놓은 사람에 불과하다고 말할지 모른다. 그러나 설사 그렇다고 해도 그의 업적은 인정해야 한다.

또한 만일 단편적이나마 초기 시대의 법전이 발견된다 해도 〈함무라비 법전〉과는 비교될 수 없을 것이다. 누구나 인정하듯 함무라비는 일단 고대시대 최초의 입법자이고 그의 법전은 오늘날까지 이어지는 모든 문명을 주도해 온 법들의 아버지기 때문이다.

파리 루브르 박물관에 소장되어 있는
〈함부라비 법전〉 석판

상상해 보건대 바빌로니아의 왕 함무라비는 그의 법전 사본을 조각가들에게 주고서 이미 만들어져 있는 기둥에 그것들을 새기라고 지시했을 것이다. 그리고 그 과정을 지켜보면서 승리의 기쁨을 만끽했을 것이다. 마침내 완성되었을 때 함무라비는 자신이 선택한 신전 안으로 기둥을 옮겨 세웠다.

드디어 조각가들의 노고를 치사하고 기둥의 제막식을 거행하는 날, 그날은

분명히 바빌로니아의 역사에 길이 새겨진 날이었다. 또한 우리가
기억해야 할 날이다.

〈함무라비 법전〉에 기록되어 있는 법

- 어떤 사람이 다른 사람의 땅에 있는 나무를 베었다면 그에 대해
  변상해 주어야 한다.
- 어떤 사람이 자신의 논에 물을 대려고 하다가 부주의한 사고로
  다른 사람의 논에 물이 차게 만들었다면 그는 자신이 망가뜨린
  곡식에 대해 변상해 주어야 한다.
- 어떤 사람이 자신의 아들을 쫓아내고 싶다면 먼저 재판관 앞에
  가서 "더 이상 내 아들과 함께 집에서 살 수 없습니다"라고 말해
  야 한다. 그 여부는 재판관의 심사에 달렸다.
- 아들이 아버지에게 못된 짓을 했다면 처음에는 아버지가 용서해
  주지만, 두 번째로 나쁜 짓을 하면 아들을 내쫓을 수 있다.
- 도둑이 소나 양, 당나귀, 돼지, 염소 중 하나라도 훔치면 그 값의
  열 배로 보상해 주어야 한다. 도둑이 보상해 줄 돈이 없다면 사형
  당한다.
- 어떤 사람이 다른 사람의 눈을 멀게 했다면 그 자신의 눈알을 빼
  야 한다. 그가 다른 사람의 이빨을 부러뜨렸다면 그의 이도 부러
  뜨려지게 된다. 그가 다른 사람의 뼈를 부러뜨렸다면 그의 뼈도
  부러뜨려지게 된다.
- 의사가 환자를 수술하다가 환자가 죽게 되었다면 의사의 손은 잘

리게 된다.

- 건축가가 집을 지었는데 그 집이 무너져 주인이 죽으면 건축가는 사형에 처한다.
- 강도가 어떤 집에 구멍을 뚫고 들어가 물건을 훔쳤다면 그 구멍 앞에서 죽음을 당한다.

 ## 천사들의 계급을 아는가?

제1계급 – 세라핌(Seraphim, 치천사)

하나님의 옥좌를 둘러싸고 있는 치천사다. 예언자 이사야는 "옥좌의 상측에 서 있는 타오르는 천사를 보고 여섯 개의 날개가 있는데,

그 두 개로 얼굴을 가리고, 또 다른 두 개로 다리를 가리고, 나머지 두 개로 날고 있다"고 진술했다(이사야 6:2). 가장 높은 계급의 천사인 그들은 사랑·빛·불의 천사다.

이 천사 계급의 뱀이 상징하는 것은 회춘이다. 즉, 불꽃의 피닉스 신화에서 보이는 것과 마찬가지로 탈피를 통해 눈부시게 젊은 모습으로 다시 태어나는 능력이다.

하얀 치천사 메타트론은 천사의 계급 중에서 가장 강력한 존재로 인류의 번영과 유지를 담당하고 있는데, 그는 여섯 개가 아니라 서른여섯 개의 날개와 무수한 눈을 가지고 있다고 한다. 군주는 우리엘, 메타트론, 케무엘, 나타니엘, 가브리엘이다.

세라핌은 〈이사야〉에서 한 차례 등장하는 초자연적인 존재 가운데 하나의 이름이다. 나중에 유대인은 그들이 사람과 비슷한 모습을 한 것으로 인식하였고, 그런 영향을 받아 기독교의 천사 계층 가운데 하나를 가리키는 명칭이 되었다.

제2계급 – 케루빔(Cherubim, 지천사)

중재자 또는 지식을 뜻하며 행성의 수호자로서 선악을 기록하고 지식을 베푸는 천사다. 네 개의 얼굴과 네 개의 날개를 가지고 있으며, 신의 옥좌를 나르거나 신의 전차를 끄는 자로서 묘사되는 경우가 많지만, 신이 타는 것은 한 단계 아래인 오파님이라 불리는 수레바퀴 천사다.

주요한 통치자로서는 오파니엘, 리크비엘, 요피

케루빔은 구약성경에 나오는 사람의 얼굴 또는 짐승의 얼굴에 날개를 가진 초인적 존재다.

엘 그리고 타락하기 전에 사탄을 추종한 무리다.

제3계급 – 트론즈(Thrones, 좌천사)

커다란 '차륜(차바퀴)' 혹은 '많은 눈을 가진 자'로서 나타난다. 하나님의 정의를 우리에게 가져다준다. 때로는 휠이라고도 불리고, 유대 신비주의 철학에는 수레바퀴, 메카바라고 되어 있다. 오파님은 실제의 전차인 듯하다. 《조하Zohar》 경전에는 좌천사가 세라핌보다도 높지만, 다른 문헌에는 케루빔과 같은 계급으로 취급된다.

지배하는 군주는 야피키엘, 라파엘이다.

야피키엘과 함께 트론즈를 지배하는 라파엘.

제4계급 – 도미니온즈(Dominons, 주천사)

도미네이션즈, 로드, 크리오테테스 등으로 불린다. 히브리의 전승에서는 하슈마림(하무샤림)이라는 여러 가지 이름으로 불리기도 한다. 디오뉴시오스에 의하면 천사의 임무를 통제한다. 또한 천사의 임무를 조절하며 이들을 통해 하나님의 위엄이 나타난다. 이들은 권위의 상징으로 천체와 왕권을 쥐고 있다.

한편 다른 권위자들은 '주천사가 제2천의 내부에서의 자비 깊은 삶의 경로'라고 주장한다. 아마도 이 성스러운 영역에는 신 이름의 문자가 걸려있을 것이다. 지배하는 군주는 자드키엘, 하슈말, 야리엘, 무리엘이다.

제5계급 - 바츄즈(Virtues, 역천사)

마라킴, 듀나미스, 타루시심으로 알려졌다. 통상적으로 기적의 형태로 천정으로부터 은혜를 받는다. 영웅이나 선을 위해 분투하는 자와 연관되는 경우가 많다. 이들은 가장 중요할 때에 용기를 불어넣어 준다고 한다.

예수 그리스도의 승천 시에 나타난 두 명의 역천사가 하늘까지 그리스도를 보좌했다. 《아담과 하와의 생애》에서는 두 명의 역천사가 가인의 탄생 시에 산파역을 맡았다고 기록되어 있다.

역천사는 '빛나는 자'로 알려져 있고, 지배하는 군주로는 미카엘, 가브리엘, 라파엘, 바리엘, 카르시슈가 있다. 반란 전에는 사타넬도 역천사의 군주였다.

제6계급 - 파워즈(Powers, 능천사)

능천사는 하나님에 의해 최초로 창조된 계급으로서 듀나미스, 포텐티아테스, 권위라고 불린다. 이들이 사는 지역은 제1천과 제2천 사이의 위험한 경계 지역이다.

능천사는 국경 경비병과 같이 행동하는 듯하고 악마의 침입을 경계하기 위해 하늘의 통로를 순회한다. 이런 순시는 위험한 임무인 것처럼 보이는데, 왜냐하면 바울은 몇 번이나 능천사는 선이기도 하고 악이기도 하다고 엄중하게 경고했기 때문이다.

능천사의 진정한 사명은 우리 마음의 균형을 유지하며 서로 대립하는 것을 조화시키거나 맞추어 주는 일이다. 그러나 실제로 능천사

중에서 최대의 배반자가 나온 것으로 알려졌다. 심지어 사령관인 카마엘도 타락한 천사라는 견해가 있다. 카마엘이라는 이름의 뜻은 신을 보는 자인데, 114만 4,000명의 부하를 거느리는 그는 파괴의 천사, 징벌의 천사, 복수의 천사와 같은 무서운 칭호를 가지고 있다. 카마엘은 하나님과 악마 중 어느 쪽을 섬기는지는 분명하지 않다. 그리고 카마엘은 군주로서 이스라엘의 기원과 제7천의 군주 사이를 중개한다. 전설에 따르면 카마엘은 모세가 하나님으로부터 토라를 받는 것을 방해하려 해서 모세에게 저주를 받았다고 한다.

능천사의 매력은 바로 이 확연한 동기의 모순이라고 할 수 있다. 우리의 영혼을 맡는 능천사는 음모로 가득 차 있으며, 광범위에 걸쳐서 계속 급변하는 영역을 맡고 있다. 능천사의 가혹한 임무는 일상 속의 지성의 이원성을 성스러운 원천과의 합일로 바꾸는 것이다.

밀교의 관점에서 능천사는 영의 인도자로 육체를 떠나 아스트랄계에서 헤매는 자들을 돕는다. 죽은 자가 죽음으로 인해 동요하면 공포가 고조되어 발광하기 쉬운데, 이때 능천사가 도와준다.

제7계급 – 프린시펄리티즈(Principalities, 권천사)

원래 지상의 국가나 대도시를 맡은 계급은 프린스담이라고 되어 있다. 이윽고 이들의 경계가 넓혀졌지만, 그때 경계선이 매우 애매하게 되었다. 권천사는 자신들의 영토를 넓히고 신앙의 옹호자가 되어 약간 완고한 정통적 선악관을 지닌 경향이 있다.

또한 종교를 수호하는 천사다. 타락하기 전 니스로크가 군주였으

며, 아시리아의 신으로, 오컬트 문헌에서는
데몬의 주방장이라고 여겨지고 있다.

아나엘이 그 군주로 제2천의 장관이기도
하며 달을 감쌀 정도로 넓혀지는 주천사와 함
께 지상의 모든 왕국과 지도자를 관리하는 역
할을 맡고 있다. 또 한 명의 군주는 하미엘인
데 에녹을 하늘로 운반했다고 전해지지만, 그
것보다도 갈데아의 신 이슈타르로 잘 알려져
있다. 위대한 군주 캐르윌은 골리앗을 죽이고
자 하는 다윗의 계획을 도와주었다고 한다.
다른 문헌에는 리퀴엘, 아나엘, 세르비엘 등으로 나온다.

프린시펄리티즈

제8계급 – 아켄젤즈(Archangels, 대천사)

〈요한계시록〉에서 신 앞에 서는 일곱 명의 천
사는 통상 대천사라고 해석한다. 모슬렘의
《코란》은 네 명의 대천사를 인정하지만, 그중
두 명의 이름 지브릴(가브리엘)과 미카르(미카
엘)만 언급하는 데 그친다.

기독교와 유대교의 문헌은 7이라는 수에서
는 의견을 같이 하면서도 실제로 대천사가 누
구인지에 대해서는 격렬한 논쟁 중이다. 그러
나 네 명의 이름인 미카엘, 가브리엘, 라파엘,

영혼을 재는 아켄젤즈
미카엘은 '최후의 심판'이 있는
날, 나팔을 부는 임무와 함께 심
판장에서 인간의 영혼을 저울에
달도록 되어 있다.

우리엘은 항상 나타난다. 다른 세 명의 후보자는 전통적으로 메타트론, 레미에르 아나엘, 라그엘, 라지엘 중에서 선택된다.

'신의 뜻을 전하는 사자'라 일컬어지는 대천사는 하나님과 인간을 중개하는 가장 중요한 중재자로 여겨진다. 어둠의 자식들과의 끊임없는 싸움으로 하늘의 군세軍勢를 이끌고 있는 것이 바로 대천사다.

제9계급 – 엔젤(Angel, 천사)

전능의 신과 인간, 영원과 시간과 우주 사이를 중재하는 사자 엔젤은 인간에 가까운 천사 계급 중 하나다. 천사의 이름과 관련된 초기의 최대 근거는 히브리의 선조 에녹의 3종의 연대기에서 찾을 수 있다.

《에녹서》는 위전이라고도 불리지만, 천사에 관련된 세부 사항의 보고이기 때문에 천사에 대한 흥미가 정점을 이루었던 13세기에는 《에녹서》와 함께 수많은 위전의 저작이 유행하였다(완전한 형태의 《에녹서》는 18세기 에티오피아 교회에 보존되어 있는 원본이 발견될 때까지 실제로는 사람 눈에 띄는 일이 없었다고 한다).

UFO와 외계인은 과연 실체인가?

첨단 문명 시대지만 풀지 못하는 수수께끼가 있다. 그것은 "UFO와 외계인(E.T.I)은 실체인가, 아니면 허상인가?" 하는 것이다. 최근 시사주간지 〈타임〉이 실시한 여론 조사에 의하면, 조사 대상자의 34퍼센트가 지능을 가진 외계인의 존재를 믿고 있다고 답했다. 또 전체 응답자 중 80퍼센트가 정부가 이에 대한 비밀 정보를 갖고 있다고 말했으며, "지난 1947년 뉴멕시코에 UFO가 추락했다고 믿는가?"란 질문에는 65퍼센트가 "그렇다"고 답했다.

시속 3,000마일을 달리는 초고속 비행기도 UFO를 추격하다가 놓치고 말았다고 한다. 하지만 UFO인 줄 알고 접근해보면 모두 가짜로 판명되었다. 한국 모 초등학교 뒷산에 매우 큰 UFO가 나타났다는 보고가 청와대에 입수된 적도 있었다. UFO를 보았다는 사람은 많지만, 그 실체를 확인한 사람은 거의 없다. 이 UFO를 신봉하는 종교도 프랑스와 미국 샌디에이고에서 찾아볼 수 있다.

천왕성이 1781년에 발견될 때까지 태양계에는 더 이상의 행성이 없는 줄 알았다. 그러나 65년 이후인 1846년에 해왕성이 발견되었고, 1930년에는 미국 천문학자 클라이드 윌리엄 톰보Clyde William Tombaugh 박사가 명왕성을 발견했다.

이후 또다시 사람들은 더 이상의 행성이 태양계에 없으리라고 단정 지었지만, 그러나 1978년 미 해군 천문대의 로버트 서튼 해링턴

클라이드 윌리엄 톰보
미국의 천문학자. 퍼시벌 로웰 Percival Lowell의 추정자료를 토대로 해왕성 궤도 밖의 행성을 탐사하던 중 명왕성을 발견했다. 그 밖에 여러 소행성과 은하들을 발견하였다.

로버트 서튼 해링턴
명왕성에는 카론Charon · 닉스 Nix · 히드라Hydra 등 3개의 위성이 있다. 카론의 크기는 명왕성의 절반 정도밖에 안 되고 질량은 1/10 정도다. 이 위성은 1978년 미국의 천문학자 제임스 월터 크리스티James Walter Christy와 로버트 서튼 해링턴이 발견했으며, 지옥의 강에서 배로 영혼을 건네주어 플루토 Pluto에게 심판받게 하는 신화 속의 사공 이름을 따서 카론이라고 이름이 붙여졌다.

Robert Sutton Harrington 박사는 명왕성에서 24억 킬로미터 떨어진 곳에 지구의 약 3배 정도 크기의 행성이 존재한다고 말했다. 그리고 1981년에는 미 해군 천문대의 밴플린 박사도 지구보다 약 5배 큰 행성이 명왕성에서 20억 킬로미터 떨어진 곳에 있다고 발표했다.

명왕성은 태양으로부터 멀리 있어 영하 150도의 차가운 온도에 있다. 그러면 이 명왕성보다도 20억 킬로미터 떨어진 곳의 온도는 영하 200도가 넘을 것이다. 이곳에서 사는 외계인들은 지구인들보다 상상을 불허할 정도로 과학을 발전시키고 있어 빛보다 더 빠른 '타치온'이란 속도를 이용해서 지구까지 24시간 내에 도착할 수 있다고 한다(가상). 그리고 인조 태양을 만들어 제12행성에 위성을 띄워 지구의 하와이 같은 지상 파라다이스의 기후를 즐긴다고 한다.

나사NASA에서도 1982년 6월에 외계 답사선 파이어니어Pioneer 10호가 X행성(제12행성)의 존재 여부를 확인하는 작업을 이미 끝낸 것으로 보도했다. 1930년 명왕성이 발견되었을 때 전 세계는 일시적이나마 큰 흥분의 도가니에 빠졌다. 만약에 지금 제12행성에 대한 존재를 알리면 문화 충격과 종교 충격은 6,500만 년 전 소행성이 지구를 강타했을 때보다 더 큰 충격(정신적인 면에서)을 예상하기 때문에 나사는 X행성의 발견 보도를 미루고 있는 것 같다.

아무튼 UFO는 BC 234년에 이탈리아 상공, BC 200년 중국, 1700년경 영국과 스위스, 19세기에는 이탈리아·영국·중국·세계 각처, 20세기에는 한국·프랑스·미국·멕시코·세계 각처에서 나타났다는 기록이 있다. 그러나 UFO에 대한 이야기는 사실무근일 때가 많고 가

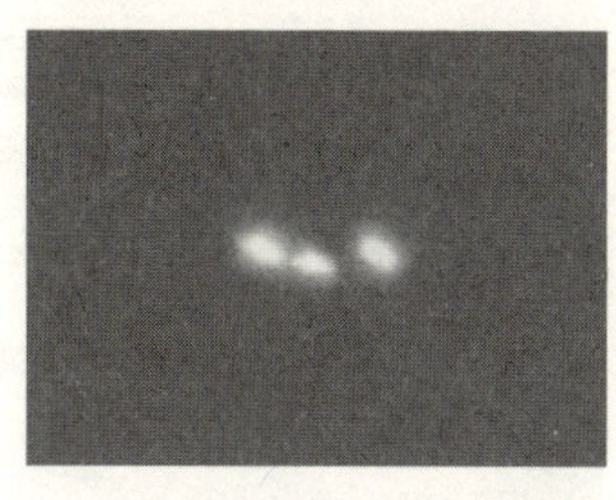

광안리 해수욕장 해변가(2010년 11월 2일, 오후 5시 50분 경)에 위치한 파로스 오피스텔 11층에서 다음까페 아이디 '뱅돌'이라는 사람이 촬영한 UFO식 우주비행체, 우리나라에서 촬영된 것 중에 가장 형태가 구체적이다.

짜인 경우도 많아서 책에서 거론하는 것은 바람직하지 않다고 본다.《성경》에서는 UFO와 외계인에 관한 기사를 찾아볼 수 없다.

5조의 별들이 있는 은하계가 5조나 되는 우주에, 지구 위에만 지적존재가 존재한다는 기사도《성경》에서 찾아볼 수 없다. 문제는 만약에 외계인이 존재한다면 그들은 과연 우리 같은 영혼을 가지고 있는 하나님의 형상대로 지음을 받은 존재인가 하는 것이다.

힌두교의 경전인 마하바라타는 몇 쪽이나 되는가?

힌두인들에 의해 문학 사상이 가장 눈에 띄는 두 권의 책이 저술되었다. 《마하바라타》와 《라마야나》다. 《마하바라타》는 세계에서 가

《마하바라타》
이 책은 인도 고대의 산스크리
트 대서사시로써 바라타 족의
전쟁을 읊은 시다. 인도판 그
리스 신화라 불린다.

장 긴 책에 속한다.

우리가 잘 알고 있는 《불운한 안토니》·《포
사이트 가의 이야기》·《바람과 함께 사라지다》
등과 같은 장편소설들이 있지만, 이 소설들은
대하소설로 쓰인 것들로 한 권이 보통 1,000쪽
에 달한다. 그러나 《마하바라타》에 비하면 이런
소설들은 미미한 상상력의 발동에 지나지 않는
다. 왜냐하면 《마하바라타》는 7,000쪽에 달하
는 방대한 작품이기 때문이다.

이 거대한 작품의 저자는 과연 누구일까? 아
무도 모른다. 어쩌면 수천 명이 되는 시인의 작
품을 모아 놓았기 때문에 어느 누구도 자기 이름을 감히 붙일 수 없
었는지도 모른다. 그들은 아마도 역사 속에서 가장 심오한 사색가
이기도 하면서 가장 겸손한 민족이기도 할 것이다. 어떤 면에서 《마

인도인
흔히 인도 사람은 "세상 모든 것이
《마하바라타》에 있나니 《마하바라
타》에 없는 것은 세상에 없는 것이
다"라고 말한다.

우리나라 해인사에 있는 팔만대장경은 총 8,125판인데, 이것을 오늘날 책의 쪽수로 계산하면 16만 2,516쪽이 된다. 쪽수로 따지면 《성경》의 72배 정도 많다.

하바라타》는 유명한 호메로스Homeros의 《일리아드》를 연상시키기도 한다. 또한 한 나라의 아름다운 여인을 다른 나라에 빼앗기면서 발생하는 갈등 구조 역시 《일리아드》와 비슷하다.

찰스 엘리엇Charles Eliot 같은 사람들은 순수 문학적인 면에서 볼 때 《마하바라타》가 《일리아드》보다 더 훌륭한 시라고 간주하고 있다. 길고 따분한 부분도 있긴 하지만, 《마하바라타》는 7,000쪽에 달하는 책이기 때문에 어쩔 수 없다. 그러나 거기에는 어떤 문학서에서도 볼 수 없는 아름다운 구절들이 많다. 그 아름다운 구절들이 있는 장이 〈신의 노래(바가바드기타)〉다. 이 〈신의 노래〉는 힌두인의 신약으로 불린다.

그리스도인이 《성경》 위에 서약하듯, 인도 사람들은 법정에서 이 것의 이름을 걸고 서약을 한다.

파차쿠티

그것은 과거 문명에 대한 기록이 보존되어 있지 않기 때문이다.

1966년 모택동은 문화혁명 때 공산주의와 관계없는 공자의 《논어》를 포함한 귀중한 고서를 불태웠다. 1945년 김일성이 북한에서 집권하자 '단순한 사람들에게 단순한 마음을 잡아주기 위해서' 주요한 책들을 불태웠고, 히틀러도 1936년 많은 사람이 보는 가운데 중요한 역사 자료가 되는 책들을 불태웠다. 유감스럽

쿠스코가 잉카 제국의 수도로 성장한 것은 1438년 만코 카팍의 18대손인 파차쿠티 왕 때다. 파차쿠티 왕은 사피와 툴루마요 강에 수로를 만들고 두 강 사이 길고 가는 땅에 쿠스코를 건설했다.

게도 사도 바울 역시 이교도에서 기독교로 개종한 후 에베소에서 과거의 모든 문명에 관한 주요한 책들을 불태웠다(빌립보서 3:8 참조).

진시 황제

제9대 잉카 통치자인 파차쿠티Pachacuti는 5,000년 된 모든 문명에 관한 기록이 담긴 책들을 불태웠고, 이집트 알렉산드리아 도서관에는 인류 문명에 관한 5만 권의 저서가 있었지만, 침략자들에 의해 소실되었다. 특히 칼리프 오마르Kalijch Omar라는 침략자는 인류 문명의 놀랄만한 이야기를 담고 있는 보물 같은 책들을 공중목욕탕 난방용 연료로 사용했다.

예루살렘 도서관에 소장되어 있던 20만 권의 귀중한 자료의 책을 종교 맹신자들에 의해 불태워졌고, 중국을 통일한 진시 황제는 5만 권 이상의 귀중한 책을 불태웠다.

바벨탑은 실제로 존재했는가?

인류 역사의 초기, 즉 대홍수가 휩쓸고 지나간 이후 한 무리의 사람이 동쪽에서부터 '시날 땅'에 다시 정착하기 시작했는데(창세기 11장), 이곳에서 사람들은 도시를 건설하고, 탑 꼭대기가 하늘에 닿게 탑을

노아의 후손들이 대홍수 후 하늘에 닿는 탑을 쌓기 시작하였으나 하나님이 노하여 그 사람들 사이에 방언을 쓰게 하니, 서로 말이 통하지 아니하여 공사를 마치지 못하였다.

세우고자 했다. 그 이유는 자기들의 이름을 떨치기 위해서다.

하나님은 이를 불쾌하게 여기고, 그 건축자들을 멀리 흩어지게 함으로써 그 계획을 중단시켰고, 이어서 그들의 언어를 다르게 하여 서로 알아듣지 못하도록 하셨다. 결국 그 건축 계획은 언어의 혼란 가운데 완성되지 못했다.

한편 이 기사의 마지막에 관련된 도시 이름이 '바벨'(Babel 또는 Babylon)이라고 명시되어 있으며, 또한 이 지명(히브리어 발랄balal)은 "그가 (언어를) 혼잡게 하셨다"(창세기 11:9)는 뜻과 관련있다.

바벨이란 '신의 문'이라는 뜻으로 원래 이 도시는 메소포타미아 지방에 있었다. 나중에 그리스인으로부터 바빌로니아라 불린 이 도시는 그 후 위치조차 알 수 없게 되어 유럽인들은 12세기경부터 메소포타미아 지방을 찾아다녔다.

결국 20세기 초 독일의 한 조사팀이 메소포타미아에서 이 바빌로니아 유적을 발견하고 탑의 흔적을 발굴하는 데 성공했다. 조사팀에 의하면 탑의 한 변 길이는 90미터, 높이는 90미터, 모양은 정방형이고 제1단부터 단계상으로 8단으로 쌓여 있었으며, 재료는 연와煉瓦를 사용했다. 오늘날 메소포타미아에서는 같은 모양의 '지구라트'라 불리는 단체상의 신전이 40여 개가 발견되었다.

하나님 창조의 증거

기독학자들은 곳곳에서 발견되고 있는 각종 화석을 통해서도 하나님이 세상을 창조하셨음을 입증한다. 예로써 다지층나무화석은 커다란 나무가 몇 개의 지층에 걸쳐 화석 상태로 발견된 것으로 미국 테네시 주에서 발견된 래피도덴드리드나무도 그중 하나다. 또한 북부 시베리아 해안을 따라 알래스카에 이르기까지의 지역에는 약 500만 마리의 매머드 시체가 매장돼 있다고 한다. 매머드가 짧은 순간에 파묻혔다는 증거가 많이 있으나 특히 위와 입속에서 채 소화가 안 된 녹색식물, 야생 콩 등이 발견된 점이 이를 증명한다고 한다.

인류 문명의 종말은
언제 오는가?

지금 세계 인구는 67억을 넘어서고 있다(2010년), 이런 추세로 인구가 증가한다면 앞으로 30년 이후에는 100억을 넘게 될 것이며, 100년 이후는 1,000억이 넘을 것이고, 150년 이후에는 7,000억이 넘을 것이다. 지구가 그 많은 인구를 수용할 능력이 과연 있을까? 인구 통계학에 의하면, 지구 인구 수용 능력은 100억 정도 된다고 한다.

그리고 앞으로 계속해서 생태계의 파괴, 기후의 급격한 변화에 따른 온난화 현상, 극심한 공해로 인한 오존층의 파괴, 오염된 물, 식량 부족에 따른 기아 현상 등 '인구학적 겨울'이 되어 낙엽이 떨어지는 소리를 곧 듣게 될 것이라고 한다.

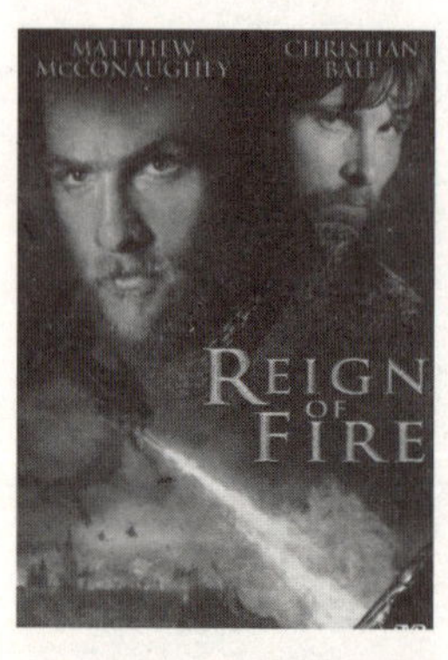

영화 〈불의 권세〉에서는 2020년 핵전쟁으로 인하여 전 세계가 파괴되어 가는 모습을 그린다.

또한 세계 각국이 경쟁하여 보유한 가공할 만한 핵무기들이 결국 사용될 것이다. 〈불의 권세 The Reign of fire〉라는 영화에서 2030년에는 전 세계가 핵폭탄으로 인하여 파괴되어 3년 동안 산성비가 지구를 적시고, 그 사이로 가끔 희미한 태양빛이 비춘다. 그리고 런던 어느 곳에서는 지하 도시를 건설하여 그곳에 들어가서 살아남은 인류의 생존자들이 새로운 인류의 시작을 위한 '씨받이' 역할을 하는 장면이 있었다.

정말 2030년쯤 되면 무질서한 과학의 발달로 인해 인간 유전자의 조작과 복제 인간의 탄생, 성性 도덕의 파괴, UFO의 정체가 드러나서 우주인과 교신하고, 종교 갈등에 의한 민족 간의 갈등이 최고조에 이를 것이라고 학자들은 추측한다.

그리고 2050년쯤 되면 인류 문명 종말의 그림자가 서서히 비치기 시작할 것이라고 추정한다. 이때가 예수님의 재림 시기가 되지 않을까?《성경》에서는 과학 문명이 최고조에 이를 때 말세가 온다고 하였다.

인도의 신화 속에 등장하는 신 스리 크리슈나는 사실인가?

"오! 이 세계를 창조하시고 우리의 우주이신 스리 크리슈나Shri Krishna 신이시여! 당신은 우리들의 아버지이자 어머니이시며 정신적인 지도자이십니다. 그리고 성스러운 고귀한 존재이십니다. 늘 우리의 행복과 안녕을 기도하시는 신이시여! 당신의 사랑의 발자취에서 숨 쉬는 우리는 언제나 따사롭고 평안함을 누릴 수 있습니다. 언제 어디서나 당신의 사랑과 애정으로 우리의 삶을 충만케 해 주시기를 경건한 마음으로 예배 드립니다."

이 기도문은 신에 대한 드와라카Dwaraka인의 심경을 보여준다. 신

스리 크리슈나
그는 힌두교 신화에 나오는 영웅신이다. 악한 왕을 죽이고 많은 악귀·용왕을 퇴치하였으며, 농업과 목축을 관장하였다.

을 '아버지'이자 '어머니'로 지칭했다는 것은 갓헤드Godhead에서 남성과 여성의 본성 둘 다를 아우르는 완벽한 전체가 된다는 것을 의미한다.

인간이 신과 가지는 관계는 여러 형상을 가질 수 있다. 여기에서 크리슈나는 "숭상할 가치를 충분히 가지고 있는" 우주의 신이면서 동시에 자신들이 직접 체감할 수 있는 신으로의 의미를 가진다.

신이기에 감히 근접할 수 없지만, 우매한 인간들과 함께 호흡하는 신, 또한 육체가 인간들의 세상에 있다 하나, 그를 천상에 있는 신과 다름없는 신, 그렇게 진정 살아 있는 신으로 크리슈나를 섬긴다.

야두Yadu 족이 숭상했던 비슈누Vishnu 신도 모든 인도인의 마음속에 살아 있는 신으로 존재한다. 따라서 이런 인도인의 신 우상숭배 문화 속에서 스리 크리슈나는 5,000년 전 인간 세상에서 우리 인간의 삶을 주관하는 아버지요 어머니가 될 수 있었다. 그리고 이런 문화는 인도어로 박띠bhakti라는 말로 대신할 수 있는데, 박띠란 무조건적이며 정신적인 헌신의 사랑을 뜻하는 신애信愛를 뜻한다.

《스리마드 바가바탐Srimad Bhagavatam》을 읽어보면, 성자 나라다Narada Muni가 드와라카의 모습을 그린 문구를 볼 수 있다. 드와라카에서 스리 크리슈나 신의 모범적인 행위에 많은 감동을 받았던 나라다는 드와라카를 다음과 같이 기술한다.

"정원과 거리는 오색물감으로 수놓은 듯 화려한
색깔의 온갖 꽃들로 물들어 있었으며, 과수원에
도 여러 다양한 과일들이 열려 있다. 새들은 아
름다운 소리로 노래하며 공작새는 마음껏 날개
를 쭉 펴고 있다. 연못 위에도 파랗고 빨간 꽃들
로 가득 차 있으며 여러 종류의 백합들도 아름다
운 모습을 드러내고 있다.

우아한 자태로 떠있는 호수 위의 백조들의 노
랫소리는 아름다운 선율로 드와라카를 평온의
세계로 안내하고 있다. 이보다 더 구십 개나 되
는 성들은 저마다 아름다운 건축물로 드와라카
의 웅장함을 한층 더 빛내주고 있다. 특히 대리

《스리마드 바가바탐》
인도의 대표적 프라나Prana
(신화)인 《스리마드 바가바탐》
은 4개의 베다들과 그 외의 다
른 푸라나들의 저자인 스리 베
다 비야사가 쓴 것으로 알려져
있다. 비야사는 수많은 책을
쓰고 편집하면서도 마음의 평
화를 얻지 못하다가 이 스리마
드 바가바탐을 씀으로써 비로
소 자신이 평생을 열망하며 찾
아 헤매던 자유와 평화를 얻었
다고 한다.

석 성문과 은으로 도금된 문들로 이루어진 이 성들은 마치 천상 세계에
서나 볼 수 있는 성스러움과 우아함을 한껏 발하고 있다. 그 사이 아늑
한 주택들과 건물들, 그리고 일렬 선상으로 뻗어있는 많은 집은 이런 웅
장함과 어울려 드와라카를 한 폭의 그림으로 승회시킨다. 바로 이런 아
름다운 평온과 여유로움을 통해, 크리슈나의 왕국 드와라카의 번영을
예감하게 된다."

나라다는 자연의 아름다움을 통해 드와라카를 묘사하고 있다. 거

리 · 연못 · 호수 · 새 · 꽃 등은 이런 아름다움을 표출하는 요소다. 여기서 풍성한 자연의 아름다움과 도시의 정기는 이곳 사람들의 영적이고 충만한 정신 세계를 반영하고 있다. 활기차고 밝은 도시의 모습이 삶에 대한 그들의 행복과 편안함을 그대로 재현해주고 있다.

분명히 드와라카는 번영의 도시다. 많은 고서에서도 찾아볼 수 있듯, 이곳의 가옥들과 건물들은 금과 은으로 도금되어 화려하면서도 도도한 도시 분위기를 연출하고 있으며 아직도 이런 분위기는 그대로 보존되어 많은 이의 마음을 달래주고 있다. 당시 드와카라인은 파도가 낮게 일 때면 누구나 할 것 없이 금을 캐러 나갔다. 많은 천연 금광석이 묻혀 있기 때문이다.

이 소문을 들은 많은 사람은 광산을 캐기 위해 몰려들었고, 해안선을 따라 광부촌이 형성되었으며, 광산업은 당시 드와라카의 대표 산업으로 자리 잡게 된다. 이런 면에서 오늘날 인도 광산업의 유래는 스리 크리슈나 세대에서부터 시작되었다고 해도 틀리지 않다. 물론 지금은 대부분의 지역이 바닷속에 묻혀 있긴 하지만.

이제 스리 크리슈나의 일생을 살펴보자. 《스리마드 바가바탐》 경전에 의하면, "크리슈나는 1만 6,000명이나 되는 부인과 함께 세상에서 가장 아름다운 궁에서 살았다"는 데, 정확히 말하면 스리 크리슈나의 부인은 총 1만 6,108명이며, 그중 1만 6,000명과는 동시에 혼례식을 올렸다.

원래 그 여인들은 대지의 어머니의 아들인 바우마수라Bhaumasura

스리 크리슈나의 부인은 총 1만 6,108명이며, 그중 1만 6,000명과 동시에 혼례식을 올렸다.

의 감옥에서 풀려난 공주들이었다. 폭군인 바우마수라는 워낙 섹스를 즐기는 난봉꾼이라, 그는 이 여인들을 모두 강제로 데려와 자신의 성적욕구를 채웠다. 그러다가 크리슈나가 바우마수라를 죽이자, 이 젊은 여인들은 자청하여 자신들을 크리슈나의 아내로 받아달라고 간청했다. 하지만 비록 그녀들이 강압에 눌려 어쩔 수 없이 바우마수라의 성적 노리개로 살았다고는 하나, 당대 사람들에게 그녀들은 윤락녀와 다를 바가 없었다. 크리슈나는 그들을 진심으로 따뜻하게 받아주었다.

옛 고전에서도 "전지전능하고 의로우신 우리의 대 우주의 신인 크리슈나는 그 여인들의 소망을 들어주시며 그들과 혼례식을 올렸다"고 적혀 있다.

크리슈나가 1만 6,000명의 부인을 두었다고 해서 그의 애정 관계를 하렘Harem가의 남녀들과 같다고 생각해서는 안 된다. 단순히 성적 쾌락이나 성행위를 즐기기 위해서가 아니라, 크리슈나의 애정관은 범 세속적인 사랑 속에서 바라보아야 하기 때문이다. 즉, 그의 사랑은 모든 이를 똑같이 사랑하는 '신'의 관점에서 바라보아야 한다.

평생 방랑 생활을 했던 성자 나다라를 드와라카로 이끈 것도 크리슈나가 그녀들에게 베푼 사랑 때문이었다. 성자 나다라는 "크리슈나는 1만 6,000개의 작은 궁을 매일매일 찾아가 모든 부인을 즐겁게 해 주었다. 지칠 줄 모르는 에너지와 끝없는 열정과 힘은 어디에서 나오는 것일까? 아마도 그의 내면에 불멸의 에너지가 있는 듯하다"라고 말했다.

나다라의 말처럼 스리 크리슈나는 1만 6,000개의 궁에 살고 있는 부인들을 기쁘게 해 주면서도 자녀 양육, 집안 문제, 부인과의 애정 문제뿐만 아니라, 나라의 일도 완벽하게 해내는 신이었다. 특히 바쁜 생활 속에서도 정신 수양이나 예배 묵상을 기도에 가장 우선순위를 두어 매일매일 기도와 묵상으로 하루를 시작했으며, 나라의 일과 문제들을 논의하고 결정한 후, 밤이면 자신을 기다리고 있는 모든 부인에게 사랑을 나누어주고 다시 기도로 하루를 마감하는 그를 보면 누구나 입을 다물 수 없게 된다.

이렇게 한 남자가 어떻게 그 모든 여자와 사랑을 나눌 수 있었을까? 여기에 의문을 가지기보다는 어떻게 모든 부인에게 골고루 사랑을 나누어줄 수 있었을까를 생각해야 한다.

아마도 그것은 크리슈나가 그냥 평범한 사람이 아닌 '신'이었기에 가능했을 것이다. 모든 신은 자신을 숭배하는 사람들을 똑같이 사랑하지 않는가? 비록 인간의 모습으로 인간과 함께 살아가고 있지만, 그 안에 내재하여 있는 바다보다 깊은 사랑, 그리고 의지력과 불굴의 힘, 이것이 없다면 1만 6,108명의 부인에게 똑같이 사랑을 나누어줄 수 없었을 것이다. 신은 존재하는 모든 생명체와 일일이 완전한 관계를 맺는다. 그렇기에 그 각각의 생명체는 모두 자신이 신의 완벽한 사랑을 받고 있다고 느끼게 된다.

비슈누

보호의 신 비슈누는 아바타(화신)의 모습으로 하늘과 지상을 오갔다. 그는 친절하고 자비로운 신이었으며 부의 여신 락슈미를 부인으로 삼았다. 보호의 신이라는 이름에 걸맞게 인간들이 악마에게 위협을 받을 때면 언제나 아바타로 분扮하여 악마를 처벌했다. 비슈누의 아바타가 어떤 형상으로 나타났는지는 문헌마다 다르지만, 대부분 비슈누의 아바타는 열 개였다고 한다. 동물·인간·신 등으로 분하여 아바타의 대상도 다양했다. 물고기의 화신 마츠야Matsya, 거북의 화신 쿠르마Kurma, 멧돼지의 화신 바라흐Varah 같은 동물, 난쟁이 바마나Vamana 등 여러 개의 아바타를 가졌다. 그중에서도 가장 유명한 것은 일곱 번째의 화신인 라마와 크리슈나로 이 둘은 힌두 신화에서 중추적 역할을 한다.

수메르인의 문명은
우리의 현대 문명보다 앞섰는가?

출토 유물 중 우루크기(BC 3000~
BC 2800년경)의 문화가 수메르인
에 속한다는 것은 일반적으로 입
증되었다. 우루크기에 나타난 쐐
기문자의 원형인 고졸문자古拙文字
는 수메르인이 발명한 것이며,
BC 50년경까지 거의 3000년에
걸쳐 고대 오리엔트 전역에서 사
용되었다. 아카드인 · 아시리인 ·
엘람인 · 후르리인 · 히타이트인 ·
카시트인 · 우라르투인 등이 쐐기
문자를 사용한 주요 민족이다.

우리가 알고 있는 수메르인에 대한 모든 정보
는, "인류 최초의 문명인 수메르인은 BC
3200년경에 이미 문자를 발명하여 쓰고 있었
다"는 사실 뿐이다.

아시리아의 고도古都 니네베에 있는 아슈르
바니팔Ashurbanipal 도서관에서 2만 5,000장
정도의 문서를 영국의 고고학자 오스틴 헨리
레야드Austen Henry Layard(1817~1894년)가
1850년경에 발견하였고, 오늘날에는 그 글들
을 완전히 해독하게 되었다.

수메르인은 지금으로부터 5,000년 전에 이
미 글자를 발명하여 쓰고 있었고, 지금의 수
도 시설과 같은 배관 공사 시설이 가정마다
혹은 기관마다 갖춰져 있었다. 세계 최초로
인쇄(점토판)를 할 수 있었고, 금 · 은 · 동과
각종 보석을 세공하여 여인네들의 액세서리
로 사용하기도 했다.

또한 바닥에는 아스팔트를 깔아 어떤 수레
도 지나갈 수 있게 하였다. 사회 안전보장 제

도도 발달하여 가난한 사람이 전혀 없었다. 의사도 내과의사, 외과 의사, 치과의사로 구분되어 있었고 뇌수술을 시행할 수 있는 의사 까지 항상 대기해 있었다. 또한 현대 프랑스 요리에 맞먹는 고급 요 리가 발달하여 부유한 사람들과 신들은 이 요리를 즐겼다.

니네베 근처에서 고고학자들은 현대 컴퓨터 칩과 같은 칩을 발견 했고, 그들도 우리 정도 수준의 컴퓨터가 있지 않았나 하는 추측을 가능케 한다.

요하네스 구텐베르크가 처음으로 인쇄한 책은 무엇인가?

요하네스 구텐베르크Johann Gutenberg(?1398~ 1468년)가 기계 조작으로 인쇄하는 방법을 개발 하였으며, 이미 사용되고 있던 포도주와 종이 를 만드는 압축기의 원리를 이용하여 금속 활 자체를 만드는 획기적인 방법을 개발하였다.

그의 첫 번째 인쇄물은 1455년 '고딕체'라는 이름의 활자체로 인쇄한, 한 면에 42행이 들어 가는 《성경》책이었다. 한 권에 10달러 정도로 《성경》책을 찍어낼 수 있었다.

인쇄할 때 압축기를 사용한다는 것은 새로운

요하네스 구텐베르크
독일의 인쇄술 창시자 및 근대 활판인쇄술의 발명자다. 1450 년경에 인쇄공장을 만들어 인 쇄술을 발전시켰으며, 《구텐베 르크 성경》를 출판하였다. 구 텐베르크와 제자들에 의한 인 쇄술의 보급은 종교개혁과 과 학혁명을 촉진하였다.

사실이 아니다. 그러나 나무로 활자체를 깎아내는 데에는 무척 많은 시간이 소요된다. 그 이전에 《성경》은 언제나 손으로 쓰였고, 가격은 3만 달러 정도나 나갔다. 이 새로운 방법은 이미 만들어진 주물主物로 된 글자체 안에 용해된 금속을 부어 대량으로 활자를 찍어낼 수 있게 하였다. 구텐베르크는 또한 기름을 써서 만든 인쇄용 잉크를 개발하였다. 《성경》책을 만드는 것 이외에도 구텐베르크의 새로운 방법은 교회용 소책자 발간에도 이용되었다.

이 발명품을 개발하는 동안 구텐베르크는 극심한 경제적 어려움을 겪었다. 그는 상당한 액수의 돈을 빌릴 수밖에 없었는데, 특히 돈이 많은 금 세공업자이며 금융업자인 요하네스 퓌스트 Johann Fust에게 빚을 졌다.

퓌스트는 구텐베르크가 빚을 갚지 않자, 그가 구리를 이용하여 대량으로 부식 동판화를 재생산하는 작업에 몰두하고 있었을 때 소송을 걸었다. 재판 결과는 퓌스트에게 유리하게 나왔고, 아이러니하게도 구텐베르크는 자신의 발명품으로 《성경》을 인쇄하여 판매함으로

써 이익을 많이 본 사람이라는 판결이
나왔다.

구텐베르크가 인쇄한 《성경》 한 권이
1910년 경매에서 세계에서 가장 비싼 가
격인 250만 달러에 팔렸다.

세계에서 가장 오래된 금속활자 목판인
쇄물인 '직지심체요절直指心體要節'보다
138년 이상 앞선 것으로 추정되는 금속
활자 '증도가자證道歌字'다.

예수님은 과연 지옥에 내려갔는가?

이 질문은 교리적으로 논쟁이 되는 부분이다. 〈마태복음〉에 보면,
"요나가 밤낮 사흘 동안 큰 물고기 뱃속에 있었던 것 같이 인자도
밤낮 사흘 동안 땅속에 있으리라"(12:40)고 말한다. 그러나 〈누가복
음〉에는 "요나가 니느웨 사람들에게 표적이 됨과 같이 인자도 이 세
대에 그러하리라"(11:30)고 되어 있을 뿐 예수님이 땅속 깊은 곳(지
옥)에 내려갔다는 기록은 없다.

예수님은 지하에 사흘 밤이 아니라, 단지 이틀 밤만 있었기 때문
이다. 그는 첫 성 금요일 저녁에 무덤에 누웠다가 첫 부활절 일요일
아침에 일어났다. 아무튼 이 문제는 성경해석학에 있어서 난제에
속한다.

또한 〈베드로전서〉 3장 19절에서는 "그가 또한 영으로 가서 옥에
있는 영들에게 선포하시니라"고 되어 있다. 여기 '옥'은 단순히 타

"요나가 밤낮 사흘 동안 큰 물고기 뱃속에 있었던 것 같이 인자도 밤낮 사흘 동안 땅 속에 있으리라"는 말씀처럼, 우리의 죄를 짊어지고 십자가에서 받은 말로 표현할 수 없는 고통과 아픔을 경험하신 예수님이 우리가 가야 할 지옥에까지 내려가서 그 고통까지 우리를 위해서 경험하셨다.

락한 이 세상을 일컫는다.

제롬Jerome · 아우구스티누스 · 아퀴나스Aquinas 등은 예수 그리스도께서 십자가에 달려 죽임을 당하시는 고통을 당하셨으며, 심지어 노아 시대에 불순종했던 자들 곧 현재 옥에 있는 영들에게까지 그리스도가 주이심을 선포하는 것이라고 해석한다.

이런 학설 중에는 전통적으로 제롬 · 아우구스티누스 등의 학설이 가장 권위 있는 해석으로 인정되고 있는데, 이를 뒷받침해 줄 수 있는 근거는 베드로가 자신의 서신을 통해 말하고 있는 여러 가지 사실에서 찾아볼 수 있으므로 이 해석이 가장 타당하다고 볼 수 있다.

사도신경에 과연 예수님이 지옥에 내려가셨다는 말이 있는가?

예수님이 지옥에 내려가셨다는 말은 《성경》에는 없지만, 영문의 사도신경에는 "He descended into hell"이라고 되어 있다. 이것을 번역하면서 한글 사도신경에서는 빼버렸다.

교리사를 보면 사도신경에 수치스럽고 암울한 배경이 감추어져 있다. 사도신경은 '니케아 신조'나 '칼케돈 공의회'와는 달리 어느 한 시간에 의해 인정을 받거나 기록된 것이 아니라, 적어도 AD 200년에서 AD 750년 사이에 서서히 그 모습을 갖추게 되었다.

이 "He (Christ) descended into hell"이라는 문구는 AD 390년 루피누스Rufinus의 수정본 중에 나타났다가 삭제되었고, 그 후 AD 650년에 이 신경의 한 사본에서 다시 발견되었다. 루피누스도 이 구절을 예수님이 지옥에 내려가셨다는 의미보다 단순히 그가 장사하였다는 의미로 이해하였다.

Traditional Version

I believe in God the Father Almighty,

Maker of heaven and earth,

And in Jesus Christ, His only Son, our Lord;

Who was conceived by the Holy Spirit,

born of the virgin Mary,

suffered under Pontius Pilate,

was crucified, died, and was buried;

He descended into hell,

the third day He rose from the dead;

He ascended into heaven,

and sitteth at the right hand of the Father Almighty.

from thence he come again to judge the quick and the dead.

I believe in the Holy Spirit,

the holy catholic Church,

the communion of saints,

the forgiveness of sins,

the resurrection of the body,

and the life everlasting. Amen.

이것을 그리스어로 이해해 보면, 지옥이나 심판의 장소를 가리키는 게엔나Geenna가 아니라, 무덤을 의미할 수도 있는 하데스Hades로 쓰인 것만 보아도 단순히 장사되었다는 의미로 볼 수도 있다.

그러므로 AD 650년까지는 예수님이 지옥에 내려가셨다는 의미로 이 문구가 쓰이지 않았음을 알 수 있다. 아무튼 사도신경에서 "장사한지"라는 말 다음에 이 구절을 삽입한 실수는 AD 650년경에 어떤 사람에 의해 행해진 사건으로 볼 수 있다.

예수님이 지옥에 내려가셨다는 문장이 이렇게 사도신경에 삽입

된 이유는 예수님이 십자가에 달려서 받는 고통을 마치 우리가 받아야 되는 지옥의 고통을 겪으셨다는 의미로 이해될 수도 있다. 칼뱅도 역시 그의 강론에서 말하기를, 예수님이 지옥에 내려가셨다는 말은 단지 육신의 죽음에서 받은 고통뿐만 아니라, 하나님의 의로우신 심판과 진노를 누그러뜨리고 하나님의 분노를 그 몸에 감당하려는 방편이라고 말했다.

하이델 베르그 교리문답 44번에서도 보면, 예수님이 지옥에 내려가셨다는 말은 우리의 죄를 짊어지고 십자가에서 받은 말로 표현할 수 없는 고통과 아픔을 경험하신 예수님이 우리가 가야 할 지옥에까지 내려가서 그 고통까지 우리를 위해서 경험하셨다는 것을 나타내기 위해서라고 한다.

하와에게 접근한 뱀은 'Serpent'인가 'Snake'인가?

뱀을 《성경》에서는 두 단어로 사용하고 있다. NIV 버전에서는 'Snake'라는 단어를 쓰고 있고, 킹제임스 버전에서는 'Serpent'라는 단어를 사용하고 있다. 이렇게 각 버전에서 다르게 쓰고 있는 것을 보면 Serpent와 Snake의 차이는 별로 없는 것 같다.

이 예로 〈민수기〉 21장 6절에 보면, "여호와께서 불뱀들을 백성 중에 보내어 백성을 물게 하시므로"라고 되어 있는데, NIV 버전에

붉은 용Red Dragon
〈요한계시록〉 12장 3절에 나오는 사탄을 상징하는 동물이다. 구약성경에서는 하나님을 대적하는 사탄을 '큰 붉은 용'을 상징적으로 '라합'(욥기 26:12, 이사야 51:9)·'하마'(욥기 40:15~24)·'리워야단'(이사야 27:1) 등으로 표현한다.

가장 독이 강한 'Asp'로 이집트산 독사로 조그마하고 귀엽게 생겼지만, 한 번 물리면 3초 내에 호흡을 중단하게 된다. 윌리엄 셰익스피어의 《안토니우스와 클레오파트라》에서는 38세의 늙은 클레오파트라는 BC 31년 9월 2일 악티움에서 패하고 옥타비우스를 유혹했지만 실패하자, 항상 조그마한 상자에 가지고 다니던 독사 'Asp'로 목에 물게 해서 자살을 하였다.

서는 'Snake'를 사용하고 있고, 킹제임스 버전에서는 'Serpent'를 사용하고 있다. 〈고린도전서〉 10장 9절에서도 보면, "그들 가운데 어떤 사람들이 주를 시험하다가 뱀에게 멸망하였나니 우리는 그들과 같이 시험하지 말자"라고 되어 있는데, NIV 버전에서는 'Snakes'로 쓰고 있고, 킹제임스 버전에서는 'Serpents'로 쓰고 있다.

하지만 〈창세기〉에서 보면, 인류 조상의 어머니인 하와를 유혹한 뱀은 NIV 버전이나 킹제임스 버전에서 'Serpent'로 쓰고 있는 것으로 보아 평범한 뱀 이상의 뱀을 의미하는 것 같다(3:1). Serpent는 큰 용-The Great Dragon, 즉 사탄을 의미하고 있는 것 같다.

# 태양은 과연 기브온 위에 열두 시간 동안 머물러 있었을까?

가나안 점령을 감행한 여호수아와 이스라엘 백성에게 여리고 성과 아이 성과 더불어 몇몇 힘센 부족은 칼 한 번 휘둘러보지 못하고 항복하고 만다. 참으로 치욕스러운 일이 아닐 수 없었다. 그러나 항복 후 그들의 말로는 더욱 비참했기에 그 외의 많은 가나안 부족은 선뜻 항복할 수도 없었다. 그리하여 예루살렘의 왕 아도니세덱Adoni-Zedek의 지휘 아래 다섯 지역의 왕은 함께 모여 언제나 뜻을 같이하기로 하며 유대인과 맞서서 싸우기로 하고 친선 동맹을 맺었다. 그들은 각 군대를 거느리고 올라와 기브온을 공격하기 위해 진군하기에 이르렀다.

진퇴양난에 빠진 기브온의 왕은 밀사를 보내어 여호수아에게 도움을 청하였다. 전갈을 받은 여호수아는 막강한 군대를 이끌고 가나안 동맹군이 눈치 채지 못하게 기브온에 도착하였다. 그리고 다섯 왕이 이끄는 무리를 맞이하였다. 여호수아가 와 있을 거라고는 생각지 못했던 다섯 왕은 싸움도 하지 못한 채 다투어 도망가기 시작했다. 다섯 왕은 도망가다가 동굴에 숨어서 목숨을 건지려 하였다. 그리고 뒤쫓아 오는 유대인 군사들이 제발 자신들을 못 보고 지나쳐 주기를 간절히 바랐다. 그러나 어디에선가 커다란 돌덩이들이 굴러 와 동굴의 입구를 막아버렸다. 동굴 안은 이제 감옥이나 다름없었다.

니콜라 푸생Nicolas Poussin의 〈여호수아의 아모리 족 정복〉(1624년)
아모리 족은 그야말로 가나안 족속 중에 대표적인 족속이다. 그 당시에 명성을 떨치던 아모리 왕 시혼과 바산 왕 옥의 땅을 이스라엘은 빼앗는다. 이 전쟁은 이스라엘 백성의 전술이나 무술이 뛰어나서 이긴 것도 아니고 군사가 많아서 이긴 것도 아니다. 전적인 하나님의 도우심이었다.

한편, 동맹군 군사들은 이 싸움이 그들의 자유와 독립을 지켜줄 수 있는 마지막 싸움이 되리라고 생각하였기에 필사적으로 유대인들과 맞서 싸웠다. 게다가 힘겹지만 몇 시간만 버티면 곧 태양이 지고 어두워질 테니 그때 도망가면 죽음은 면할 수 있을 거라고 생각했다.

여호수아에게 있어서 이 싸움은 중요했다. 이 싸움에서 패전하면 모든 것을 잃을지도 모르는 일이었다. 그래서 여호수아는 다시 하나님께 구원해 달라고 간절히 기도하였다. 그 결과 하나님은 태양이 기브온 군사들 머리 위에 머무르게 하고, 달은 아얄론 골짜기에만 있게 해주었다. 그리하여 여호수아가 구원의 기도를 한 그 시각부터

12시간 동안 태양은 중천에 머물러서 지지 아니하였고, 유대 군사들은 아무런 문제 없이 동맹군들의 공격을 물리칠 수 있었다.

마침내 유대 군사들이 승리를 거두자 태양은 서서히 지기 시작했다. 이것은 유대인이 가나안 전 지역의 새 주인이 된다는 것을 의미한다.

천문학자 칼 에드워드 세이건Carl Edward Sagan은 오늘날의 여호수아라면, "태양아 서라"고 말하지 않고 "지구야 서라"고 말할 것이라고 했다. 성경주석학자 헨리 햄프턴 핼리Henry Hampton Halley는 태양이 정지했는지 전혀 알 길이 없다고 하였다.

이렇듯 이 사건에 대해서 여러 가지 학설이 많지만, 우리는 여기서 그의 백성을 돕기 위해서 여호수아의 외침에 응답하신 하나님의 자비하신 모습을 엿볼 수 있다.

〈여호수아〉 10장 13절에 이 책의 이름이 나온다. 야살의 책Book of Jashar은 히브리어로 '의로운 자의 책'이란 의미가 있는데, 여기에는 이스라엘 민족의 역사상 위대한 영웅의 공적과 의미 있는 사건

들이 시적인 표현으로 기록되었다. 이 책에는 이스라엘 전쟁사나 고대 영웅들의 무용담(사무엘하 1:18)이 수록되어 있다.

이 책의 기록은 솔로몬 시대로 추측되지만 불확실하며 오늘날 보존되고 있지 않은 고대 문서 중의 하나다. 그러나 이 책이 주는 의미는 《성경》의 기사나 내용은 후대에 인간이 꾸며낸 가상적인 기사나 허구가 아니라, 실제 있었던 역사적 사건이라는 점이다.

노아의 방주는 찾을 수 있을까?

《성경》에서 가장 유명하며 사랑을 받는 중요한 이야기 중의 하나인 노아의 방주는 오랜 세기를 통해 많은 학자의 끊임없는 연구 대상이었다. 〈창세기〉는 "방주가 아라랏 산에 머물러 있었다"(8:4)고 전

한다.

그렇다면 아라랏 산은 어디에 위치해 있을까? 아라랏은 우르 왕국의 히브리식 이름이며, 지금은 아르메니아로 알려진 아시리아 북쪽의 산간 지역에 위치해 있다. 현재 이 이름은 이란의 국경, 동서부 터키에 솟아있는 두 산봉우리를 지칭하는 말이 되었다.

BC 3세기경에 베로수스Berosus라는 성직자가 바빌로니아 홍수 이야기에서 묘사된 배가 있었던 장소를 아르메니아인들이 알고 있었다고 주장했는데, 그들이 부적을 만들기 위해 암갈색의 조각을 이 배에서 떼어냈다고 하였다. 기원후 시대에는 아라랏 산 근방에 있는 수도원의 수도사들이 방주의 유물이라고 스스로 일컫는 것을 전시했었다.

근대에도 탐험가들은 방주가 산꼭대기에 자리해 있었다는 증거를 찾으려고 애쓰고 있다. 그리고 이들은 수 세기 동안 이 노아의 전설적인 배를 실제로 눈으로 확인하고 만지기까지 했다고 주장하는 사람들 때문에 용기를 잃지 않고 그 일을 계속하고 있다고 한다. 반면 이런 보고는 경험을 했다는 당사자들보다는 이야기를 전해 들은 사람들의 경우가 많았다.

그중 하나는 인도 남쪽에 있는 말라바르Malabar 네스토리안Nestorians 감리교 교회 수장이었던 아르치디콘 누리의 보고서다. 그는 1887년 아라랏 산에 올라가 길이가 274미터에 높이가 30.4미터가 되며 선체의 반이 눈으로 뒤덮인 배를 발견했고, 그 배 위에 올라가기까지 했다고 주장했다. 누리는 그가 그 커다란 폐선의 선체

아라랏 산
노아의 배가 이 산에 머물러 있었다고 《성경》은 말한다.

를 인양해 시카고에서 개최되는 콜롬비아 전람회에 가져갈 수 있다고 투자가들에게 큰소리 쳤지만, 터키 당국이 그의 모든 수고를 무산시켰다.

1955년에는 프랑스의 기업가 페르난도 나바라Fernando Navarra가 탐험을 재시도하여 아라랏 산 3,962미터 위에 있는 얼음덩이에서 찾았다고 하면서 손으로 깎은 나무판자를 가지고 내려왔다. 전문가들은 그 나무의 특이한 색깔이나 재료로 보아 5,000년 이상 된 것이라고 결론을 내렸고, 이것은 《성경》에서 말한 시기와 일치하였다. 그로 말미암아 의기양양해진 나바라는 책을 발간해 자신의 대발견을 세상에 알렸는데, 그 영어판이 《금지된 산Forbidden Mountain》이다. 그러나 과학자들이 탄소 14 방법으로 연대를 측정하자, 이 나무의 연대는 고작해야 중세기 초라고 판명되어 노아의 방주와는 시기가 맞지 않는 것으로 드러났다.

아직도 탐사는 계속되고 있다. 탐험가들은 해를 거듭할수록 바위의 형성을 실험하고, 재료로 쓰인 나무를 찾아 헤매는 등 사라진 방주를 찾아낼 수 있으리라는 희망을 버리지 않고 있다. 그러나 그 훗날(2009년)에 와서는 많은 고고학자나 신학자는 노아의 홍수 때를 약 8만 년 전으로 보고 있다.

홍수 이야기

이 유명한 홍수 이야기는 구약성경에 있는 것으로, 하나님이 사람의 죄악이 이 세상에 가득함을 보고 인류를 멸망시키기 위해 150일

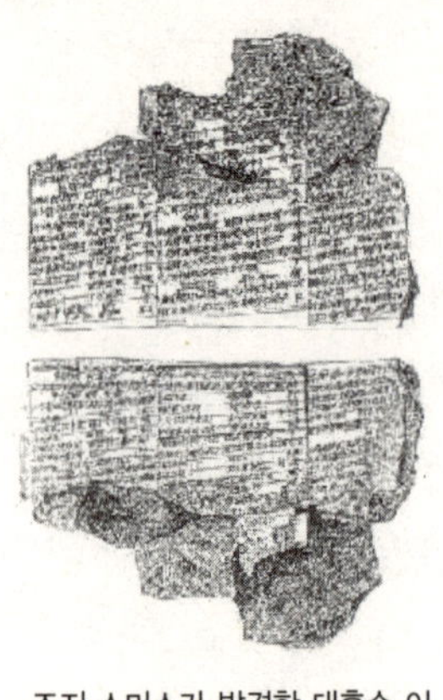

조지 스미스가 발견한 대홍수 이
야기가 기록된 점토판의 일부.

간에 걸쳐 온 세계를 물로 가득 차게 했다는 내용이다.

그런데 1872년 대영 박물관의 조지 스미스George Smith가 메소포타미아의 니네베(현재 티그리스 강 좌안)에서 발견한 점토판으로부터 "니시르 산에 배가 닿았다"라고 쓰인 설형문자를 발견했다. 해독에 의해 그것이 《성경》의 홍수 전설과 상당히 유사한 것으로 밝혀졌다. 또한 메소포타미아에서 가장 오래된 수메르어의 해독이 진척됨에 따라 BC 3000년경부터 같은 전설이 이 지방에 있었던 것도 알았다. 이런 점으로 홍수 전설은 이후 메소포타미아에 침입한 여러 민족에게 이어져 내려왔고, 히브리 신화에도 삽입되었으며, 구약성경에도 정착된 것으로 확실해졌다.

그러면 이와 같은 대홍수는 실제로 있었던 것일까? 홍수 전설이 생겨난 메소포타미아는 티그리스 강과 유프라테스 강 유역에 있는 지역으로 고대로부터 홍수가 잦았던 곳이다. 더구나 1910~1930년대의 고고학 발굴 조사는 남부의 우르(Ur : 유프라테스 강 하류에 있었던 고대 바빌로니아의 도시) 유적 등에서 두께 3미터의 점토층을 발견함으로써 대홍수가 BC 4000년경에 있었으리라고 하는 것은 전설에 불과하다는 것을 알게 되었다. 그러므로 훨씬 더 고대로 올라가야 할 것 같다(만약에 아담의 창조가 10만 년 전에 이루어졌다고 가정한다면…).

노아의 방주 이야기

노아의 방주는 대홍수 동안 노아와 그의 가족이 지낼 수 있도록 만들어진 배라고 한다. 흔히 항해하는 배로 묘사되는 이 방주는 사실은 그 기능이 단지 물 위에 떠 있는 것이었지 항해나 여행을 위한 것이 아니었다. 나무로 만들어진 이 방주는 꽤 큰 배였는데, 그 길이가 3백 큐빗·넓이 50큐빗·높이 30큐빗으로, 미터로 고쳐보면 137미터·23미터·13미터가 된다.

이처럼 거대한 방주에 노아와 그의 아내, 아들들인 셈·함·야벳과 세 며느리가 타고 또 육지에 사는 모든 짐승, 땅에 기는 모든 벌레와 공중을 나는 모든 새가 종류대로 암수 두 마리씩 태워졌다. 이것을 현대식으로 나타내면 포유동물 5,000종·새 1만 5,000종·뱀 3,000종·거북이 300종·연체동물 1만 종·원생동물 1만 5,000종·곤충 75만 종이나 된다. 더구나 이 모든 동물이 각 암수 두 마리씩이라면 어떻게 그 좁은 노아의 방주에 다 들어갈 수 있었을까?

노아의 방주는 완벽한 선박

〈창세기〉에 나오는 노아의 방주가 조선공학적으로도 매우 안전한 선박이었다는 실험결과가 나왔다. 300여 명의 크리스천과학자로 구성된 한국창조과학회의 의뢰를 받아 정부투자기관인 해사기술연구소의 홍석원 박사팀이 1992년 6월부터 조선공학적 측면에서 연구한 결과 노아의 방주는 현대 조선공학기술로 건조된 어떤 선박보다도 안전한 것으로 판명됐다.

이 팀은 《성경》에 나오는 방주의 치수를 50분의 1로 축소한 모형을 제작하고 노아의 방주와 같은 부피를 가지면서 길이·폭·높이의 비율이 다른 13척의 각종 선박을 만들어 구조 안정성·복원 안정성·파랑 안정성에 대한 상대적인 비교 평가 실험을 수십 차례 실시했다. 실험 결과 파도의 높이가 43미터 이하라면 배에 실려 있는 사람과 화물, 각종 구조물의 안정성을 측정하는 파랑 안정성에 전혀 문제가 없는 것으로 나타났다.

 예수님이 최후의 만찬 때 사용했던
잔은 누가 소장하고 있는가?

“또 떡을 가져 감사기도 하시고 떼어 그들에게 주시며 이르시되 이것은 너희를 위하여 주는 내 몸이라 너희가 이를 행하여 나를 기념하라 하시

미국 뉴욕 시 센트럴 파크의 메트로폴리탄 미술관에 있는 6세기의 안디옥 성배.

예수님의 피가 묻어 있는 잔은 지금 어디에 있을까? 이 잔의 역사는 깊다. 1910년, 안디옥에 있는 성당의 폐허에서 잔을 발견했는데, 이것은 예수님이 최후의 만찬 때 사용한 그 잔이라고 학자들은 말한다. 잔은 순수한 은으로 되어 있는데 바깥쪽에는 예수님과 열두 제자의 모습이 정밀하게 새겨져 있다. 조각의 기술은 1세기 것으로 추측된다.

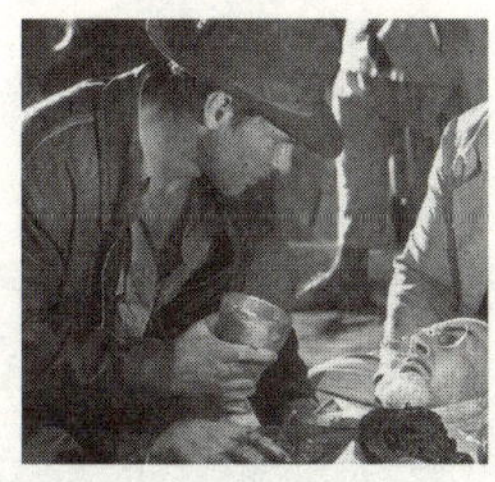

영화 〈인디아나 존스 – 최후의 성전〉(1989년)의 한 장면
관문 세 개를 무사히 통과한 인디아나 존스는 성배를 찾는다. 그 성배로 아버지에게 물을 마시게 하여 아버지를 살린다.

최후의 만찬의 장소는 《성경》에서 마가의 어머니의 집이라고 전한다. 마가는 자주 안디옥에 갔었다. 예루살렘이 멸망한 후에 안디옥은 기독교의 중심이 되었다.

그리스도인에게는 말할 수 없이 귀중한 이 물건은 안디옥 교회에 보관되었다가 그 교회가 파괴되자 매장되었다가 최근에 발견되었다. 이것은 뉴욕의 파힘 코작지Fahim Kouchakji가 소유하고 있는 것으로 알려졌다. 그러나 지금은 누가 소장하고 있는지 알 수 없다.

 # 에덴동산은 실제로 존재했는가?

'에덴'이라는 단어의 어원을 히브리어에서 찾아보면 '기쁨의 동산'이고, 이는 '낙원'과 동일시하는 전승을 낳게 했다. 〈창세기〉에서 에덴이란 단어는 단수로 13번 쓰였는데, 위치를 가리키는 불분명한 형태다.

옛 전승에 의하면, 에덴에 근원을 둔 강은 에덴으로부터 한 줄기로 흐르다가 네 줄기로 갈라진다. '힛데겔'이란 이름은 구약에 단

페테르 파울 루벤스Peter Paul Rubin의 〈에덴동산과 인류의 타락〉(1617년)
창조 신화에 등장하는 이 정원은 기독교가 세계적으로 전파되면서 가장 잘 알려진 존재가 되었고, 오늘날에는 낙원의 대명사로써 사람들에게 전형적인 낙원상으로 인식되었다. 〈창세기〉의 창조 이야기를 보면, 네 줄기의 강(피손, 기혼, 티그리스, 유프라테스)과 근처의 세 지역(하윌라, 에티오피아, 아시리아)을 언급하면서 정원의 지리적 위치가 나와 있다.

한 번밖에 나오지 않지만, 분명히 티그
리스 강이다. 그리고 네 번째의 강 '유브
라데'는 유프라테스 강을 의미한다. '비
손'은 구약에서 단 한 번만 나오는 이름
인데 '솟다'를 의미하는 '푸스'에서 유래
된 것 같다. '기혼'은 '분출하다'는 뜻을
가진 어근 '고아흐'에서 파생된 호칭일
수도 있다.

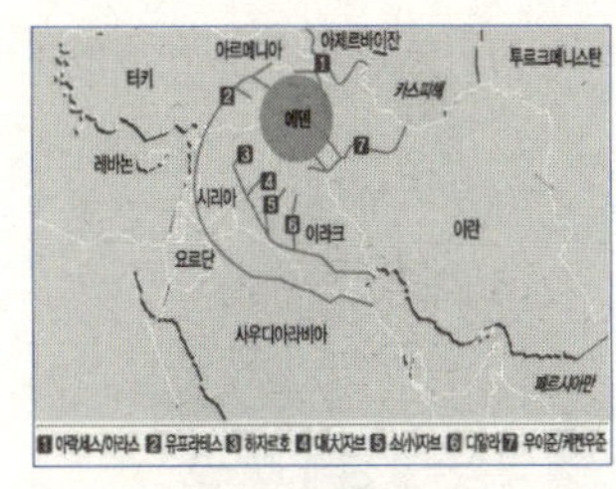

고대 사학자 데이비드 롤David Rohl 박
사는 에덴은 고대 아르메니아 지역에 자
리 잡고 있었다고 밝혔다. 그 중심부에
는 반호와 우르미아호 분지가 있고, 《성
경》에서 아라랏(아시리아어로는 우라르투)
이라고 부르는 지역이라고 하였다.

　　에덴동산Eden of Garden에서 발원한
강들은 하나님의 보좌에서 흘러나오는 생명 강수라고 할 수 있다.
그리고 비손은 차고 넘친다, 기혼은 흘러나온다, 티그리스는 급류,
유프라테스는 아름다운 강이란 의미처럼 각 단어에서 보여주듯이
성령의 성질을 나타낸다.

　　에덴동산은 지금의 이라크나 아마도 시리아 근처가 아닐까 하며
많은 학자는 의견을 모으고 있다.

미켈란젤로는
왜 뿔 달린 모세를 조각했는가?

〈출애굽기〉 34장 29~30절을 보면, "모세가 그 증거의 두 판을 모세
의 손에 들고 시내 산에서 내려오니 그 산에서 내려올 때에 모세는

부오나로티 미켈란젤로Buonarroti
Michelangelo의 〈뿔이 달린 모세〉 조각상
고대로부터 뿔은 힘과 권력을 상징했다.
이는 자연계에서 흔히 있는 것으로 산
양·사슴의 뿔이 클수록 더 큰 권력을
가질 수 있었다. 이것은 동물 세계에만
있는 것이 아니다. 주술사나 제사장 그리
고 왕들에게 이르기까지 인간 권력 상징
역시 뿔로 대변되는 경우가 많다. 하지만
모세에게 달린 뿔은 《성경》의 오역에서
비롯되었다.

자기가 여호와와 말하였음으로 말미암
아 얼굴 피부에 광채가 나나 깨닫지 못
하였더라 아론과 온 이스라엘 자손이 모
세를 볼 때에 모세의 얼굴 피부에 광채
가 남을 보고 그에게 가까이 하기를 두
려워하더니"라는 말씀이 있다.

여기 "광채가 났다"는 말은 히브리어
로 garan 혹은 karon으로 '광채가 튀어
나오더라'는 뜻이거나 '빛을 앞으로 내
보낸다'는 뜻이다.

뿔이라는 단어의 히브리어는 'geren'
이다. 그래서 라틴어로 구약을 번역한《불
가타 성경》은 이 부분을 "guod comuta
esset facies sua(그 얼굴에 뿔이 돋아 있었
다)"라고 번역하였다. 보통 《성경》에서
뿔이라는 단어는 힘이나 권력을 나타내
는 말로 자주 사용하였다. 그래서 중세의
예술가들은 이 모세의 머리에 힘을 상징
하는 뿔을 그림이나 조각상에 달았다.

《성경》을 잘못 해석하면 작품도 달라진다

많은 중세 예술가는 모세를 그릴 때 머리에 뿔이 솟아나 있는 모습을 그렸다고 한다. 로마의 성 베드로 성당에 있는 미켈란젤로Michelangelo의 걸작인 거대한 〈모세상〉도 뿔을 달고 있는데, 이 조각상은 교황 율리우스 2세Julius II의 호전적인 용기를 기념하여 그의 무덤에 세워놓기 위해 만들어졌다.

이 상에 표현한 것은 모세가 시내 산에서 내려왔을 때 이스라엘 백성이 우상숭배에 빠져 있는 것을 보고 노했으나 그것을 억제하고 있는 모습이다. 비록 이 뿔이 그 의도를 더욱 잘 드러내긴 하였지만, 사실은 《성경》 구절을 잘못 번역해서 생긴 실수라고 한다.

응! 나도
너무 궁금해
이 한 권마스 트하면
바이블 지식 달인 되겠어.
같이 《질문하는 바이블》에
빠져보자구!
스리 크리슈나는
정말 대단했어!
1만 6,000명의 여자를 거느리고….
점점 재미있어 지는 걸
다음 장에는
무슨 내용으로 펼쳐질까?

제5장 알쏭달쏭한 성경 이야기

이제 성경 읽기가 재미있다!

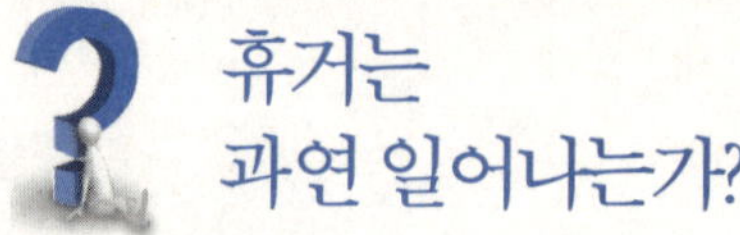

휴거는 과연 일어나는가?

Rapture(환희, 휴거)와 Rape(강간)은 모두 라틴어의 Seized(소유, 점유)를 나타내는 'Rapio'에서 유래되었는데 '정복하다', '흥분되다'의 의미가 있다. 그래서 사람들은 아름다운 광경을 보거나, 매혹적인 여성을 보면서 마음속으로 환희를 느끼는지도 모른다.

《성경》에서 휴거라는 단어는 찾아볼 수 없다. 그러나 이 말은 예수 그리스도께서 재림하실 때 공중 들림을 받는다는 의미로 쓰기도 한다. 이 시기는 아마도 예수 그리스도가 재림하여 지상을 통치한다는 신성한 천 년간을 의미하는 밀레니엄 이전에 혹은 대환란 Tribulation 이후가 될 것 같다.

이 같은 휴거의 모형으로 우리는 구약 시대 에녹의 승천(창세기 5:24)과 엘리야의 승천(열왕기하 2:11)을 들 수 있으며, 신약시대에도 예수 그리스도의 부활과 승천, 일곱 집사 중의 한 사람인 전도자 빌립의 경험(사도행전 8:39~40), 사도 바울의 경험(고린도후서 12:1~4)을 예로 들 수 있다.

휴거揚擧 신자들은 돌아가 휴거休居했다
다미선교회는 1992년 10월 28일이 '천년 왕국'의 문이 열리는 날이라고 했다. 그래서 공무원과 교사, 대기업 간부가 직장과 가족을 버렸다. 하지만 그들의 말처럼 그날에 휴거되는 일은 없었다. 세계의 눈에 비친 서울은 웃음거리밖에 되지 않았다. 그날은 《성경》에 하나님만 아신다고 했다.

이 중에서도 특히 예수 그리스도의 부활과 승천은 우리가 취할 수 있는 가장 전형적인 휴거의 모형이다. 왜냐하면 그리스도께서 부활하신 후 변화된 몸으로 제자들에게 나타나신 일(요한복음 20:19, 26)과 40일 후에 승천하신 일(누가복음 24:50~51, 사도행전 1:9~11)은 종말에 있을 죽은 신자들의 부활(고린도전서 15:16)과 살아 남아 있는 신자들의 변화(51~53절) 및 휴거(17절)를 미리 보여주는 대표적 사건이기 때문이다.

금식은 왜 하는가?

음식을 먹지 않는다는 것은 결국 죽음을 의미한다. 그러므로 금식 Fasting은 우리가 죽음에 이르도록 우리 육체의 고난을 통해서 마음과 몸을 하나님께 바친다는 의미가 내포되어 있다. 또한 우리가 죽을 각오가 되어 있다는 뜻도 된다.

"그리스도께서 이미 육체의 고난을 받으셨으니 너희도 같은 마음으로 갑옷을 삼으라 이는 육체의 고난을 받은 자는 죄를 그쳤음이니 그 후로는 다시 사람의 정욕을 따르지 않고 하나님의 뜻을 따라 육체의 남은 때를 살게 하려 함이라"(베드로전서 4:1~2)

금식이라는 적은 고통을 우리가 이길 수 있는 근거는 예수님께서 이미 육체의 고난을 받으셨기 때문이다. 즉, 그리스도께서 당하신

육체적인 고난을 우리 믿는 자들에게 필수적으로 혹은 자발적으로 취하게 함으로써 고통을 통한 훈련으로 그보다도 더 큰 고통이 온다 하더라도 예수님처럼 감당할 수 있게 하기 위해서다.

구약시대의 금식

금식은 강한 비탄의 감정을 표현하는 방법이기도 했다. 그것은 비애·회개·간절한 탄원과 관련된다. 금식은 개인으로서나 공동체적으로나 모두 자발적으로 행하는 것이었는데, 바빌로니아 포로시대 이후부터 유대교는 해마다 정기적으로 지키는 공동체적 금식 의식으로 발전시켰다.

느헤미야는 예루살렘의 멸망 소식을 듣고 수일 동안 슬퍼하며 하나님 앞에 기도했다(느헤미야 1:4). 다니엘도 금식하며 베옷을 입고 재를 덮어쓰고 하나님께 기도했다(다니엘 9:3).

느헤미야는 구약성경에 나오는 BC 450년 무렵의 인물이다. 페르시아의 포로 시절에는 왕의 신임을 받은 시종(侍從)이었고, 포로의 몸에서 벗어나 예루살렘에 돌아와서는 훼손된 성전을 재건하고 이스라엘 종교의 순수성을 보존하기 위한 종교적 개혁에 힘썼다.

신약시대의 금식

예수님은 영적 위기를 당했을 때 금식하셨다(마태복음 4:2, 마가복음 1:13). 또한 엄숙하게 기도할 때, 특히 교회에서 장로를 택해 세우는 일과 연관되기도 하였다(사도행전 13:2~3, 14:23). 사도 바울은 편지에서 간혹 이 단어는 먹을 것이 없어 굶었을

페테르 파울 루벤스Peter Paul Rubens의 〈사자 굴 속의 다니엘〉(1613~1615년)
다니엘은 구약성경 〈다니엘〉서에 나오는 이스라엘의 예언자다. 경건함과 지혜로움으로 유명하다.
바빌로니아의 포로가 되었으나 이교의 박해와 싸워 유대의 종교적 전통을 잘 지켰다.

때 사용하기도 하였다(고린도후서 6:5, 11:27). 교회는 바울과 바나바를 첫 번째 전도 여행을 보낼 때 금식하며 기도하였고, 바울과 바나바도 그들이 세운 교회를 찾아다니며 금식기도하며 직분자를 세우기도 하였다(사도행전 14:23).

이처럼 금식은 시대 속에서 그리스도인 사이에서 훌륭한 경건 훈련으로 인정받게 되고, 시간이 갈수록 금식에 관한 언급이 신약성경에 점점 더 많이 나타나고 있다.

금식할 때 주의해야 할 점

금식은 내 육체적인 고통이 죽기까지 내려갈 수도 있기 때문에 하나님은 금식으로 죽게 되는 사건을 원치 않으신다. 그러므로 오랫동안 금식할 때는 의사의 진단이 필요하다. 나의 몸의 신진대사 활동이 어떤가를 미리 진단해서 어느 한도 내에서 금식을 해야 한다. 전혀 물을 마시지 않는 금식은 매우 위험하다.

 복음서는 누구를 위해서 기록되었는가?

궁극적으로는 모든 인류를 위하여 기록되었지만, 처음에는 어떤 교회나 개인을 위하여 쓰였다. 〈마태복음〉은 원래 예루살렘에 있는 교회와 유대인을 위해서 기록되었지만, 이것을 다른 교회에서 복사해 가기도 하였다. 〈마가복음〉은 로마에 있는 교회와 로마인들을 위하여 기록된 것 같다. 사본을 다른 교회에 보냈다. 〈누가복음〉은 헬라인들을 위해서 기록되었다. 〈요한복음〉은 원래 에베소 교회를 위하여 기록된 것 같다.

하나님은 모든 세대의 온 인류의 사용을 위하여 《성경》의 저자들에게 그가 원하시는 대로 정확히 기록하도록 감화를 주셨으나, 그들은 자료 선택에서 영향을 받은 것 같다.

저자들의 개성

저자들은 마음속으로 독자를 생각하고 있었지만, 그들의 개성은 글에 큰 영향을 주었다. 그들은 한 사람이 어떻게 살았고, 무엇을 말했고, 무엇을 행동했는지를 기록했으나 각자 자기 방법대로, 특히 자기가 좋아하는 것을 기록하여 차이가 생겼다. 이것을 유기적 영감론이라 하

🔍 마태

레위 지파의 후손인 알패오의 아들이다. 본래 이름이 '레위'('연합하다'라는 뜻)인 그는 그의 이름대로 세상과 야합하여 생활하였다. 재물에 대한 욕심이 특별히 많았던 그는 선민으로서의 긍지를 갖기보다는 자신의 욕심을 채우기 위해 수단과 방법을 가리지 않았으며 후에 예수님의 부름을 받고 그 인생이 반전되는 상황을 맞는다.

🔍 마가

예루살렘의 부유한 레위 가정에서 태어났다. 본래 유대식 이름은 '요한'이지만 '마가'라는 로마식 이름으로 더 잘 알려진 그는 일찍이 아버지를 잃고 편모슬하에서 성장하였다. 어머니 마리아는 신실한 신앙인이어서 그의 집을 방문한 사도들과 교제하는 가운데 마가의 마음에는 신앙이 자연스럽게 뿌리내리기 시작하였다(사도행전 12:12, 골로새서 4:10). 특히 외삼촌인 바나바에게서 많은 영향을 받은 마가는 베드로에 의해 변화된 것으로 여겨진다(베드로전서 5:13 참조).

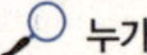

누가

수리아의 안디옥에서 출생한 이방인이었던 '누가'('빛을 주는 자'라는 뜻)는 바울로부터 감화를 받은 것으로 알려진다. 새롭게 거듭난 누가는 육신의 질병을 치료하는 의사에서 병든 영혼에 치료의 광선을 전해주는 의사로 변화되었다. 그 후 누가는 의료 활동을 통하여 수입을 보장받을 수 있는 안정된 환경을 박차고 바울을 따라 나섰다.

요한

예수님은 요한과 그 형제 야고보를 '보아너게' 곧 '우레의 아들'이라 부르셨다(마가복음 3:17). 이 형제들의 활화산 같은 성품은 주님에게 겸손하지 못한 사마리아인에게 불을 내리기를 원했을 때 잘 나타났다. 또 이 형제는 앞으로 올 왕국에서 높은 자리 둘을 달라고 예수께 간청하는 절제 없는 야망을 갖기도 했다.

며, 이 견해를 개혁신학은 표준으로 삼는다.

복음서 상호 간의 모순

오늘날의 많은 학술 논문에서 사복음서는 "모순이 많다"고 논평한 것을 읽었을 때 놀라지 않을 수 없었다. 그들이 '모순'이라고 지적한 것을 보면 그들의 '학문'을 의심하게 된다. 같은 사건을 기록할 때 세부적인 것에 약간의 차이가 있는 것은 각 저자의 증언이 더욱 진실함을 보여준다. 이것은 저자들이 사전에 타협하지 않았음을 나타내기 때문이다.

예수 그리스도의 탄생을 예언한 책이 있는가?

메소포타미아 남부 수메르의 우루크Uruk 시의 왕인 길가메시Gilgamesh 는 바빌로니아의 최대 장편 서사시의 주인공이다. BC 2750년경에 쓰인 이 시는 12편으로 되어 있고 고대 오리엔트에 널리 행해진 것으로 사본과 이본도 많다. 이 시는 전설적인 인물 길가메시가 환상을 보고 썼다고 하지만, 어쨌든 전해 내려오는 최대의 영향력을 가진 시라고 한다.

길가메시의 서사시가 쓰인 설형문자판 위에는 바빌로니아의 큰 홍수는 신이 이 땅을 파괴하기 위해 보낸 것이라고 쓰여 있다. 이 판에는 인류를 구원할 그리스도의 탄생에 관해 기록되어 있다고 한다. 그리고 그리스도의 탄생 380년 전에 살았던 그리스의 철학자 플라톤Platon(?BC 428~?347년)도 절대 왕이 태어나 죄인으로 십자가에서 못 박혀 죽으리라고 예언하였다.

이사야는 예수가 탄생하기 700년 전에 비아 돌로로사Via Dolorsa를 환상으로 보았다(이사야 53장). 이 수난의 길에 대한 그의 서사시는 존 밀턴John Milton의 《실낙원》, 호메로스Homeros의 《오디세이》, 알리기에리 단테Alighieri Dante의 《신곡》 그리고 셰익스피어의 모든 시보다 더 높은 경지에서 인간의 심금을 올리고 있다.

길가메시의 서사시가 쓰여 있는 설형문자 점토판에는 홍수 전설이 기록되어 있다. 우트나피슈팀Utnapishutim이 길가메시에게 들려준 홍수 이야기는 노아의 홍수 이야기와 같은 내용이다. 이 점토판은 아슈르바니팔의 도서관을 1849~1851년까지 조사했는데 그때 발견된 3만 5,000장의 점토판 중에서 길가메시 서사시의 점토판이 12장 있었다고 한다.

그는 므낫세의 우상적 법령을 반대해서 받은 벌로 두 장의 단단한 판자 사이에 매여 톱으로 켜서 살해되는 무서운 죽음의 고통 속에서도 예수가 걸어야 했던 수난의 길인 비아 돌로로사를 보았다.

BC 42년경에 쓰인 버질Virgil('베르길리우스Vergilius' 영어 이름, BC 70~19년)의 전원시Eclogue에서도 예수의 탄생과 생애가 예언되었다.

푸블리우스 베르길리우스 마로
로마의 국가 서사시 《아이네이스》의 저자다. 로마의 시성이라 불릴 만큼 뛰어난 시인으로 이후 전 유럽의 시성으로 추앙받게 되는 시인으로 단테가 저승의 안내자로 그를 선정할 만큼 위대한 시인이었다.

"그는 메마른 땅에 뿌리를 박고 가까스로 돋아난 햇순이라고나 할까? 늠름한 풍채도 멋진 모습도 그에게는 없었다. 눈길을 끌 만한 볼품도 없었다. 사람들에게 멸시를 당하고 퇴박을 맞았다. 그는 고통을 겪고 병고를 아는 사람, 사람들이 얼굴을 가리고 피해 갈 만큼 멸시만 당하였으므로 우리도 덩달아 그를 업신여겼다.

그런데 실상 그는 우리가 앓을 병을 앓아주었으며, 우리가 받을 고통을 겪어 주었구나. 우리는 그가 천벌을 받은 줄로만 알았고 하나님께 매를 맞아 학대받는 줄로만 여겼다. 그를 찌른 것은 우리의 반역죄요 그를 으스러뜨린 것은 우리의 악행이었다.

그 몸에 채찍을 맞음으로 우리를 성하게 해 주었고, 그 몸에 상처를 입음으로 우리의 병을 고쳐주었구나. 우리는 모두 양처럼 길을 잃고 헤매며 제 멋대로들 놀아났지만, 하나님께서 우리 모두의 죄악을 그에게 지우셨구나.

그는 온갖 굴욕을 받으면서도 입 한 번 열지 않고 참았다. 그는 모든 과정을 침묵으로 감당하였다. 그가 억울한 재판을 받고 처형당하는데 그 신세를 걱정해 주는 자가 어디 있었느냐? 그렇다. 그는 인간사회에서 끊기었다. 우리의 반역죄를 쓰고 사형을 당하였다. 폭행을 저지른 일도 없었고 입에 거짓을 담은 적도 없었지만, 그는 죄인들과 함께 처형당하고 불의한 자들과 함께 묻혔다.

하나님께서 그를 때리고 찌르신 것은 뜻이 있어 하신 일이었다. 그 뜻을 따라 자기의 생명을 속죄의 제물로 내놓았다. 그리하여 그는 후손을 보며 오래오래 살리라. 그의 손에서 야훼의 뜻이 이루어지리라. 그 극심하던 고통이 말끔히 가시고 떠오르는 빛을 보리라. 나의 종은 많은 사람의 죄악을 스스로 짊어짐으로써 그들이 떳떳한 시민으로 살게 될 줄을 알고 마음 흐뭇해하리라. 나는 그로 하여금 민중을 자기 백성으로 삼고 대중을 전리품처럼 차지하게 하리라. 이는 그가 자기 목숨을 내던져 죽었기 때문이다. 반역자의 하나처럼 그 속에 끼어 많은 사람의 죄를 짊어지고 그 반역자들을 용서해 달라고 기도했기 때문이다."

〈이사야〉서의 발견

1947년 어느 날 15세 된 어떤 소년은 잃어버린 염소를 찾기 위하여 사막을 헤매던 중 사해 서북쪽의 매우 경사진 바위틈에 있는 동굴 속에서 우연히 하나의 항아리를 발견하였다.

이 항아리 속에서 양가죽으로 된 열한 개의 두루마리를 발견했는데, 그중 하나가 히브리어로 된 구약성경의 〈이사야〉서로 판명되었

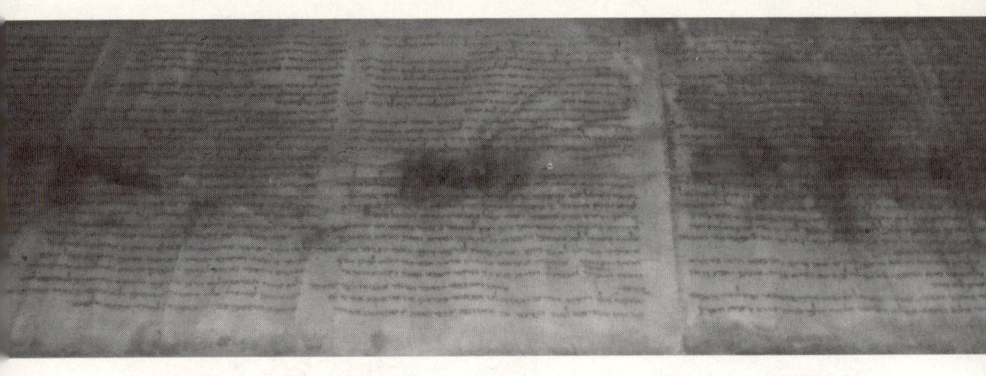

1947년부터 1956년에 걸쳐 이스라엘의 사해 부근에 있는 동굴에서 발견된, 약 850권에 달하는 성서의 〈사해 문서〉다. 〈사해 문서〉는 BC 2세기부터 1세기 사이에 쓰였으며, 성서의 원본에 가장 가까운 사본집으로 여겨지고 있다.

다. 이 사해 사본은 방사성 동위원소에 의한 연대 측정에 따르면, BC 150~200년경에 쓰인 것으로 측정됐다.

 외경이란
무엇인가?

외경The Apocrypha은 보편적으로 사람들이 《성경》에서 제외된 책들 정도로 알고 있다. 그러면서 외경 속에 어떤 이야기들이 있는지, 어떤 진리가 있는지 호기심을 가진다.

'아포크리파Apocrypha'라는 용어의 뜻과 용법을 설명하는 데 있어서 어려운 점은 이 용어가 시대와 장소에 따라 서로 다른 여러 가지 의미로 사용됐다고 하는 점이다. 일반적으로 '아포크리파'라는 말은 BC 2세기부터 AD 1세기 사이에 쓰인 열네 권 혹은 열다섯 권의 특별한 책을 통칭하는 용어다. 이 책에서도 특별한 설명이 따로 없는 한 '외경'이란 책들을 일컫는 용어로 쓰였다.

어원적으로 생각해 보면, '아포크리파'란 말은 헬라어에서 왔으며 '감추어진' 한 그룹의 책들을 가리키는 말이다.

외경의 책 제목

1. 《제1에스드라 The first Book of Esdras》

2. 《제2에스드라 The Second Book of Esdras》

3. 《토비트 Tobit》

4. 《유디트 Judith》

5. 《에스델 The Additions to the Book of Esther》

6. 《지혜서 The wisdom of Solomon》

7. 《집회서 Ecclesiasticus, or the Wisdom of Jesus the Son of Sirach》

8. 《바룩서Baruch》

9. 《예레미야의 편지The Letter of Jeremiah》

10. 《아자리야의 기도와 세 젊은이의 노래The Prayer of Azariah and
the Song of the Three Young Men》

11. 《수산나Susanna》

12. 《벨과 뱀Bel and the Dragon》

13. 《므낫세의 기도The Prayer of Manasseh》

14. 《마카베오상The first of the Maccabees》

15. 《마카베오하The Second book of the Maccabees》

외경을 《성경》의 한 부분이라고 보지는 않는다. 다만 외경 역시 항구적 가치가 있는 도덕적·종교적 통찰력을 지니고 있다는 것만은 확실하다. 또한 이스라엘 역사의 중요한 대목인 그리스도 출현 직전의 유대인들 생활과 사상에 관한 중요한 자료를 제공하는 것도 다름 아닌 바로 이 외경이다.

심지어 크리스토퍼 콜럼버스Christopher Columbus의 신대륙 발견에까지 외경이 영향을 미쳤다는 사실을 알고 있는 독자들은 많지 않을 것이다. 콜럼버스가 모험적 여행을 하도록 자극을 준 책이 바로 《제2에스드라》였다고 한다.

외경에 포함된 책들은 역사적·소설적·묵시적 형태 등 여러 가지 문학적 장르에 속한다 이 책들은 좀 황당무계한 데가 있는 것만은 사실이다.

구약과 신약의 66권의 책이 오늘의 정경이 되기까지에는 오랜 역사적 기간과 함께 많은 우여곡절이 있었음을 잊어서는 안 된다. 개별 책마다 어떤 경로를 밟아 정경이 되었는지 그 전체적 면모를 재구성하기에는 우리에게 전해진 자료가 너무나도 빈약하다. 외경 외에도 다른복음The Other Gospel 등 여섯 종류의 정경에서 제외된 책들이 있다. 이런 책들을 읽으면 《성경》에서 진행되는 사건들을 보충해서 알 수 있다.

로마 가톨릭과 외경

로마 가톨릭 교회는 외경을 정경의 일부로 공식적으로 선언한 것은 1546년 트리엔트 공의회Council of Trient에서였다. 그 이유 중의 하나는 외경에 있는 《바룩서》에 하나님께서 죽은 자의 기도를 들어주신다는 내용이 있기 때문이다.

트리엔트 공의회는 종교개혁 이후 흐트러진 가톨릭 교회를 수습하고 개혁하는 초석이 되었다.

에드워드 영Edward Joseph Young(1907~1968년)은 세계적인 구약학자로서 구약 연구에 위대한 공헌을 남겼다. 그는 미국 히브리 대학교에서 철학박사 학위를 받았고, 독일 라이프치히 대학교에서 연구한 바 있으며, 1968년에 하늘의 부름 받기까지 미국 필라델피아에 있는 웨스트민스터 신학교에서 구약학 교수로 재직하였다.

조직신학자 에드워드 영, 외경에 관해 말하다

이 책들에는 하나님께서 기록하셨다는 사실을 입증할 만한 아무런 표적이 없다고 그는 말한다. 《유디트》와 《토비트》는 역사적·연대적·지리적 오류가 있으며, 거짓과 술수를 정당화시키고 구원을 개인의 공적과 행위에 의존하게 만든다. 《집회서》와 솔로몬의 《지혜서》는 편리에 근거한 도덕성을 강조하고, 이 세상 창조가 이미 존재했던 물질로 됐다고 가르치며(11:17), 《집회서》는 구제가 속죄함을 받는 방편이 된다고 가르친다(3:30). 《바룩서》에서는 하나님께서 죽은 자의 기도를 들어주신다고 하며(3:4), 《마카베오상》에서는 역사적·지리적 오류가 상당히 있다고 지적하였다.

유다복음서는 믿을 수 있는가?

가룟 유다는 예수님의 가장 친한 친구였으며, 그가 은전 삼십 냥을 받고 예수님을 로마군에게 팔아넘긴 것은 십자가에 못 박혀 죽게 된다는 예언을 완성하려는 예수님의 부탁 때문이었다는 내용이 담긴 〈유다복음The Gospel of Judas〉이 〈내셔널 지오그래픽 소사이어티National Geographic Society〉에 의해 처음으로 공개되었다. 이날 공개된 〈유다복음〉의 텍스트는 원래의 그리스어로 된 것을 4세기 당시 이집트에서 사용했던 콥트어로 번역해 파피루스에 적은 것으로 총 66쪽 분량이다. 〈유다복음〉은 탄소 연대 측정 결과 AD 280년에 기록된 것으로 확인되었다.

AD 2~3세기에 〈마태복음〉·〈마가복음〉·〈누가복음〉·〈요한복음〉 등 다른 복음서들과 함께 광범위하게 유포된 것으로 추정되는 〈유다복음〉은 육신에서 풀려나 영혼의 승천을 원하는 예수님을 위해 배신자의 멍에를 뒤집어쓰는 유다의 자기희생에 초점을 맞추고 있다.

전 하버드대 신학교수인 캐런 킹Karen L. King은 〈인터내셔널 헤럴드 트리뷴International Herald Tribune〉과의 인터뷰에서 "만일 예수의 죽음이 모두 하나님의 계획에 따른 것이라면 유다의 배신도 그 계획의 일부분이었을 것이라는 초기 기독교인들의 인식을 보여준다"고 말했다.

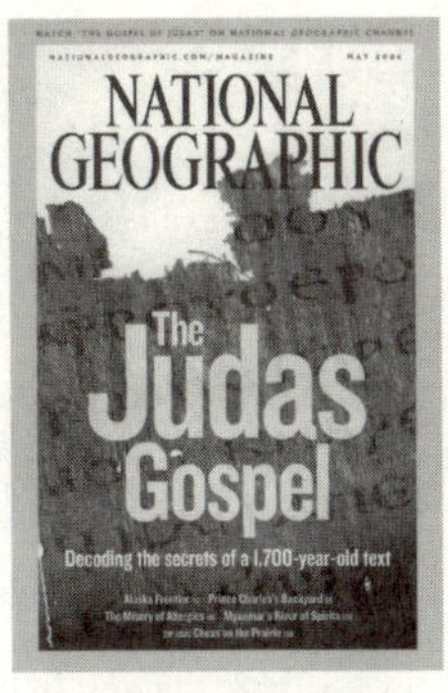

〈유다복음〉서가 실린 〈내셔널 지오그래픽 소사이어티〉

AD 280년에 작성된 〈유다복음〉에는 예수님을 로마군에게 판 것은 십자가에 못 박혀 죽게 된다는 예언을 완성하려는 예수님의 부탁 때문이라는 내용이 있다고 한다.

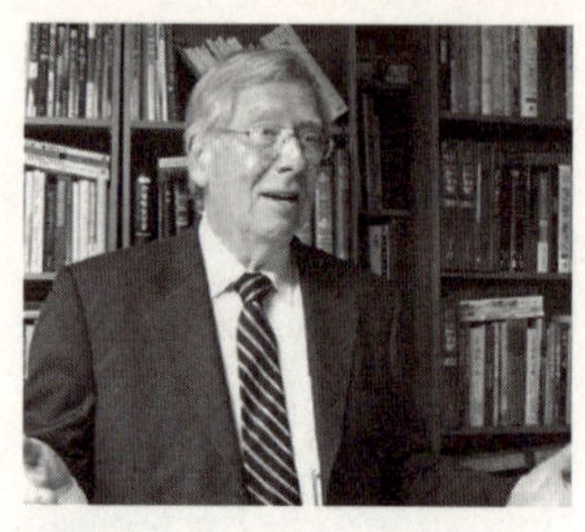

제임스 로빈슨James M. Robinson
미국 클레어먼트 대학교 명예 교수로서
고대 문서 분양의 탁월한 전문가다.
"〈유다복음〉서는 영지주의의 틀 안에서
이해돼야 한다. 〈유다복음〉서는 유다를
영지주의 구원 계획을 촉진하는 데 반드
시 있어야 할 사람으로 만든다. 배반자
유다를 향한 이 모든 신화는 영지주의와
콥트어를 전공하는 사람들이 주의 깊게
연구해야 할 필요가 있다. 그러나 이것
이 유행을 타고 마치 AD 30년에 일어
났던 일(예수 그리스도의 사건)을 바꿀 수
있는 것처럼 선정적으로 알려지는 것은
진지한 학자들에게는 가치가 없는 상업
화에 불과할 뿐이다."

예컨대 〈유다복음〉에는 예수님이 유다에게 "너는 모든 이로부터 저주를 받는 사도가 될 것이다. 너는 나를 둘러싼 인간의 육체를 희생 제물로 바칠 것이다. 너는 열세 번째 사도가 되어 오래도록 저주를 받을 것이되, 결국은 그들을 다스릴 것"이라고 말했다는 내용이 포함되어 있다. 이 텍스트에는 예수님이 유다의 '피안의 세계Nether Land'에서 만나 나누는 대화도 있지만, 둘이 만난 시점이 예수님의 부활 이후인지에 관한 구체적인 언급은 없다.

이 〈유다복음〉은 1970년대 이집트의 엘 미냐El Minya 사막의 한 동굴에서 발견된 후 골동품상들을 통해 세계 각지를 전전하다가 1990년대 미국으로 흘러들어왔으며 한 소장가에 의해 16년간 롱아일랜드 은행의 금고 속에 보관되어 왔다.

하마터면 판독불능 상태로 사장될 뻔한 〈유다복음〉은 2000년 이를 마지막으로 구매한 취리히Zürich의 골동상 프리다 누스베르거 차코스Frieda Nussberger-Tchacos가 심하게 마모된 텍스트를 번역과 보존 작업을 위해 스위스의 메세나 고古 미술 재단에 넘기면서 비로소 내용이 알려지게 되었다.

성경에서 말하는 '만나'는 과연 존재했는가?

《성경》에 의하면, 이스라엘 백성이 이집트를 탈출하여 40년간 광야 생활을 하는 동안 하나님이 아침마다 이슬처럼 내려준 작고 둥근 '만나 Manna'를 가족 수대로 거두어 식량으로 먹었다고 한다.

"만나는 깟씨와 같고 모양은 진주와 같은 것이라 백성이 두루 다니며 그것을 거두어 맷돌에 갈기도 하며 절구에 찧기도 하고 가마에 삶기도 하여 과자를 만들었으니 그 맛이 기름 섞은 과자 맛 같았더라 밤에 이슬이 진영에 내릴 때에 만나도 함께 내렸더라"(민수기 11:7~9)

'만나'는 이스라엘 자손이 맨 처음 그것을 보고 무엇인지 알지 못하고 서로 "이것이 무엇이냐"고 묻는 데서 시작되었다(출애굽기 16:15, 31). 《70인》 역은 이를 만나라고 음역하였고, 개역 《성경》도 이를 따라 '만나'라고 하였다.

만나는 결코 팔레스타인 지역에서 흔히 볼 수 있는 자연적인 현상이 아니다. 이유는 첫째로 이스라엘 사람들은 전혀 만나에 대해 알

위성류과 식물

높이 약 5미터다. 가지가 많이 갈라져서 밑으로 처진다. 잎은 어긋나고 바늘같이 가늘며 길이는 1~3밀리미터로써 작다. 끝이 뾰족하고 가지를 둘러싸며 잿빛을 띤 녹색이다. 가을에는 작은 가지와 함께 진다. 꽃은 일 년에 두 번 연한 분홍빛으로 피는데 가지 끝에 총상꽃차례로 달린다.

지 못했기 때문이다(출애굽기 16: 15, 신명기 8:3, 16). 둘째로 이스라엘 백성이 가나안 땅의 소산을 먹은 다음 날에 만나가 그치고 다시는 만나를 얻지 못하였기 때문이다.

그러므로 만나는 분명히 광야 생활 동안 하나님께서 제공한 초자연적인 음식임이 틀림없다. 하나님께서는 이처럼 특별한 섭리로 이스라엘을 지키시고 인도하셨다.

'만나'의 모양이 진주와 같다는 것만으로는 '만나'의 모양에 대해서 정확히 추정할 수는 없다. 그런데 《70인》역은 만나를 '얼음 모양'이라고 번역하였다. 그 이유는 구전口傳에 의한 듯하다. 한편 만나의 색깔은 《출애굽기》 16장 31절과 〈요한계시록〉 2장 17절을 볼 때 젖빛을 띤 흰색이라고 추측할 수 있다.

또 하나의 주장은 위성류과 식물의 기생충이 곤충에 의해 생성되는 달콤한 분비액이었다고 한다.

# 에스겔의 예언은 어떻게 성취되었는가?

구약의 선지자 에스겔은 BC 580년경에 이집트의 쇠퇴에 대해서 예언하면서 "애굽 땅에서 다시는 본국인 왕이 나지 못할 것"(30:13)을 예언하였다. 이런 예언이 있은 후로는 이상하게도 자국인이 왕이 된 사람이 없었다.

이집트의 여왕이었던 클레오파트라Cleopatra는 이집트의 여인이 아니고 그리스인의 피를 받은 여왕이다.

이런 에스겔 선지자의 예언이 있은 이후 바빌로니아 왕 느부갓네살Nebuchadnezzar이 40년 동안 이집트를 통치하였던 것을 비롯하여 파사·그리스·로마·아라비아·터키·프랑스 등 여러 나라가 이 나라를 다스리면서 진귀한 보물들을 약탈하였다.

라파엘로 산치오Raffaello Sanzio의 〈에스겔의 이상〉(1518년)
'말쟁이', '비유로 말하는 자'라는 별명을 가지고 있는 에스겔은 조국 이스라엘을 창녀로 비유하여, 곧 이스라엘이 하나님으로부터 심판 받을 것이라고 예언했다.

부시의 아들로서 유대인의 제사장이며 4대 선지자 중의 한 사람으로 유대 왕 여호야긴과 같이 포로가 되어 갈대아땅 그발 하수가에 거주하는 중 하나님의 계시를 받아 〈에스겔〉서를 기록하였다. 예레미야 선지자는 정신적 종교가임에 반하여, 에스겔은 의식적·형식적 방면에 중대한 관심을 보였다. 그의 예언의 요지는 예루살렘이 망할 것과 장래의 구원으로 본국이 회복될 것으로 포로된 동포를 위로하였다. 그의 죽은 시기는 알 수 없으나 바벨론에서 같은 지도자에게 피살된 것으로 추측된다. 지금의 이라크 수도 바그다드 근처의 한 건물을 가리켜 에스겔의 무덤이라고 말하는 사람도 있다.

성경에서 죽었다가 살아난 사람은 모두 몇 명인가?

12명.

- 예수 그리스도(마태복음 28:5~7, 마가복음 16:6, 누가복음 24:6)

- 사르밧 과부의 아들(열왕기상 17:22)

- 수넴 여인의 아들(열왕기하 4:32~35)

- 나인 성 과부의 아들(누가복음 7:12~ 15)

- 야이로의 딸(누가복음 8:53~55)

- 나사로(요한복음 11:43~44)

- 다비다(도르가, 사도행전 9:40)

- 유두고(사도행전 20:9~10)

- 사무엘(사무엘상 28:11~14)

- 모세와 엘리야(누가복음 9:30)

- 엘리사의 뼈에 몸이 닿았던 사람(열 왕기하 13:21)

파올로 베로네세Paolo Veroneses의 〈야이로의 딸 살리기〉(1546년)
예수님은 회당장 야이로의 딸을 살리신 후에 "먹을 것을 주라"고 명하셨다.

마지막 세 사람은 앞에 나온 아홉 사람과는 다른 예로 영혼이 형체로 나타났다. 〈마태복음〉에는 다른 복음서에 기록되지 않은 죽은 사람들의 완전한 부활에 관한 기이한 장면이 나온다.

"무덤들이 열리며 자던 성도의 몸이 많이 일어나되 예수의 부활 후에 그들이 무덤에서 나와서 거룩한 성에 들어가 많은 사람에게 보이니라"(27:52~53)

예수님을 죽인 자는
진정 빌라도인가?

빌라도의 라틴어 이름은 폰티우스 필라투스Pontius Pilatus다. 잔인한 성격의 그는 유대인을 탄압하였다. 예수님이 유대인들의 고소로 그의 앞으로 끌려 나오자 예수님의 무죄를 인정하면서도, 예수님을 십자가에 못 박으라고 광적으로 울부짖는 군중의 강요에 못 이겨 예수님 대신에 강도 바라바를 석방하고 예수님에게 사형을 선고하였다.

한편 급진주의 신학의 어법에 의하면, 《성경》에서 강도(레스테스 Lestes)라고 표현되는 바라바는 강도가 아니라, 젤롯Zealot당(로마 제국의 식민통치에 폭력항쟁으로 맞설 것을 주장한 유대의 종교적 민족주의 정

〈패션 오브 크라이스트〉(2004년) 영화의 한 장면.
수많은 군중 앞에 빌라도가 예수와 바라바 중에 누구를 풀어줄 것인지를 묻고 있다.

치 운동)의 일원이다. 요즘 말로 하면, 유대의 독립투사인데 반대로 로마 당국의 입장에서는 테러리스트 정도 될 것 같다. 그것이 오역되어 지금의 강도라는 잡범이 되었다.

사실 빌라도는 예수님보다는 이 바라바를 처형하고 싶어 했다. 왜냐하면 바라바는 무력으로 유대의 독립을 쟁취하려는 인물이었기 때문이다. 그러나 광분한 군중은 예수님을 십자가형에 처하라고 격렬하게 요구했고, 그런 거친 요구

작가 미상, 〈손을 씻는 빌라도〉
빌라도가 손을 씻는 다는 것은 예수의 처형에 자신은 아무런 책임이 없다는 뜻이다.

는 자칫 폭동으로까지 이어질 가능성이 보였기 때문에 겁에 질린 빌라도는 어쩔 수 없이 예수님을 십자가에 처형할 수밖에 없었다.

빌라도는 그 전에 "도대체 그 사람의 잘못이 무엇이냐?"라고 군중에게 물었고, 사람들은 맹렬하게 악을 쓰며 "십자가에 못 박으시오"라고 한목소리로 외쳤다. 빌라도는 손을 씻으며 "너희가 알아서 처리하라. 나는 이 사람의 피에 대해서는 책임이 없다"라고 말하였다. 군중은 "그 사람의 피에 대한 책임은 우리와 우리 자손들이 지겠습니다"고 화답했다.

빌라도는 후에 사마리아인들의 학살 사건 때문에 로마로 소환되어 자살한 것으로 전해진다.

구약시대에는 목매달아 죽이는 것이 하나의 유행이었는가?

- 이집트의 바로는 빵을 구워 올리는 시종장을 목매달아 죽게 했다 (창세기 40:22).

- 사울 왕의 통치 기간 중 지은 죄 때문에 이스라엘에 심한 기근이 들자, 다윗 왕은 사울의 아들 중 일곱 명을 목매달아 죽게 했다 (사무엘하 21:1~10).

- 여호수아는 예루살렘 왕·헤브론 왕·야르뭇 왕·라기스 왕·에글론 왕 등 다섯 왕을 동굴 속에서 끌어내어 죽인 다음 나무에 매달았다(여호수아 10:23~26).

- 수문장이었던 내시 빅단과 데레스가 페르시아의 아하수에로 왕에게 불만을 품고 암살음모를 꾀하다가 발각되어 목매달아 죽임을 당했다(에스더 2:21~23).

- 하만은 모르드개와 모든 유대인을 축출하려다가 도리어 자신이 높이가 오십 규빗(약 25미터 정도)이나 되는 기둥에 매달려 교수형을 당했다(에스더 7:10).

〈하만의 죽음〉
하만은 유대인 모르드개가 자기를 섬기지 않는다는 이유로 모르드개는 나무에 달고 유대인은 전멸할 계획을 세우고 왕에게 청하여 전국에 조서를 내렸다. 그러나 일은 뒤집혀서 모르드개를 달려고 했던 나무에 하만이 달렸고, 유대인을 죽이려하던 모든 사람은 유대인의 손에 죽임을 당했다(에스더 3:1, 5:7).

돈은 악의 뿌리인가?

《성경》은 돈이 악의 뿌리가 아니라, 돈을 사랑하는 것이 모든 악의 뿌리가 된다고 하였다(디모데전서 6:10).

〈디모데후서〉 3장 2절에서는 "사람들이 자기를 사랑하며 돈을 사랑하며 자랑하며 교만하며 비방하며 부모를 거역하며 감사하지 아니하며 거룩하지 아니하며"라고 했으며, 〈누가복음〉 16장 13절에서는 "하나님과 재물을 동시에 섬길 수 없다"고 하였다.

〈히브리서〉 13장 5절에서는 "돈을 사랑하지 말고 있는 바를 족한 줄로 알라"고 했고, 〈디모데전서〉 3장 3절에서도 "술을 즐기지 아니하며 구타하지 아니하며 오직 관용하며 다투지 아니하며 돈을 사랑하지 아니하며"라고 하였다.

〈마태복음〉 19장 24절에서는 "다시 너희에게 말하노니 낙타가 바늘귀로 들어가는 것이 부자가 하나님의 나라에 들어가는 것보다 쉬우니라"고 하였다.

돈을 사랑하는 자의 위험

돈을 사랑하는 것은 황금만능주의를 부추긴한다. 돈을 빼앗기 위해서 부모를 살해하고 불태워 버린 패륜아 박한상의 추악한 얼굴을 보라. 이 세상의 어떠한 일도 돈만 있으면 다 해결할 수 있다고 생각한다.

부자는 무엇이나 다 값이 정해져 있다고 생각하고, 돈만 있으면 원하는 것을 무엇이든지 넉넉히 살 수 있으며, 어떤 어려운 난관이 닥쳐오더라도 돈으로 그것을 해결해 낼 수 있다고 생각한다.

돈에 대한 이런 사고를 가진 사람들은 하나님이 없어도 잘 살 수 있으며 인생의 문제를 자기 스스로 해결해 나갈 수 있다고 생각한다. 그러나 돈을 주고 살 수 없는 것들과 돈을 가지고도 자기를 구원할 수 없다는 것을 깨달을 때가 있다.

만일 사람이 욕망하는 모든 것이 이 세상에 있다면 그는 결코 다른 세상, 이후에 올 세상에 대해서 생각하지 않을 것이다. 지상에 희망을 두고 있는 사람은 하늘나라가 있다는 것을 망각하기 때문이다. 여기에는 비극이 있다. 왜냐하면 보이는 것들은 잠시지만 보이지 않는 것은 영원하기 때문이다.

돈을 사랑하는 것은 사람을 이기적으로 만든다

"넉넉하다는 것은 언제나 그가 가지고 있는 것보다는 조금 더 많은 양을 말한다"라는 짤막한 격언처럼, 사람은 아무리 많이 가져도 더 가지고 싶어 한다.

더욱이 사람이란 한 번 안락과 사치를 얻게 되면, 그는 언제나 그것을 잃을 날을 두려워하게 되고, 자기가 가진 것들을 보존하려는 긴장과 근심이 그치지 않는다. 그 결과 사람이 부유하게 되면 그 재물을 남에게 나누어주겠다는 생각보다는 그 재물에 매어 있게 된다.

돈을 사랑하는 것은 사람을 교만하게 만든다

돈 있는 사람치고 교만하지 않은 사람은 없다. 그들은 가난한 자들에 대한 우월의식을 느끼며, 가진 것이 있기 때문에 가지지 못한 자들을 업신여기고 경멸한다. 이렇게 돈을 사랑하는 사람들이 하늘나라에 들어갈 수 있을까?

월리엄 셰익스피어의 《베니스의 상인》을 보라. 돈을 사랑하는 자의 대명사 샤일록Shylock은 하늘나라에 들어갔을까? 그러나 예수님은 부자가 하늘나라에 들어가는 것이 불가능하다고는 말하지 않았다. 삭개오는 여리고에서 제일가는 부자였다. 그러나 그는 예상 외로 하늘나라의 길을 얻을 수 있었다(누가복음 19:29).

아리마대 요셉도 부자였다(마태복음 27:57). 니고데모 역시 대단한 부자였다. 그는 한 왕의 몸값에 해당하는 값진 향료를 예수의 시체에 바르기도 했다(요한복음 19:39).

윌리엄 셰익스피어의 《베니스의 상인》에 등장하는 샤일록은 유대인 고리대금업자다. 그는 그리스도인 상인 안토니오에게 3,000다카트를 살 1파운드를 담보로 빌려 준다. 빌린 돈을 기일 내에 갚지 못하게 된 안토니오는 생명을 빼앗길 위기에 처한다. 이때 재판관으로 변장한 포샤의 기지로 안토니오는 구조되고, 샤일록은 유죄판결을 받아 재산을 몰수당하고 그리스도교로 개종할 것을 명령받는다. 원래 샤일록은 단순한 악역이지만 셰익스피어는 비극적으로 묘사하였다.

부자는 누구든지 하늘나라에 들어가지 못하는 것은 아니다. 부자는 다 죄인이란 말도 아니다. 그러나 그들은 위험하다. 왜냐하면 자신의 부족함을 느끼고 하나님께로 향하기보다는 물질에 매여 하나님을 의지하지 않기 때문이다.

이 예를 《성경》에서 볼 수 있다. 어느 날 부자가 예수님께 와서 "어떻게 하면 구원을 받을 수 있겠습니까?"라고 물었다. 예수님은 "네가 가진 것을 모두 팔아 가난한 자들에게 나누어주어라"고 하셨다. 이 말에 부자는 한숨만 쉬고 돌아갔다.

? 예수님은 왜 울었는가?

예수님은 세 번 우셨다고 한다. 그중 한 번은 예루살렘이 멸망하게 될 것을 보시고 우셨다. "Jesus Wept"(요한복음 11: 35, NIV) 예수님이 우셨다는 이 말은 《성경》에서 가장 짧은 문장이다.

AD 70년경에 베스파시아누스Titus Vespasianus 황제의 아들 티투스Titus는 14군단을 이끌고 예루살렘을 공격하였다. 예루살렘 성전과 성벽은 모두 불탔고 굶어서 뼈만

조르주 루오Georges Rouault의 〈예수 그리스도〉(1937년)
"예수께서 성전에서 나와서 가실 때에 제자들이 성전 건물들을 가리켜 보이려고 나아오니 대답하여 이르시되 너희가 이 모든 것을 보지 못하느냐 내가 진실로 너희에게 이르노니 돌 하나도 돌 위에 남지 않고 다 무너뜨려지리라"(마태복음 24:1~2)

남은 유대인들이 지옥처럼 붉은 피의 개울 속에 여기저기 죽어 있었다.

당시에 포위되어 살상된 유대인이 110만 명이나 되었고, 9만 7,000명이 포로가 되어 로마로 이송되었다. 또 AD 132년에서 135년까지 지속된 제2차 유대 전쟁은 더욱 비극적 저항으로 끝났으며, 이후부터 유대인들은 예루살렘에 들어가지 못하였다. 겨우 1년에 한 번 예루살렘 함락 기념일에만 구 신전 벽에 매달려 통곡의 기도를 드릴 수 있는 기회가 허용되었을 뿐이다.

성경에서 숫자 40년·숫자 7·숫자 3은 무엇을 의미하는가?

40년

옷니엘·드보라와 바락·기드온은 각 이스라엘을 40년, 에훗은 40년의 두 배를 다스렸다. 사울·다윗·솔로몬도 각 40년을 통치했다. 이 '40년'은 한 세대를 나타내는 것 같다.

《성경》에 '40'이란 숫자가 자주 사용된 것에 주목해 보라. 홍수 때 40일간 비가 왔다. 모세는 40세에 도망가서 미디안에서 40년간 살았고, 시내 산에서 40일 동안 있었다. 이스라엘 백성은 40년 동안 유랑하였고, 정탐꾼은 40일 동안 가나안에 있었다.

엘리야는 40일 동안 금식했다. 니느웨는 40일 동안의 회개할 기

부오나로티 미켈란젤로Bnonarroti Michelangelo의 〈대홍수〉(1508~1509년)

히브리어로 '휴식'을 뜻하는 노아는 하나님의 계시를 받아 120년 동안 방주를 만든다. 그리고 각 종류의 동물 한 쌍씩 대리고 여덟 명의 가족과 함께 방주에 올라탄다. 마침내 40일간 대홍수가 일어 타락한 인간들과 생물들은 모두 전멸한다.

이스라엘의 장막

"너희 타작 마당과 포도주 틀의 소출을 거두어 들인 후에 이레 동안 초막절을 지킬 것이요"(신명기 16:13)

간을 받았다. 예수님도 40일간 금식하셨고, 부활 후에 40일간 세상에 계셨다.

숫자 7

이스라엘 사람들에게 있어 숫자 7과 그 배수들은 성스러운 의미를 갖는다. 특정한 축제, 이를테면, 유월절이나 칠칠절·장막절 축제는 각 7일 동안 치러졌고, 유대인은 설날이나 속죄의 날, 장막절 모두 선조가 사용했던 달력에 따라 일곱 번째 달에 지냈다.

유대인은 일주일 중 일곱 번째 날을 'Sabbath', 즉 '안식일'이라 불렀다.

일곱 번째 해인 안식년과 주빌리Jubilee, 즉 일곱 번의 안식년(49년)을 보내고 난 그 다음 해인 안식의 해 축제는 일 년 동안 지속되었다. 또 새로 임명된 성직자를 안수하고 축성祝聖하는데 꼬박 7일이 걸렸다.

신구약《성경》을 쓴 사람들은 모두 중요한 사건들과 7을 관련시켰다. 하나님은 세상을 창조하셨을 때 7일을 소요하셨다. 여호수아는 양각 나팔을 부는 일곱 제사장과 더불어 여리고 주위를 행군했다. 그 결과 7일째 되는 날의 일곱 번째 폭풍이 시의 성벽을 무너뜨렸다. 요셉은 이집트에서의 7년의 기근과 풍년을 예언하였다. 〈요한계시록〉에서는 7이라는 숫자가 반복해서 등장한다.

숫자 3

숫자 3은 완전함을 가리킨다. 시작과 중간 그리고 끝이다. 신약성경에서는 여러 번에 걸쳐 3을 예수님의 생生과 연결하고 있다. 또 동방 박사들은 아기 예수님에게 세 가지 선물을 주었다. 사탄은 사막에서 세 번에 걸쳐 예수님을 유혹했다. 예수 · 모세 · 엘리야, 이 세 사람의 얼굴에 광채가 났다. 베드로는 닭이 울기 전 예수님을 세 번 부인했다. 숫자 3은 예수님이 무덤 속에 있던 3일의 기간과도 연관된다.

〈요한복음〉은 예수님이 예루살렘에서, "너희가 이 성전을 헐라 내가 사흘 동안에 일으키리라"(2:19)고 말씀하셨다고 전한다. 그 당시 아무도 이 말씀을 이해하지 못했다. 왜냐하면 예수님은 성전 된 자기 육체(예수 자신의 몸이 곧 교회다)를 가리켜 말씀하셨기 때문이다(2:21). 따라서 이 말씀은 곧 예수님을 죽이면 다시 3일 안에 부활하겠다는 뜻이었다. 〈마태복음〉은 예수님의 적들이 예수님에게 기적

프란시스코 고야이루시엔테Francisco Goya y Lucientes의 〈참회하는 성 베드로〉(1823~1825년)
예수를 메시야라고 가장 먼저 단언했던 베드로. 그러나 그는 또한 예수의 수난 때 예수를 모른다고 세 번 부인했다.

을 보여 달라고 요구했을 때 예수님이 "요나의 표적밖에는 보여줄 표적이 없느니라"(16:4), "요나가 밤낮 사흘 동안 큰 물고기 뱃속에 있었던 것 같이 인자도 밤낮 사흘 동안 땅 속에 있으리라"(12:40)고 하신 말씀을 전한다.

숫자 이상의 의미를 가지고 있는 숫자들

《성경》에서 사용하고 있는 많은 숫자가 상징적인 의미를 가지고 있다.

숫자 1은 유일신이신 하나님을 상징하며 성부·성자·성령이 하나 됨을 상징한다(신명기 6:4, 에베소서 4:5~6).

숫자 2는 쌍을 이루는 것을 말한다. 2는 두 개의 존재나 물건이 분리되어 있을 때는 이루어질 수 없는 충만함과 같다. 인간은 여자와 남자로 구분된다. 노아의 홍수 때는 같은 종류의 한 쌍씩만 노아의 방주로 들어갈 수 있었다. 모세는 시내 산에서 하나님의 말씀을 받아 두 개의 석판에 적었다. 법정에서 고소가 받아들여지기 위해서는 두 증인이 요구된다.

숫자 3은 하나 됨을 뜻한다. 우주는 천상·땅·천하로 이루어져 있다. 모든 인류의 조상인 노아는 세 명의 아들을 낳았다. 예배당과 성전은 세 구역으로 나누어져 있다. 사람들이 모이는 곳, 신이

두 개의 석판에 새겨진 십계명

머무르는 곳, 신과 사람이 만나는 곳(레위기 6:16)이다.

숫자 4는 하나님의 숫자다. 지구는 그 전체가 네 지역으로 구분된다. 네 종류의 바람이 바다와 육지를 오고 가며 불고 있다. 세상에 단물을 제공하기 위해 네 개의 강이 에덴동산으로부터 흘러나온다(창세기 2:10~15). 하나님의 이름 여호와는 네 개의 히브리 문자로 이루어져 있으며(YHWH), 그의 왕관 주위는 네 가지의 창조물들이 새겨져 있다. 〈요한계시록〉은 네 명의 기수가 지구의 멸망과 사람들의 죽음을 몰고 온다고 말한다.

〈창세기〉 1장부터 유난히 눈에 띄는 숫자가 7이다. 가인을 살해하는 자는 일곱 배의 앙갚음을 받으리라고 하나님은 약속하셨다(4:15). 야곱은 라헬과 결혼하기 위해 7년 동안 그녀의 집안을 위해 봉사했고, 7년이 더 지난 후에는 대신 레아를 아내로 맞았다(29:25). 바로는 꿈속에서 7년의 풍요와 7년의 기근을 보았다(41장).

〈요한계시록〉의 예언은 적지 않게 7이라는 숫자와 연관되어 나타난다. 일곱 개의 황금은 별 · 봉인 · 천사 · 트럼펫 · 천둥 · 역병 · 분

〈요셉과 바로의 꿈〉
바로는 꿈속에서 7년의 풍요와 7년의 기근을 보았다. 그 한 장면으로 파리한 소가 그 아름답고 살진 일곱 소를 잡아먹는다. 요셉은 바로의 꿈을 해석해주고 이집트의 총리가 된다.

노로 가득 찬 황금 그릇이 그것이다. 마가와 누가는 막달라 마리아에게서 떨어져 나간 일곱 악령을 언급하고 있는데, 막달라 마리아는 예수님으로부터 "악한 영혼과 허약함을 치유 받은" 여인 중의 한 사람이다(마가복음 16:9, 누가복음 8:2).

〈요한계시록〉과 같이 성스럽고 상징적인 중요한 예언서에도 자주 등장할 뿐 아니라, 믿기 어려울 정도로 자주 실생활에 적용되어 쓰이는 숫자가 10이다. 아마도 숫자를 10자리로 나누어 쓰게 된 것도 열 손가락으로 사물을 세는 습관에서 나왔으리라. 10은 또한 성스러운 숫자 3과 7의 합이며, 십계명에서와 같이 결함이 없는 완성을 대표하기도 한다.

숫자 12는 이스라엘 부족과 예수님의 열두 제자를 상징하는 수일 뿐만 아니라, 일 년 열두 달과 하루 열두 시간을 나타내는 수다(요한복음 11:9). 7이 3과 4의 합인 것처럼, 12 또한 3과 4의 곱으로 이루어진다. 유대계 철학자 필로Philo(본명은 필론Philon)는 12야말로 완전한 숫자라고 말한다.

숫자 이야기

미화 1달러의 지폐 무늬를 만들어낸 디자이너들은 13이란 숫자를 전혀 두려워하지 않은 것 같다. 뒷면에 13층짜리 피라미드가 있고, 그 피라미드 위의 'Annut Coeptis(신은 우리를 도와주신다)'라는 글자도 13개의 알파벳으로 이루어져 있다.

또한 독수리의 부리가 물고 있는 리본에 쓰인 'E pluribusunum

(다수로써 하나를 이룬다)' 역시 13개의 알파벳으로 되어 있다. 독수리의 머리 위에도 13개의 별이 있고, 방패 위에 13개의

세로줄이 그어져 있으며, 독수리의 왼쪽 발톱에는 13개의 화살이, 그리고 오른쪽 발톱에는 13개의 잎이 달린 올리브 나뭇가지가 쥐어져 있다.

마력의 세븐

7은 성스러운 숫자다. 천지를 창조하는 데는 7일이 걸렸고, 일주일은 7일이다. 그리고 7년씩 7번이 지난 다음 해는 요벨의 해Year of Jubilee가 된다. 이 외에 아시아의 7개 교회, 7 죄악, 7 덕목, 7 감각, 성모마리아의 7가지 슬픔, 7가지 기쁨, 불교의 7 덕목 등이 있다.

또한 에녹은 아담의 7대손이고, 예수님은 아담의 77대손이다. 예수님은 십자가에서 7시간 동안 매달려 있었으며 부활하신 후 7번 사람들에게 나타나셨다. 그리고 7일 후

에 성령을 보내셨다. 또한 7가지의 원색, 7개의 별, 7 음조가 있다.

예로부터 7번째의 아들은 현인이라고 했으며, 그 7번째의 아들의 7번째 아들은 병을 고치는 의술을 가지고 태어난다고 했다.

숫자 9의 비밀

9는 모든 숫자 중에서 가장 신비한 현상을 만드는 숫자이며, 다양한 의미가 있다. 히브리어에서는 불가사의한 힘을 상징하는 숫자이고, 그리스어에서는 완전함을 의미하는 숫자다. 그리고 산스크리트어에서는 최상급의 최상급을 의미한다.

9개의 하늘과 9계급의 천사, 9개의 행성, 9명의 뮤즈 신, 9개의 십자가, 9인의 명사, 문장이 새겨진 9개의 왕관, 9개월간의 임신, 9개의 머리를 가진 히드라, 9칸의 지옥, 9일간의 경이로움, 9일간의 굴욕, 현대에서의 99년간의 임대 계약, 고대에서의 999일 연간의 임대 계약이 있었고, 이것 외에도 9가닥의 채찍(매듭이 있는 아홉 줄의 끈을 손잡이에 묶는 채찍)은 제재와 속죄를 상징한다.

그리고 고대인들은 숫자 9는 결코 다른 숫자에 의해 소멸하지 않

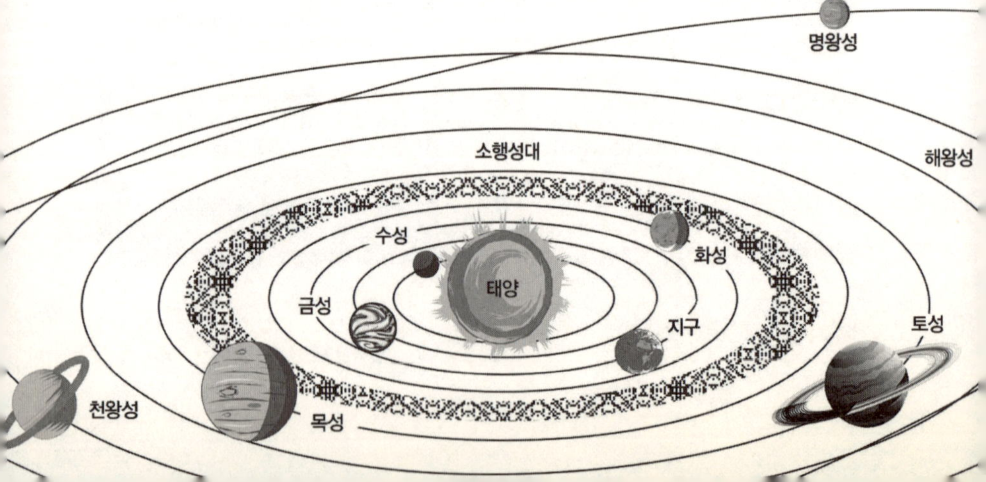

는 신비한 숫자임을 인정했다. 즉, 어떤 수학적인 계산에서 9가 인수로 이용될 때 9는 언제나 합계에 나타난다.

유대인의 수 개념

- 솔로몬은 짐꾼 7만 명과 돌을 깨는 사람 8만 명을 거느렸다(열왕기상 5:15).
- 솔로몬은 봉헌식과 희생제를 드리기 위하여 소 2만 2,000마리와 양 12만 마리를 바쳤다(열왕기상 8:63).
- 아담은 930년을 살았다(창세기 5:5).
- 셋은 912년을 살았다(창세기 5:8).
- 에노스는 905년을 살았다(창세기 5:11).
- 게난은 910년을 살았다(창세기 5:14).
- 마할랄렐은 895년을 살았다(창세기 5:17).
- 야렛은 962년을 살았다(창세기 5:20).
- 에녹은 365년을 살았다(창세기 5:23).
- 므두셀라는 969년을 살았다(창세기 5:27).
- 라멕은 777년을 살았다(창세기 5:31).
- 라멕이 아들을 낳았을 때는 182세였다(창세기 5:28).

작가 미상, 〈므두셀라〉 조각상
《성경》에 나오는 사람들 중에 이 땅에서 가장 오래 산 사람이다.

숫자의 신비한 세계

고대로부터 현대에 이르기까지 숫자에 대한 신비주의가 존재해왔다. 숫자 체계의 규칙성과 순서에 미신을 믿는 고대 사람들은 숫자

피타고라스
그는 그리스의 종교가·철학자·수학자다. 만물의 근원을 '수數'로 보았으며, 수학에 기여한 공적이 매우 커 플라톤, 유클리드Euclid를 거쳐 근대에까지 영향을 미쳤다. 오늘날 피타고라스의 정리의 증명법은 유클리드에 유래한 것이며, 그의 증명법은 알려져 있지 않다.

에 어떤 마술적이고 초자연적인 힘을 부여했던 것 같다. 따라서 1이라는 숫자는 그리스의 철학자 피타고라스Pythagoras의 시대에 모든 사물이 공통으로 가지고 있는 숫자로 여겨졌다. 1이 모든 숫자의 처음이기 때문에 피타고라스가 1을 모든 사람의 근본이라고 믿는 것과 같은 이치다.

4는 서양에서는 오랫동안 완전한 숫자로 여겨왔기 때문에 인간의 영혼과 밀접한 연관이 있다고 생각했고, 5는 어떤 신비함을 보존하는 근본이 되는 수로 여겼다. 그러나 3과 7은 항상 신비함 속에 가려져 왔다. 3과 7은 첫 번째 소수다. 즉, 1과 자신의 수를 제외하고는 어떤 인수도 포함하지 않는 수다. 또한 3과 7 모두 홀수다. 어떻게 그런 미신이 생겨났는지 모르지만, 3과 7이라는 숫자는 인간의 역사 속에서 어떤 초자연적인 현상과 밀접한 연관이 있었다.

예를 들면, 세계 7대 불가사의, 그리스 7인의 현인, 7개의 행성(그당시 2개의 행성은 발견되지 않았다), 음악에서의 7 음계, 3인의 현인, 기독교의 삼위일체, 해군 나침판의 세 잎으로 된 장식무늬, 7대 바다, 7개의 천체, 7일간의 일주일, 3차원의 공간, 일곱 번째 아들의 일곱 번째 아들, 롬바의 7개의 언덕, 7년의 흉작과 7년의 풍작, 3인의 수녀 또한 모든 세계적인 문학작품을 보더라도 3과 7은 중요한 역할을 했다.

내가 하나님의 말씀을 듣고 있다고 어떻게 알 수 있는가?

하나님의 음성을 들었다고 하는 사람, 하나님과 대화를 했다고 말하는 사람들이 있다. "하나님께서 나에게 말했는데…", "하나님께서 나에게 말하기를, 그렇게 하면 안 된다"라는 식으로 말을 한다. 어떤 목사는 하나님께서 자기에게 '생명록'을 보여주셨는데, 당신의 이름이 없다며 허무맹랑한 말을 하기도 했다.

하지만 이들은 하나님에게서 들은 것도 계시를 받은 것도 없다. 하나님은 분명히 말씀하고 계시지만 음성으로 말씀하지 않는다. 하나님의 음성은《성경》을 펼치면 들을 수 있다. 예를 들면, 오늘은 구약의 〈이사야〉를 펼치니, 〈이사야〉 55장 9절의 말씀이 들려왔다. "이는 하늘이 땅보다 높음 같이 내 길은 너희의 길보다 높으며 내 생각은 너희의 생각보다 높음이니라"

영적인 이해에 도달하는 데는 지름길이 없다. 하나님과 같이 걸어가는 것을 배워야 하는데, 오직 믿음으로만 그의 음성을 들을 수 있다.《성경》도 믿음으로 읽을 때 새로운 감동을 주는데, 어제 읽을 때와 오늘 읽을 때 다르게 놀라운 감동을 준다.

잘못하면 당신 자신의 음성을 하나님의 음성으로 들을 수 있고, 사탄의 음성을 속삭이는 아름다운 여인의 음성으로 들을 수 있다. 항상 하나님은 조용히 우리의 기도 가운데 우리에게 말씀하신다. 그의 음성을 듣는 데는 시간과 인내심이 필요하다. 믿음으로 기도하라. 네 몸과 마음과 영혼을 다 바쳐서 하나님을 찾을 때 찾을 수 있다고 하나님은 말씀하셨다(잠언 8:17).

어떻게 하면 하나님의 음성을 들을 수 있을까?

하나님과 믿음으로 동행하는 시간을 가져라. 〈창세기〉 5장 22절에서도 에녹은 므두셀라를 낳은 후 300년을 하나님과 동행했다고 하였다. 24절에서는 에녹이 하나님과 동행하더니 하늘에 휴거되었다고 했다.

에녹은 〈창세기〉에 등장한다. 그는 300년 동안 하나님과 동행하다가 죽지 않고 하늘로 들려 올라갔다. 그는 최초의 승천자이며, 하나님을 기쁘시게 하는 자라는 증거를 받았다.

에녹은 하나님과 동행함으로써 하나님의 음성을 듣고 하나님을 기쁘게 해 드렸다고 본다. 그는 은둔 생활이 아니라, 평범한 사람으로서 귀찮고 번거로운 가정생활 중에도 300년이나 하나님과 동행하였다. 그는 성결한 삶을 생활로 보여준 사람이다. 신약에 의하면, 그는 "하나님을 기쁘시게 하는 자"(히브리서 11:5)라는 증거를 받았고, 또 당시 경건하지 않은 사람들의 죄를 책망하여 증거(전도)한 사람이다(유다서 1:14~15).

하나님의 음성을 듣기 위해서는 우리가 하나님을 알아야 한다. 우리가 그의 임재 속으로 들어가기 위해서는 죄를 짓지 말아야 한다. 우리의 영혼을 거슬러 싸우는 육체의 정욕을 제어해야 하며, 온 마음과 정성을 다하여 하나님을 사모해야 한다. 그럴 때 하나님은 그의 음성을 들을 수 있는 길을 열어주신다. 이런 변화가 하나님의 음성을 들을 수 있는 길을 열어준다.

성경이란 무엇인가?

하나님이 인간에게 주신 선물 중 가장 고귀한 것은 《성경》이라 할 수 있다. 하나님께서 인간을 구원하심과 또 구주를 통해 인간에게 부여되는 온갖 행복은 이 책을 통해서만 알 수 있다(마태복음 22:29, 요한복음 5:39).

"《성경》은 구약과 신약으로 된 것으로써 그 하나가 없어도 성서는 완전한 것이 아니다. 신약은 꽃이요, 열매이기 때문에 보기에 아름답고,

에이브러햄 링컨
그는 "부자나 위인이 되기보다 《성경》 읽는 것을 즐기는 사람이 되라"는 어머니의 유언을 따라 《성경》을 읽고 또 읽었고 결국 《성경》 한 권으로 남북전쟁에서 승리하고 노예해방과 미국 통합을 이뤄냈다. "하나님이 내게 주신 가장 큰 선물은 《성경》이다" 링컨의 고백.

우치무라 간조
일본이 낳은 세계적인 개신교 신학자인 우치무라 간조 그의 묘비에 이렇게 새겨달라는 유언을 남기고 1930년 70세로 세상을 떠났다. "나는 일본을 위하여, 일본은 세계를 위하여, 세계는 그리스도를 위하여, 그리고 모든 것은 하나님을 위하여!"

마르틴 루터
그는 원래 로마 가톨릭 교회의 신부였으나, 로마 가톨릭 교회의 부패에 항거하여, 로마 가톨릭 교회의 교리와 전통을 논박하고, 성서가 지니고 있는 기독교 신앙에서의 유일한 권위와 하나님의 은혜를 통한 구원을 강조하였다. 그의 성서 번역, 많은 저작 활동, 작곡과 설교는 사회와 역사에 많은 영향을 주었다.

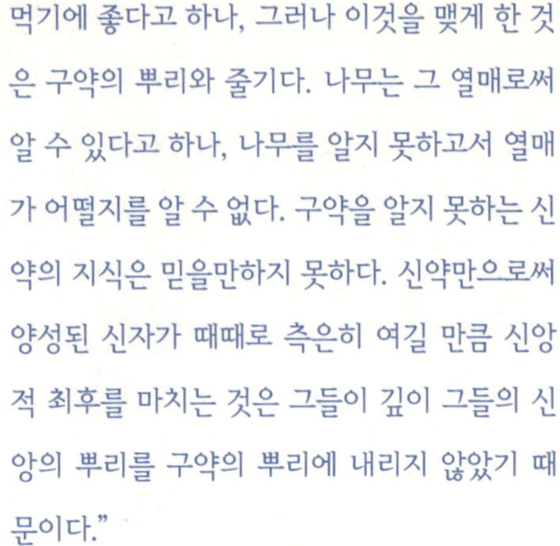

먹기에 좋다고 하나, 그러나 이것을 맺게 한 것은 구약의 뿌리와 줄기다. 나무는 그 열매로써 알 수 있다고 하나, 나무를 알지 못하고서 열매가 어떨지를 알 수 없다. 구약을 알지 못하는 신약의 지식은 믿을만하지 못하다. 신약만으로써 양성된 신자가 때때로 측은히 여길 만큼 신앙적 최후를 마치는 것은 그들이 깊이 그들의 신앙의 뿌리를 구약의 뿌리에 내리지 않았기 때문이다."

–에이브러햄 링컨Abraham Lincoln

"《성경》은 그리스도의 신성을 입증하여 주는 증거로 가득 차 있다. 유대인들이 '당신은 누구냐?'고 그리스도에게 물었을 때 그는 단순히 이렇게 말씀하셨다. '나는 너희의 예언자이며 설교자다. 나는 모세가 미리 말한 그 사람이다.'"

–우치무라 간조うちむら かんぞう

"《성경》이라는 단어는 그리스어의 '책Biblos'이라는 말에서 파생한 것이고, 다른 이름이 있는데 "the Scriptures"(고린도전서 15:3~4) 혹은 "하나님의 말씀"(히브리서 4:12) 등이다. 여기

the Scriptures는 "손으로 쓰다Hand Writing"를 의미하는 헬라어 'Graphe'에서 유래되었다. 쓰는 것과 관련된 영어 단어들의 모체는 라틴어의 Scriptus라 할 수 있는데 Scribo로부터 Write가 유래되었다.

이 두 단어로부터 영어의 단어 Scribe(쓰다, 베끼다), Scribble(갈겨쓰다), Script(손으로 쓰기), Scripture(성서)의 어원을 쉽게 찾을 수 있다.

타이프라이터가 발명되기 전에는 모든 문자가 손으로 쓰인 것은 분명하다Manuscript의 Manus는 '손Hand'을 의미한다."

-마르틴 루터

《성경》의 중심 사상

구약은 하나님의 구속 계획을 명시하는 예언서이며, 신약은 그리스도의 구속 사역에 관한 진리의 거대한 파노라마가 전개되는 책이다.

《성경》의 중심 주제인 그리스도의 구원 사역, 이것은 마치 거대한 심포니에서 울려 퍼져 나오는 하나하나의 멜로디가 우리의 마음에 심금을 울리고 있다. 계시의 직물에는 한 올 한 올의 실이 꽉 차 있다. 또한 예수 그리스도는 신구약의 문을 열 수 있는 열쇠이며, 아직도 더 가야 할 길의 길동무다.

《성경》에는 오류가 전혀 없는가?

《성경》은 틀리기 쉬운 경향Tendency을 가지고 있지만, 또한 무오성 Inerrability을 가지고 있다. 〈마태복음〉 24장 35절의 "천지는 없어질지언정 내 말은 없어지지 아니하리라"는 이 말씀은 《성경》에 있는

조토 디본도네Giotto di Bondone의 〈가룟 유다의 키스〉(1305년)
유다는 은 삼십을 받고 예수님을 장로들에게 팔았다. 그 후 그는 죄책감으로 죽음을 선택했다. 그의 죽음에 관해 《성경》에는 다양하게 기록되어 있다.

모든 말씀은 하나님의 말씀이므로 그 말씀이 지닌 권위가 절대적이며, 영원하며, 모두 온전히 진실하여 어떤 부문에 있어서도 오류가 없음을 강조하고 있다(시편 12:6).

하나님의 말씀은 궁극적인 진리의 기준이다(요한복음 17:17). 《성경》은 인간의 손을 통해서, 또한 인간의 입술을 통해서 하나님의 말씀을 기록했다. 비록 죄가 있는 불완전한 인간의 손으로 쓰였다고 해도 하나님의 말씀에는 오류가 없다.

인간은 불완전하기 때문에 실수도 있고 부분적으로 틀릴 수 있는 경향Errancy을 가지고 있지만, 하나님 말씀의 진실성은 영원히 무오성을 가지고 있다. 예를 들면, 가룟 유다는 〈마태복음〉에서는 목매어 자살했고(27:5), 〈사도행전〉에서는 벼랑에 몸을 던져서 죽었다(1:18). 이것은 《성경》 저자들이 보는 관점이나 보고된 사건의 정밀도에 대한 문제이지, 《성경》의 무오성과는 관계가 없다. 유다가 죽은 것은 사실이지만, 그가 어떻게 죽었느냐 하는 정밀도는 큰 문제가 되지 않으며 《성경》을 읽는 사람에게도 영향을 주지 않는다.

《성경》의 무오성이란 진실성에 관계된다. 문법적으로 맞지 않는 문장이 있다고 하더라도 그 문장에는 확실한 진실성이 있기 때문에 무오하다.

예수님의 말씀이나 신약 저자들이 구약을 인용한 말씀이 똑같지 않다고 해도 무오성에 관계가 되지 않는다. 오늘날 우리가 읽는 《성경》은 원본과 똑같지 않은 것은 사실이다. 왜냐하면 2,500여 년 동안 《성경》은 원문을 보고 수많은 서기관과 유능한 자들이 카피했기 때문이다. 원본은 지금 찾아볼 수 없지만, 발견된 사본을 탄소 14로 연대 측정한 결과 BC 200년 혹은 AD 200년 전의 것으로 우리가 가지고 있는 《성경》의 내용과 99퍼센트가 같은 것으로 나왔다.

《성경》은 몇 권의 책으로 되어 있는가?

《성경》은 66권의 책으로 되어 있고, 구약은 39권, 신약은 27권으로 되어 있다. 구약은 원래 히브리어로 기록되었고 〈다니엘〉서와 〈에스겔〉서의 일부는 아람어로 기록되었다.

세계에서 가장 많이 읽히고 있는 《성경》은 지금까지 303개의 언어로 번역되었으며, 부분 인용된 경우까지 포함하면 총 2,400개의 언어로 번역되었다. 전 세계인구의 90퍼센트 이상의 사람이 적어도 모국어로 《성경》을 읽을 수 있다는 이야기다. 《성경》은 1815년부터

2009년까지 약 100억 권이 인쇄되었다고 추정되며, 그중 60억 권은 성서공회에서 만들어졌다.

오늘날 《성경》은 사람들의 삶의 한 부분이 되어 그 속에서 울고 웃으며 여러 다양한 인간상을 만난다. 또 《성경》에 나오는 위대한 인물들의 이름을 따서 아이들의 이름을 짓고, 그 구절들을 인용해 일상생활을 꾸려간다. 《성경》은 정부의 금지령, 종교계 반대자들의 소각, 비평가들의 공격을 이겨냈다. 역사상 그처럼 심한 반대에 부딪히고도 살아남은 책은 《성경》밖에 없다.

 # 병이 들면 기도만 해야 하나, 병원에 가야 하나?

병원에 가서 의사의 진단을 받고 처방한 약을 받아 복용해서 치유하는 것은 인간적인 방법이며, 오로지 기도에만 의존하는 것이 믿음의 행위라고 말하는 사람들이 있다.

믿음의 기도(누가복음 8:48, 17:19)로도 치유를 받을 수 있다. 그러나 병든 사람을 위해 기도해주는 사람(장로)의 믿음이 환자의 믿음보다 더 중요하다(야고보서 5:15). 물론 환자가 믿음이 없으면 치유가 불가능할 때도 있다. 12년 동안 혈류병을 앓던 여인이 예수님 뒤로 와서 그 옷 가에 손을 댈 때 혈류병이 즉시 낳았다(누가복음 8:43~44). 이것은 환자의 믿음을 보고 예수님이 고쳐주신 것이다.

　의사가 진단하여 약으로 환자의 병을 고치는 것은 결국은 하나님께서 행하시는 치유의 가장 보편적인 방법이다. 의사가 병을 고치는 것이 아니기 때문이다. 즉, 하나님께서 환자들을 위해서 의과 대학을 세우시고 우수한 학생들을 입학시켜 의술을 배우게 하신 것이다.

　의사가 처방하는 치유의 능력을 가진 약들은 이미 하나님께서 땅속에 씨를 뿌려서 자라게 했다. 이것을 우리 인간은 죄로 말미암아 눈이 어두워져서 환자들을 치유할 수 있는 약초들이 있는데도 발견하지 못할 뿐이다. 땅속에서 자라는 약초들은 인간의 각종 병을 치유하고도 남을 정도로 다양하다. 현재에 와서는 미생물들의 의식 구조를 해부하고 화학적 언어를 통해 미생물을 인간 편으로 만들어 병을 치유하도록 하는 최면술도 과학자들은 이용하고 있다.

　병원에 갈 수 있는데도 가지 않고, 약이 있는데도 약 쓰기를 거부

파올로 베로네세Paolo Veronese의 〈그리스도와 혈루병을 앓던 여인〉(1565~1570년)

12년 동안 혈루증을 앓아 온 여인이 있었는데, 의사들에게 재산을 모두 썼지만 어느 누구도 그 여인의 병을 고쳐줄 수 없었다. 그 여인은 예수의 뒤로 비집고 다가가 그의 옷자락에 손을 댔다. 그러자 즉시 출혈이 멈췄다. 예수님은 그 여인에게 "딸아, 네 믿음이 너를 구원했다"고 하셨다.

🔍 **혈루증**

　이 병에는 기능성자궁출혈과 기질적 자궁출혈(염증, 패혈증, 종양, 백혈병 등에 의한 병) 등이 있다. 기질적 자궁출혈 중에서 악성이 암이다. 장기간 출혈되는 것이 증식성 자궁내막염으로 된다. 〈레위기〉에 혈루증은 부정한 병으로 그 사람이 만지는 것은 모두 부정한 것으로 여겼다. 당시 유대인은 의식적인 정결을 중시하였기 때문에 정상적인 월경도 부정한 것으로 취급하였다.

해서 자신이나 다른 사람의 병이 악화하여 위험에 빠지게 하는 것은 믿음의 행위라기보다는 오히려 하나님의 보편적인 창조 능력을 저하하는 것이다. 이런 행위는 (일상적인 방법이 있는데도 불구하고) 오히려 하나님을 시험하는 것이 된다. 다시 말하면, 마귀가 예수님을 시험하기 위해서 계단으로 내려오는 일상적인 방법(자연적인)이 있는데도 불구하고 그것을 피해서 성전 꼭대기에서 뛰어내리라고 한 사건과 같다(누가복음 4:12).

그러나 한 가지 알아야 할 매우 중요한 사실이 있다. 지금 인간에게 생기는 병의 종류는 수 천 가지가 넘는데 겨우 병의 원인을 알아낸 것이 300가지 정도밖에 안 된다. 그중에서도 치료 가능한 것은 100종류가 넘지 않는다. 환자들의 병을 다 고칠 수 없다는 사실이 바로 그것이다. 그러기 때문에 믿음의 기도는 항상 필요하다.

구약에 보면, 선하고 정직했던 아사 왕도 하나님보다는 사람을 먼저 의지했다. 그는 절망적인 상황에서는 하나님께 향했지만, 자기 방법으로 할 수 있다고 생각될 때는 하나님을 의지하지 않았다.

"아사가 왕이 된 지 삼십구 년에 그의 발이 병들어 매우 위독했으나 병이 있을 때에 그가 여호와께 구하

지 아니하고 의원들에게 구하였더라 아
사가 왕위에 있은 지 사십일 년 후에 죽
어 그의 조상들과 함께 누우매"(역대하
16:12~13)

아사 왕이 의사를 통해서 병을 치료하
려고 한 것이 잘못된 것이 아니라, 하나
님보다는 사람을 의지하려고 했던 마음
이다. 의지한다는 말은 히브리어로 '쇠
안'으로 '기대다, 기울다'의 뜻으로 어떤

히스기야는 병이 들었을 때 이사야를 통
하여 죽게 될 것이라는 말씀을 들었지
만, 하나님께 기도하므로 3일 만에 성전
에 올라가겠고 15년을 더 산다는 일영표
로써 징조를 받았다.

강력한 대상에게 마음을 쏟는 상태를 의미한다.

하나님은 초자연적인 방법으로도 병을 고치시지만, 때로는 자연
치료를 통해 고치시기도 한다. 히스기야가 무화과로 약을 만들어
발랐을 때 병이 나았다(열왕기하 20:1~7). 그러므로 의사의 치료와
약의 복용으로 병이 나음도 하나님의 허락하심이다.

미국의 오랄 로버트Oral Roberts가 처음 사역을 시작할 때 오직 이
적을 통한 치병治病만 강조했다. 그러던 그가 생각을 바꾸어 근래에
와서 그의 종합대학교 외과대학을 건립하여 이적치료와 자연치료
를 함께 했다.

오늘날 일부 교회가 병원출입을 정죄하는 일은 하나님의 은총을
부인하는 일이요, 하나님의 주권을 부인하는 잘못이다. 동시에 병
낫기 위하여 기도하지 않고 병원만 믿는 것은 하나님의 초자연적인
능력을 부인하는 불신이다. 야고보는 병이 나면 약도 쓰고 기도도

할 것을 가르쳤다. "주의 이름으로 기름을 바르며 그를 위하여 기도 할지니라"(야고보서 5:14) 여기 '기름'은 가톨릭 교회에서처럼 의식 으로 바르는 것이 아니라, 치료제로써의 기름을 가리킨다.

선한 사마리아인이 강도를 만나 상처 입어 죽어가는 사람에게 포 도주와 기름을 바른 것도 알코올로 소독하며 치료제로써 기름을 바 른 것이다. 예수님의 제자들도 많은 병인에게 기름을 발라 병을 고 쳤다(마가복음 6:13). 그러나 기름을 발라도 "주의 이름으로" 하라고 하였다. 이것은 주님을 의지하는 마음으로 약을 쓰며 기도하라는 뜻이다. 약을 쓰는 것을 무조건 불신앙으로 보는 것은 잘못이다. 주 의 이름으로 약을 쓰지 않는 것도 마찬가지다.

병 고치는 방법이 초자연적인 방법이든 자연적 방법이든 그 결과 는 하나님의 주권에 있다. 그러므로 우리는 기름을 바르고 그 다음 에 믿음의 기도를 드려야 한다. 따라서 병을 고칠 때 기도로 고치든 지 약으로 고치든지 고쳐주시는 분은 오직 하나님이심을 믿는 신앙 자세를 가져야 한다.

예수님의 족보에는
왜 죄인들이 있는가?

예수님의 공식 족보Genealogy에는 네 명의 여자가 등장한다(마태복 음 1:1~17). 유대인의 족보에 여자의 이름이 기록된다는 것은 상상

할 수 없다. 당시 여자는 법률상의 권리
가 없었다. 여자는 하나의 인격으로서가
아니라, 물건으로 간주하였다. 여자는
단순히 그 여자의 아버지나 남편의 소유
이고, 그 주인이 원하는 대로 처분할 수
있었다.

아침 기도문의 규례적인 형식에 보면
유대인은 하나님께서 자기들을 이방인
으로, 노예로, 여자로 만들지 아니한 것
을 감사한다. 그러므로 족보에 여자의
이름이 실려 있다는 것은 대단히 놀라운
일이다. 그보다도 이 여자들이 누구이며
무엇을 한 사람인지를 알면 더욱 놀라게
된다.

오라스 베르네Horace Vernet의 〈유다
와 다말〉(1840년)
가문의 씨를 받으려는 간교한 며느리 다
말을 범한 시아버지 유다의 수치스러움
이 담겨진 그림이지만, 하나님은 그런
집안도 사랑하셨다.

'라합'은 여리고의 기생이었다(여호수
아 2:1~7). '룻'은 유대인 여자가 아닌 모압 여자(이방인)이고(룻기
1:4), 율법의 "암몬 사람과 모압 사람은 여호와의 총회에 들어오지
못하리니 그들에게 속한 자는 십 대뿐 아니라 영원히 여호와의 총
회에 들어오지 못하리라"(신명기 23:3)고 한 말씀을 범하고 있는 여
자였다. '다말'은 고의적으로 사람을 유혹하는 여자였다(창세기 38
장). 솔로몬의 어머니 '밧세바'는 잔인한 수법으로 다윗이 그녀의 남
편 우리아에게서 빼앗은 여자였다.

얀 마시스Jan Massys의 〈다윗과 밧세바〉(1562년)

다윗이 궁전 옥상에서 목욕하는 밧세바의 모습에 반하여 자신의 아내로 삼았다. 그 전에 다윗은 자신의 충실한 부하 장수였던 우리아를 은밀한 명령을 내려 전쟁터에서 죽게 했다. 이 일로 하나님은 나단 선지자를 보내어 다윗을 책망한다. 하나님의 징계로 밧세바를 통해 태어난 다윗의 아이는 죽게 된다.

만일 마태가 이들에 관해서 구약을 자세히 살펴보았다면, 예수 그리스도의 조상으로는 내세우지 못했을 것이다. 그러나 여기에는 숨겨진 진리가 있다. 그것은 예수 그리스도 안에 있는 하나님의 복음, 바로 그 본질을 상징적으로 보여주기 위해서다.

족보에 나타난 여인들의 업적은 내세울 만한 것이 없지만, 하나님은 그들의 죄악으로부터 선을 끌어내었고 예수님은 그 핏줄에서 나왔다.

 ## 예수님에게 남동생과 여동생이 있었는가?

예수님께 남동생과 여동생이 분명히 있었다. 이 사실은 복음서에 여러 번 명확하게 언급되어 있는데도 일부 신학자들과 가톨릭 교회는 그것을 부인하고 있다(마태복음 12:46~47).

가톨릭 교회는 마리아가 평생 처녀Perpetual Virgin로 살았다는 것을 주장하고 있다. 하지만 예수의 탄생과 유년 시절에 대한 기록을 제외하면, 마리아는 복음서에 거의 언급되지 않는다. 그러나 마리

〈예수의 어머니와 형제들〉
어느 날 예수님의 가족들이 예수님을 찾
았다. 예수님은 많은 사람 앞에서 공적
으로 이렇게 말씀하셨다. "누가 내 어머
니며 동생들이냐… 누구든지 하나님의
뜻대로 행하는 자가 내 형제요 자매요
어머니이니라"(마가복음 3:35)

부오나로티 미켈란젤로Buonarroti Miche
langelo의 〈피에타〉(1498~1499년)
가톨릭은 《성경》에서 예수의 형제들을
거론하고 있는데도 마리아가 남편 요셉
과 정상적인 부부 관계를 초월한 신성한
존재로 여긴다. '피에타Pieta'란 이탈리아
어로 '자비를 베푸소서'라는 뜻으로, 성
모 마리아가 죽은 그리스도를 안고 있는
모습을 표현한 그림이나 조각상을 말한
다. 이 피에타 상은 미켈란젤로가 로마
에 머물던 시절인 25세 때 프랑스인 추
기경의 주문으로 제작하였다.

아와 요셉에게는 자녀가 적어도 여섯 명은 더 있었다는 사실을 알 수 있다. 어떤 사람들은 그것에 놀랄지 모른다. 그러면 복음서에서는 어떻게 알려주고 있는 살펴보자.

요셉은 마리아가 받은 하나님의 아들을 출산하는 특별한 영예에 대해 깊은 존중심을 가지고 있었다. 그는 마리아가 아들을 낳기까지 동침하지 않았다(마태복음 1:25). "낳기까지"라는 말에는 요셉과 마리아가 남편과 아내로서 정상적인 성관계를 가졌음을 암시한다.

복음서 기록들은 그 결과 마리아와 요셉 사이에 자녀들, 곧 아들들과 딸들이 있었다고 알려준다. 야고보 · 요셉 · 시몬 · 유다는 예수님의 이부형제다(마태복음 13:55~56). 이 자녀는 일반적인 방식으로 잉태되었다.

그러나 가톨릭 교회의 주장은 예수님의 어머니 마리아는 영원한 동정녀 혹은 평생 동정녀Aeiparthenos라고 하며, 예수님의 형제 야고보(마태복음 13:55)와 요셉은 다른 마리아(마태복음 28:1)의 아들이라 주장한다.

다음의 《성경》 구절을 보면 가톨릭 교회의 주장이 얼마나 빈약한지를 알 수 있다.

"이는 그 목수의 아들이 아니냐 그 어머니는 마리아, 그 형제들은 야고보, 요셉, 시몬, 유다라 하지 않느냐"(마태복음 13:55)

"이 사람이 마리아의 아들 목수가 아니냐 야고보와 요셉과 유다와 시몬의 형제가 아니냐 그 누이들이 우리와 함께 여기 있지 아니하냐 하고 예수를 배척한지라"(마가복음 6:3)

사도 바울도 증거하기를 "주의 형제 야고보 외에 다른 사도들을 보지 못하였노라"(갈라디아서 1:19)고 하였다.

왜 가톨릭 교회는 의도적으로 《성경》의 기록을 왜곡하고 있는가? 이런 은폐된 목적은 마리아가 남편 요셉과의 정상적인 부부 관계를 초월한 신성한 존재라는 것을 퍼뜨리기 위해서다. 그리고 독신 생활을 하는 신부와 수녀들의 모형으로 만들기 위해서다.

한글 성경은 언제 누가 번역했는가?

에스키모 《성경》은 한국보다 거의 300년 앞서 번역되었다. 한국에 《성경》을 소개한 사람은 1832년에 화란 선교사 카를 구즐라프Karl Gutzlaff 목사였다. 그는 주기도문을 우리말로 번역하기도 하였다.

스코틀랜드 연합장로회 선교사 존 로스와 한국사람 이응찬, 백홍준, 이성하, 김진기는 1880년 말에 만주에서 〈사복음서〉와 〈사도행전〉을 완역하였다.

카를 구즐라프

그는 1832년 동인도회사의 중국개항 조사원 통역으로 산동지방에 왔다가 황해를 건너 충청도 근해 여러 지역에 한문 《성경》을 배포하였다. 그 후 1866년 미국 상선 제너럴 셔어먼호를 타고 대동강을 거슬러 평양까지 와서 통상을 교섭하면서 선교의 방법을 모색했으나, 이해의 부족으로 평양의 관군과 충돌하기도 했다. 그 후 만주의 우장에 와서 존 로스와 존 맥킨타이어를 만나 활동하였다.

1887년에 존 로스 목사는 같은 계통에서 파송된 존 맥킨타이어와 함께 신약성경 전부를 번역하였다.

1882년에 한국에 문호가 개방되어 1885년 호러스 언더우드와 헨리 아펜젤러Henry Gerhard Appenzeller가 들어와서 성서사업을 추진하였다. 1887년에 아펜젤러 역 〈마가복음〉, 1890년에 언더우드 역 〈누가복음〉과 메리 스크랜턴Mary Fletcher Benton Scranton 역 〈로마서〉, 1892년에 3인 공역인 〈마태복음〉, 1894년에 말콤 펜윅Malcom C. Fenwick 역 〈요한복음〉, 1895년에 〈사복음서〉와 〈사도행전〉, 1897년에 〈골로새서〉와 〈베드로전후서〉, 1900년 5월에 신약성경 전부가 완역되었다.

안식일은 토요일인가?

안식일Sabbath day은 원래는 1주의 마지막 날이었다. 안식일의 변천 과정의 초기에는 이날을 모든 신체적 노동의 금기일로 지켜졌는데, 그 이유는 이날이 사람에게 화를 미치는 신들이나 영들이 지배하는

흉일로 여겨졌기 때문이다.

결국 그날은 신에게 예배를 드리는 긍정적인 날로 바뀌었다. 그러면서 이날에는 일상 활동을 중지할 뿐만 아니라, 회당에 모여 제물과 기도를 드리는 의식을 거행하게 되었다.

안식일은 기본적으로 그 기원이 유대적이다. 고대의 전통에 따라서 유대교에서는 항상 1주의 제7일인 토요일을 안식일로 지켜왔다. 이 관습은 초대 유대 기독교인 가운데에도 있었다. 그러나 이방 기독교인들은 다분히 바울의 인도로(골로새서 2:16~23, 참조 고린도전서 16:2, 갈라디아서 4:9~11) 점차 이날을 1주의 첫 날인 일요일로 옮겼다.

이런 과정 가운데서 이것은 빛이 첫 날에 창조되었으며(창세기 1:3~5), 세상의 빛인 예수님께서 일요일에 음부의 세계에서 올라오셨다는 성서상의 전승에서 영향을 받게 되었다.

안식일과 주일

하나님은 6일간에 걸쳐 천지 만물을 창조하시고, 제7일째는 안식하셨으며, 인간에게도 십계명 중 제4계명으로 안식일을 기억하며 거룩하게 지키라고 명하셨다. 유대인이 휴일로 지키는 안식일은 금요일 18시부터 토요일 18시까지를 말하며, 히브리어인 '샤밧shabbath'은 '쉬다' 또는 '중지하다'라는 뜻을 갖는다. 이처럼 거룩한 휴식의 날로써의 안식일은 사람을 위해 제정하신 것으로, 영적이고 정신적인 필요는 물론 전인적이며 신체적인 요구까지 충족시키는 날이 되게 하셨다. 그러나 인간이 범죄함으로 진정한 하나님의 안식과 인간의 안식은 깨어지고 말았다. 안식일에 일하는 자는 죽임을 당하리라는 경고도 주셨다.

한편, 주일은 예수님께서 안식 후 첫날인 일요일에 부활하신 사실을 기념하는 8일째의 날로써 구원이 완성되었음을 선언한다. 예수님께서는 지상 최후의 안식일을 돌로 막은 무덤 속에서 종결지으시고, 안식 후 첫날인 제8일 만에 부활하심으로 새 날, 주일을 제창하셨다. 하나님께서는 우리에게 이날을 지키게 함으로써, 하나님을 알고 장차 다시 오실 예수 그리스도를 영접하기 위한 준비과정이요, 영원한 안식을 배워나가도록 하셨다.

모세오경의 저자는 과연 모세인가?

오경Pentateuch이란 용어는 《성경》의 처음 5권의 책 〈창세기〉·〈출애굽기〉·〈레위기〉·〈민수기〉·〈신명기〉를 말한다.

《성경》은 출애굽을 BC 1491년으로 보고 있지만, 사실은 이집트 제18왕조(BC 1295~1186년)로 보는 것이 정설이다. 이런 연대 측정은 새로운 성서 연대기를 개척한 데이비드 롤David M. Rohl인 세계적인 성서 고고학자에 의해서 행해졌다.

하지만 최근에 〈여호수아〉서의 역사적 신빙성에 대한 회의가 생겨났고, 심지어는 그 다음에 나오는 〈사사기〉와 〈사무엘상하〉, 〈열왕기상하〉까지도 의심받고 있다. 또한 신학자를 포함한 일부 학자들의 글도 구약성경의 앞부분을 대부분 허구로 다루고 있다. 이유는 구약성경의 앞부분은 옛날 일을 잘 모르는 바빌로니아 유수 이후의 편집자들이 편찬했기 때문이라고 한다.

데이비드 롤
고고학자로서 오론테스 강 연안에 있는 카데시에서 '고고학 연구소'의 발굴 작업에 참여했으며, 현재 '학제학 연구소' 소장이자 '서식스 이집트학회'의 회장을 맡고 있다.

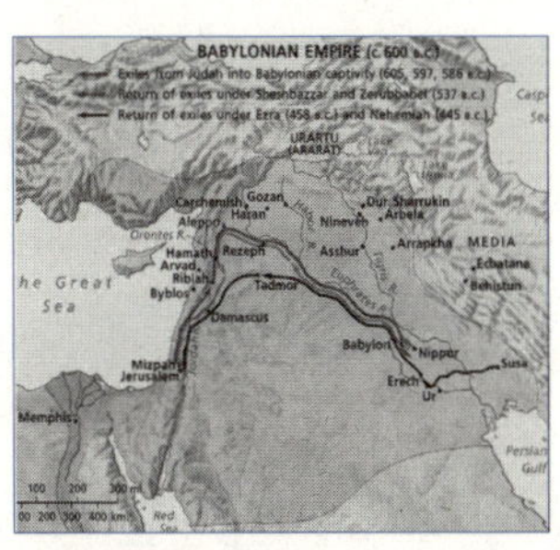

바빌로니아 유수
BC 6세기에 두 차례에 걸쳐, 신바빌로니아에 의하여 정복당한 많은 유대인이 바빌로니아로 끌려갔다. 이후 유대인은 오랜 세월 동안 방랑생활을 하게 되었으며, 일부는 페르시아 키루스 2세의 포로해방령에 의하여 BC 538년에 예루살렘으로 귀국하였다.

《성경》에 기술된 내용을 그대로 믿는 사람과 그 내용의 역사적 진실성을 부인하는 사람 사이에는 철학적으로 넓은 틈이 있는 것은 분명하다. 이 양극의 대립은 '맹목적 믿음'과 '과학적 회의'의 대립이 되어가고 있다. 둘 사이에는 골이 깊어 타협할 여지가 거의 없어 보인다. 그렇다면 학자들은 서로 대립하는 양쪽을 어떻게 화해시킬 수 있을까?

모세는 십계명을 시내 산에서 받았는데 히브리어인지, 이집트어인지 혹은 어느 나라 말인지 정확하지 않다. 그러나 전통적인 견해는 현재 우리가 가지고 있는 모세오경은, 모세 자신의 죽음을 서술한 끝의 몇 절과 다른 책의 저자들이 설명할 목적으로 이따금 삽입한 부분을 제외하고는 모세가 기록했고, 이 책에서 전개되는 모든 사건과 이야기는 역사적 사실로 확인되고 있다. 어떤 신학자들은 모세오경은 BC 800년경에 여러 제사장이 구전을 근거로 종합해서 기록한 것이라고 주장하지만, 역사적으로 입증할 만한 근거가 없다.

그러면 고고학은 어떻게 말하고 있을까? 고고학은 최근에 보수적 견해에 반응을 적극적으로 보이고 있다. 모세 시대에 기록이 없었다는 학설을 완전히 타파하면서 매년 이집트·팔레스타인·메소포타미아에서 발굴되는 것은 구약성경은 역사적 기록임이 틀림없다는 것을 입증해 준다고 말한다.

모세는 오경을 쓸 수 있는 지적능력을 갖추고 있었다. 그는 바로의 궁전에서 당시 이집트 최고의 학자들에 의해서 교육을 받았다. 그는 이집트의 모든 학문뿐만 아니라, 5개 국어를 마스터한 어학의 대가였다.

그는 문학에 재질이 있어 주변에서 일어나는 사건들을 기록하였다. 모세는 자기가 인류 구원 사업에 큰 일을 하고 있다는 것을 이미 알고 있었는지 모른다. 그는 우리 현대인이 고대 역사에 대해서 알고 있는 것보다 더 많은 것을 알고 있었다. 그는 미래의 중요성을 믿는 단체를 조직하고 지도자가 되었다. 그는 역사를 오로지 구전에만 의존해서 기록할 만큼 어리석지는 않았다.

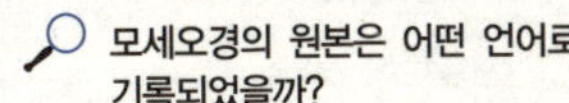

모세는 분명히 오경을 기록했다(창세기 17:14, 24:4, 34:27, 17:2, 33:2, 6:9, 24:1~3, 27:3~4, 31:19, 이 오경을 모세가 기록했다는 주장은 신약성경을 예수 그리스도의 말씀과 사역에 대한 진정한 기록으로 믿는 사람들에게는 중요하다. 즉, 그리스도에 대한 신앙과 구약성서의 정경에 대한 신앙은 불가분리의 관계이기 때문이다. 또한 그리스도와 사도들은 오경을 모세의 저작으로 믿었을 뿐 아니라, 당시 유대교 정경 전체에 대해서 그랬던 것처럼 오경을 거룩한 책 Holy Scripture으로 규정했다(로마서 3:2, 디모데후서 3:16).

성서시대 이후의 유대인들은 오경을 모세가 기록한 것으로 받아들였고, 모세의 죽음에 관한 기록(신명기 34:5~12)만은 여호수아가 기록한 것으로 생각했는데, 요세푸스와 알렉산드리아의 필론Philon of Alexandria은 모세의 죽음에 관한 부분조차도 모세가 자신의 죽음을 미리 예견하고 기록한 것으로 생각하였다.

솔로몬의 성전은 얼마나 화려했는가?

솔로몬의 성전은 BC 970년에 지어졌다. 성전은 거대한 돌과 금을 입힌 백향목으로 지어졌다(열왕기상 6:14~22, 7:9~12). 성전 건축에 사용된 금·은·목재 등은(역대상 22:14~16, 29:2~9) 지금 돈으로 약 20억 달러로 추산되며 그 당시 세상에서 가장 비싸고 찬란한 건물이었다. 성전의 웅장함은 그 목적에 맞을지 모르나, 금은 다른 나라 왕들이 욕심을 내는 대상이 되고 말았다.

또한 성전은 3만 명의 이스라엘 사람과 15만 명의 가나안 사람이 건축했다(열왕기상 5:13~16, 역대하 2:17~18, 8:7~9). 건축은 7년 동안 걸렸다(열왕기상 6:38). 각 부분품은 성전에서

솔로몬 성전의 외부 모습

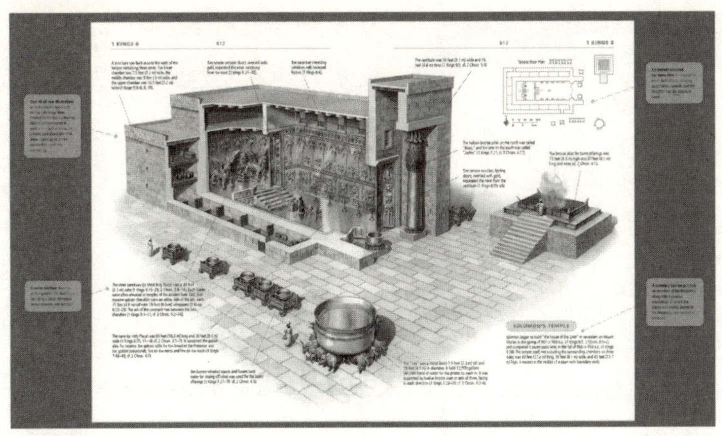

솔로몬 성전의 내부 모습

떨어진 곳에서 제작되어 망치와 어떤 도구의 소리도 내지 않고 조립되었다(열왕기상 6:7).

이 성전은 예루살렘의 다섯 개의 언덕 위에 자리 잡고 있었다. 다윗의 성벽은 동남쪽 언덕을 둘러싸고 있었으며, 솔로몬의 성벽은 중동과 서남쪽 언덕을 둘러싸고 있었다. 솔로몬의 궁전은 이 언덕 아래, 즉 성전 뜰의 바로 남쪽에 서 있었고, 궁전의 남쪽에 솔로몬의 집전실이 있었고, 그 남쪽에 무기 창고로 생각되는 레바논의 나무집이 있었다(열왕기상 7:2~8). 솔로몬의 성전은 약 400년 동안 서 있었다(BC 970~589년).

솔로몬 성전에 들어간 금액

오늘날 화폐가치로 따져보면 엄청난 금액이다. 오늘(1999년 10월) 금

성서시대의 예루살렘에는 같은 장소에 세 곳의 성전이 있었다.

제1성전은 솔로몬 왕이 세운 솔로몬 성전이다. 이것은 BC 586년경 바빌로니아의 느부갓네살 2세에 의해 파괴되었다.

제2성전은 유대인들이 바빌로니아 포로 상태에서 귀환하여, 스룹바벨의 지휘로 파괴된 솔로몬 성전을 재건축한 스룹바벨 성전이다. 이 성전은 로마의 폼페이우스에 의해 다시 파괴되었다.

제3성전은 유대 왕 헤롯이 폐허가 된 스룹바벨 성전 터 위에 세운 헤롯 성전인데, 이것은 70년 로마군이 파괴하였다. 현재의 '통곡痛哭의 벽'은 이 제3성전 서쪽 벽의 남은 잔해에 해당한다.

시세는 1온스 당 287.85달러다. 1킬로그램은 32.25트로이 온스다. 그러므로 금 1킬로그램의 가치는 32.25온스×287.85달러＝9,283,1625달러다.

이를 약 9,280달러로 계산해보자. 10만 달란트를 오늘날의 도량으로 바꾸어보면 100,000×30킬로그램＝3,000,000킬로그램이다. 3,000,000×9,280＝27.8빌리언 달러가 된다.

또한 은도 계산해보면 1,000,000×30킬로그램×179.31달러(은 1온스는 5.56달러)＝5.3빌리언 달러나 된다. 여기에는 다윗이 개인적으로 낸 금 3,000달란트와 족장들이 낸 5,000달란트는 포함되어 있지 않다. 이들 모두를 합하면 27.8＋5.3＋2.2빌리언＝35.3빌리언 달러가 된다. 그 외 다윗과 족장들이 낸 은과 놋, 철, 목재와 돌들을 더해보면 그 가치는 말할 수 없을 만큼 크다.

이렇게 엄청난 양의 금과 은과 귀한 석재와 목재들로 성전이 지어지고 난 후 솔로몬이 하나님께 기도를 드렸을 때 하늘에서 불이 내려와 드려진 번제물과 제물들을 태울뿐더러 주의 영광이 성전을 가득 채웠다.

성경에는
모순이 없을까?

골리앗은 다윗에 의해 살해당했다(사무엘상 17:50). 그런데 그는 또 베들레헴 사람 야이르의 아들 엘하난에게 죽임을 당하기도 하였다(사무엘하 21:19, 공동번역).

〈사무엘상〉 31장 4~6절을 보면, 사울 왕은 블레셋과의 전쟁에서 패한다. 그 과정에서 사울 왕은 불레셋 군인이 쏜 화살에 맞아 중상을 입게 되고 그 자리에서 자신의 칼로 자결한다. 옆에 있던 사울 왕의 무기든 자도 같이 자결한다. 그러나 〈사무엘하〉 1장 9~10절을 보면, 아말렉과의 전쟁에서 승리한 후 시글락에서 잠시 머물고 있을 때 다윗에게 한 군인이 나아와 자신이 사울 왕을 죽였다고 말한다.

베첼리오 티치아노Vecellio Tiziano의 〈다윗과 골리앗〉 (1543년)
골리앗은 다윗에 의해 살해당했을까? 엘하난에 의해 살해당했을까?

누가 예수님의 친할아버지인가는 두 가지 설이 있다. 〈마태복음〉은 요셉의 아버지가 야곱이라고 하고(1:16), 〈누가복음〉은 헬리라고 한다(3:23).

여호야긴이 왕이 되었을 때 〈열왕기하〉에서는 18세였다고 하고(24:8), 〈역대하〉에서는 8세라 한다(36:9). 유다는 〈마태복음〉에서는 목매달아 자살했고(27:5), 〈사도행전〉에서는 벼랑에 몸을 던져 죽었다(1:18).

《성경》에서 보여주는 모순은 《성경》은 사실이라는 것을 확증시켜 준다. 같은 사건을 서로 다른 기자가 기록할 때 시간과 환경과 참고문헌에 따라 약간의 차이가 있는 것은 저자들의 기록이 더욱 진실함을 보여준다.

이것은 BC 700년부터 오늘날까지 내려오면서 저자들이 사전 타협하지 않았음은 물론 어떤 세력도 《성경》을 조작하지 않았음을 가장 구체적으로 증명해 준다.

'쉬Shi'를 '시Si'로 발음하여 4만 2,000명이 살해된 민족은 어느 민족인가?

잘못된 발음으로 4만 2,000명이 살해되어 유대인의 한 지파가 멸종되었다. 이 십볼렛Shibboleth이라는 단어는 '곡식 이삭'이라는 뜻으로

'쉬Shi'를 '시Si'로밖에 발음하지 못하는 에브라임 족(현재 스페인과 루타니아Lutania 사람의 조상)을 가려내기 위하여 사용되었다는 사실이 《성경》(사사기 12:5~6)에 씌어져 있다.

입다의 슬픈 이야기

암몬 족은 수시로 유대인 마을을 불태웠고 많은 물품을 약탈해갔다. 따라서 서로 간의 권익을 앞세우느라 다투었던 유대인도 이때만큼은 서로 힘을 모아 공동의 적 암몬을 몰아내는데 뜻을 함께해야 했다. 그리하여 유대인은 일시적으로나마 서로 단결하여 그들을 이끌어 나갈 지도자를 뽑았는데 그가 바로 입다였다. 입다는 단 번에 암몬 족을 물리쳤다.

조지 엘가 힉스George Elgar Hicks의 《슬퍼하는 입다의 딸》(1871년)
암몬과의 전쟁에서 승리하고 돌아온 아버지를 축하하기 위해 딸은 마중을 나왔지만, 입다의 서원으로 그녀는 번제로 드려졌고, 입다는 일 년에 네 번씩 이 비운의 딸을 위하여 곡하였다.

그러는 동안에도 유대인들 간에 오랫동안 자리 잡고 있던 분쟁은 여전히 지속되었다. 일부 에브라임 군사들이 같은 군인으로서의 의무를 이행하지 않는다면서 불만을 터뜨렸다. 이유는 에브라임 족이 전투에 참여하려고 입다의 군대에 합류했을 때는 이미 암몬 족이 후퇴하고 있었던 때였기 때문이다.

따라서 다른 군사들이 생각할 때 죽음을 두려워한 나머지 일부러

늦게 도착한 것으로 받아들여졌다. 그러나 에브라임 족은 이유야 어찌 되었든 전투하는데 아무런 도움을 주지 못해 정말 유감스럽게 생각하지만, 강을 건너 여기까지 오는 데는 많은 시간이 걸렸기 때문에 어쩔 수 없이 늦게 온 것이라며 변명을 했다. 하지만 이런 변명이 입다에게 통할 리 없었다.

그로 말미암아 어느 날 길르앗과 에브라임 사이에 전쟁이 일어났다. 하지만 그들은 같은 말을 썼기 때문에 옷을 벗어버리면 어느 쪽인지 알아 볼 수가 없었다. 그래서 그들은 서로 악센트를 들어보고 구별했는데, 길르앗 군은 에브라임 군들이 밀려날 때 건너야 하는 요단 강 입구를 막고서 'Shibboleth'을 발음해 보게 했다. 길르앗 사람들은 '쉽볼렛'이라 하고 에브라임 사람들은 '십볼렛'으로 발음했다. 이것으로 4만 2,000명의 에브라임 사람이 죽음을 당하였다.

이 전쟁이 끝난 후 입다는 하나님께 했던 약속을 지키겠노라고 선언하였다. 그 약속은 그의 집으로 돌아오는 길에 제일 처음으로 만나는 살아 있는 생물을 죽여 제물로 바치겠다는 것이었다.

물론 입다는 개나 말 등을 제물로 바치게 될 거라고 생각했었다. 그러나 이게 웬일인가! 처음으로 그를 마중 나온 것은 개나 말이 아니었다. 바로 자신의 무남독녀 외딸이었다. 그녀는 아버지가 암몬 족을 물리치고 돌아오는 것을 환영하고자 누구보다도 먼저 뛰어나왔다. 그러나 입다는 하나님께 했던 약속을 지켰다. 그는 딸의 몸을 불태워서 여호와의 제단 앞에 바치면서 다시 한 번 이스라엘에 평화를 가져다 달라고 기원하였다.

전염병을 선택하여 7만 명을 죽게 한 사람은 누구인가?

다윗 왕은 군대 장관 요압에게 "너는 이스라엘 모든 지파 가운데로 다니며 이제 단에서부터 브엘세바까지 인구를 조사하여 백성의 수를 내게 보고하라"(사무엘하 24:2)고 명령하는데, 사실 인구 조사는 명백히 잘못된 일이다. 왜냐하면 그것은 하나님 앞에 죄를 짓는 행위이기 때문이다.

당시의 인구 조사는 바로 군사력 측정을 의

조반니 로렌초 베르니니Giovanni Lorenzo Bernini의 〈다윗〉(1623년) 조각상
블레셋의 거인 골리앗을 죽인 다윗, 신앙심 좋았던 다윗, 그 늠름한 기상과 신앙은 어느새 사라지고 인구에 의존하여 나라에 어려움 자초하고 만다.

미한다. 이것은 다윗이 더는 하나님을 의지하지 않고 군사력에 의지한다는 것을 또한 의미한다. 그러므로 다윗은 큰 죄악을 저지른 것이다. 그 결과로 하나님은 선지자 갓을 보내어 다윗에게 세 가지 벌 중 하나를 택하라고 하신다.

그중 첫째는 이스라엘 땅에 7년 기근이 오는 것, 둘째는 다른 나라가 쳐 들어와서 왕이 3개월을 피해 다니는 것, 셋째는 온역(전염병)이 사흘 동안 온 나라에 가득하리라는 것이었다. 다윗은 세 번째 벌을 택했다. 그로 말미암아 "여호와께서 그 아침부터 정하신 때까지 전염병을 이스라엘에게 내리시니 단에서부터 브엘세바까지 백성의 죽은 자가 칠만 명"(사무엘하 24:15)이나 죽임을 당하였다.

? 창세기는 사실일까?

이 문제는 2,000년 동안 내려오는 논쟁의 대상이다. 날이 갈수록 〈창세기〉에 대한 신자들의 관심이 많아지고 있다. 그러나 그들이 궁금해하는 것은 고고학적인 혹은 역사적인 근거와 기록과 일치를 찾는 것이다.

〈창세기〉에 나오는 이야기들은 정말로 있었던 일일까? 1장에서 11장까지의 천지 창조, 에덴동산 이야기, 노아의 홍수, 바벨탑 이야기 등은 고고학적 자료나 증거가 없다는 게 학계의 정설이다.

아브라함의 이야기가 시작되는 12장부터는 마치 역사소설과 같이 진행되면서 BC 2000년대(BC 2000~1000년) 팔레스타인 지방 등의 지명·문화·습관 등을 비교적 정확히 묘사하고 있다고 고고학자들은 밝힌다. 그 한 예가 아브라함의 조카, 롯과 관련된 13장의 내용이다. "이에 롯이 눈을 들어 요단 지역을 바라본즉 소알까지 온 땅에 물이 넉넉하니"(창세기 13:10)

고고학자 로버트 알터 Robert Alter는 최근 펴낸 《창세기 번역 및 평론》을 통해 요단 평원에서 고대의 관개 시설을 발견한 자료와 사재를 소개하면서 이 묘사가 당시의 상황과 몹시 흡사하다고 했다.

또 19장 1절에 "롯이 소돔 성문에 앉아 있다가"라고 나오는 표현은 당시 가나안 지방의 도시 성문 안에는 회관 같은 커다란 방이 있었고, 이 방에 모여 상담도 하고 법적인 문제도 토의하는 등의 당시 습관을 언급한 것이라고 전문가들은 말한다.

그리고 아기를 낳지 못하던 사라가 남편 아브라함에게 여종 하갈과 동침하도록 권하는 내용도 당시 가나안 지방의 일반적인 풍습을 정

로버트 알터
그는 영문학자로서 구약성경의 문학적 연구에 탁월하게 기여한 학자다. 그의 저서 《The Art of Biblical Narrative》는 구약성경 연구의 중심을 통시적 비평 연구에서 공시적 문학 연구로 이동시키는 획기적인 전기를 마련하였다.

아드리안 판 더르 베르프Adriaen van der Werff의 〈아브라함에게 하갈을 내어주는 사라〉(1699년)
아브라함의 본처인 사라가 아이를 낳지 못하자, 남편 아브라함을 권하여 여종 하갈과 동침하게 한다(창세기 16:2). 그로 말미암아 하갈은 이스마엘을 낳았으며, 그 당시 아브라함의 나이는 86세였다(창세기 16:15~16).

메소포타미아의 '누지'라는 마을에서 발
견된 BC 1,400년 이전의 점토판.

확히 묘사하고 있다.

메소포타미아의 '누지 Nuzi'라는 마을
에서 발견된 점토판들은 BC 1,400년 이
전의 것으로 보이는데, 그 안에는 이런
결혼계약 내용이 새겨져 있다. "아내가
아기를 낳을 수 없으면 아내는 여종을
남편에게 주어야(아내로) 한다." 이 누지
의 점토판들에는 또 에서가 야곱에게 장
자권을 판 것과 아주 흡사한 이야기로 한 아들이 동생에게 당장 양
세 마리를 받는 대가로 장차 물려받을 재산을 공유하기로 합의하는
계약 내용도 새겨져 있다고 한다.

이 〈창세기〉의 기자는 당시의 수치에 대해서도 상당히 정확한 기
록을 남겨 놓은 것으로 전문가들은 말한다. 47장에는 이집트의 총
리가 된 요셉이 추수의 계절을 맞아 "추수의 오분의 일(20퍼센트)은
바로에게 상납"(24절)하라고 지시하는 구절이 나온다. 이것은 고대
이집트의 기록은 농부들이 바치는 곡물세를 수확의 20퍼센트로 정
한 것으로 밝히므로 이 〈창세기〉 기사의 정확성을 입증하고 있다.

또 요셉이 '은 20세겔'에 노예로 팔리는 기사가 나오는데(37:28),
이 은 20세겔은 고대 〈함무라비 법전〉에 기록된 남자 성인 노예의
가격 은 20세겔과 같은 액수라고 한다.

〈창세기〉에 나오는 이스라엘 족장들의 이야기는 주로 팔레스타인

의 구릉지를 중심으로 펼쳐진다. 이 지역에는 중기 청동기시대(BC 2000~1500년)에 한편으로는 성곽 도시를 중심으로 한 도시문화가 발달해 번영하고 있었고, 이 도시와 도시 사이로는 유목민 씨족들이 옮겨 다니며 살고 있었던 것으로 전문가들은 보고 있다.

〈창세기〉 기사의 역사적 배경이 바로 이 중기 청동기시대의 팔레스타인 지방으로 아브라함이 한때 살다가 떠난 하란은 당시 중요한 교역 중심 도시였던 것으로 메소포타미아의 점토판 기록들은 밝히고 있다.

또 야곱의 아들들이 양 떼를 먹인 곳으로 〈창세기〉에 기록된 시킴 Sikkim의 유적지가 발굴된 게 지난 60년대인데, 시킴은 중기 청동기시대에 성곽으로 둘러쳐진 도시였다는 사실도 밝혀졌다.

〈창세기〉 기사 중 언뜻 수긍하기 어려운 내용의 하나는 요셉이 이집트의 총리로 기용되는 내용이다. 먼 이국에 노예로 팔려 살다가 감옥에 갇혀 있던 중 일약 총리로 발탁되는 기사는 지나친 비약이 아닌가 하는 의구심을 일게 한다. 그러나 최근 발굴된 자료에 의하면, 파라오Pharaoh 왕궁에서 요셉의 이 같은 출세는 당시 이집트의 정치적 정황과 관련해 볼 때 전혀 무리가 아니고 그 기술도 비교적 정확하다고 전문가들은 말한다.

요셉이 이집트로 팔려갔을 때 나이가 17세였다는 데, 〈창세기〉에서는 그가 색동저고리를 입고 있었다고 하였다. 17세 소년은 절대로 색동저고리 같은 유치한 옷을 입지 않는다. 이것은 아마도 당시 관습에 의하면 위대한 사람에게는 1자 하나를 앞에 붙여주는 경향

힉소스는 BC 17세기에 세력을 키웠고, 하이집트와 중이집트를 108년간 통치했다(고대 이집트의 제 15왕조 및 제16왕조, BC 1663~1555년). 번영하던 이집트의 중왕국(제12,13왕조)이 갑자기 세력이 약해지면서 지방 통치자들의 분할 통치가 시작되었다. 이때 힉소스(목자 왕들, 이국의 통치자)라는 셈 족으로 이루어진 민족이 아시아 팔레스타인 쪽에서 새로운 활과 말이 끄는 전차 등 신무기로 무장한 병거를 몰고 쳐들어 왔다. 이집트의 두 왕조(제15,16왕조)는 가나안에서 쳐들어온 힉소스라는 이 민족에 의해 통치되었다.

이 있었다. 그러므로 요셉의 나이는 7세로 추측된다.

BC 17세기부터 나일 강 삼각주에 자리 잡은 고대 이집트를 한동안 지배한 왕조는 힉소스Hyksos 왕조로 이 힉소스 왕조를 세운 당시의 이집트 지배 계층은 가나안 지방 출신의 셈 족 계열이다. 당대에는 일개 씨족에 불과했던 이스라엘 족속은 셈 족의 일원이었다. 따라서 동족이 지배하는 이집트에서 요셉이 권력자로 부상했다는 사실이 전혀 이상할 게 없다는 것이다.

이처럼 〈창세기〉 기사는 많은 부분이 역사적 사실과 일치하고 있으나 모든 고고학적 발굴물을 곧바로 〈창세기〉 기사의 구체적이고 자세한 내용과 연결 짓는 것은 위험하다고 전문가들은 말한다.

지난 70년대 한 고고학자는 브엘세바 Beersheba에서 한 오래된 우물을 발굴하고 이 우물은 아브라함에 의해 광야로 쫓겨난 여종 하갈이 발견한 우물(21장)이거나 혹은 이삭의 종들이 판 우물(26장)이라고 주장했다. 그러나 이 우물은 BC 2세기의 우물로 판명됐다. 이는 〈창세기〉 기사 내용과 고고학적 발굴물을 곧바로 연결하는 게 얼마나 위험한지 알려주는 실례다.

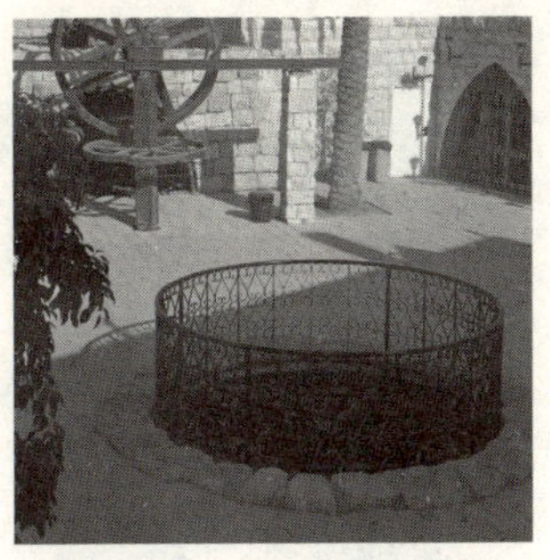

아브라함의 우물
브엘세바의 시내 한쪽 모퉁이에는 아브라함의 우물이 보존되어 있다. 그러나 이 우물이 아비멜렉에게 암양 일곱 마리를 주고 확보한 우물인지는 확실하지 않다(창세기 21:30).

〈창세기〉의 많은 부분이 아직은 베일에 가려 있다. 그러나 새로운 고고학적 발견이 이루어지고 그 발견을 통해 중기 청동기시대 가나안 지방의 관습·문화 등에 대한 이해가 높아질수록 〈창세기〉에 기록된 내용은 놀라울 정도로 정확하게 당시의 관습 등을 반영하고 있다는 사실을 새삼 발견하게 된다고 전문가들은 말한다.

잃어버린 언약의 궤,
다시 찾을 수 있을까?

언약의 궤는 여행을 위해 만들어진 법궤인데, 유랑하는 유대인이 필요로 하는 것을 잘 충족시켜 주었다. 이 성물을 지탱하는 막대기들

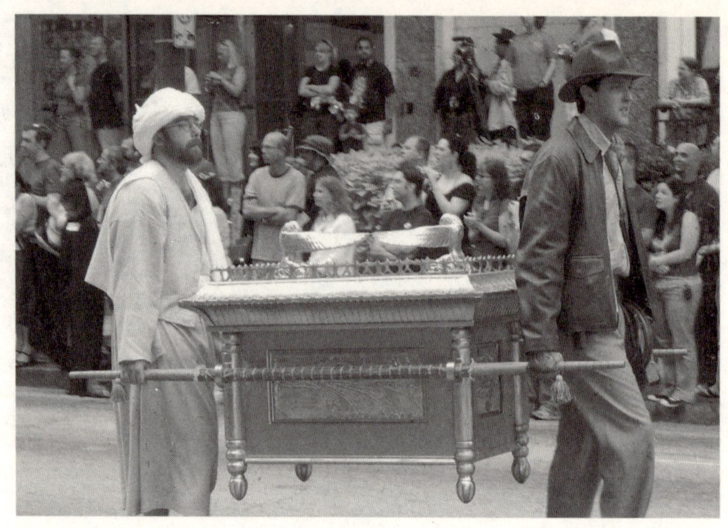

언약의 궤는 가로 112.5센티미터, 세로 67.5센티미터, 높이 67.5센티미터의 직육면체 상자로써 성막 제일 깊숙한 곳 지성소에 있었다. 특히 언약의 궤 위에 연결된 마주 보는 두 그룹과 궤 뚜껑이 만드는 속죄소(사은좌)는 종종 하나님 강림의 장소로 언급되었다. 일명 법궤·증거궤 등으로 불리는 이 언약의 궤 안에는 하나님의 공의의 성품을 나타내는 십계명 두 돌판과 하늘 양식되는 그리스도를 상징하는 만나 및 그리스도의 부활을 예표하는 아론의 싹난 지팡이가 들어 있다.

은 제자리에 늘 있어서 하나님의 나타나심을 알리는 구름이 이들의 진영을 옮길 것을 지시하면 언제든지 움직일 수 있었다.

언약의 궤는 하나님과 유대인과 계약의 상징으로써 그들에게 약속된 땅으로 가는 길을 인도하였다. 요단 강에서 언약의 궤를 지고 가는 제사장들의 발이 물의 가장자리에 닿았을 때 물이 양쪽으로 갈라져서 유대인들이 마른 땅을 건널 수 있었다. 또 여리고에 다다랐을 때 언약의 궤는 가나안에서의 첫 번째 승리를 그들에게 안겨 주었다.

언약의 궤는 초기에는 여리고 근방의 길갈 성지에 보관되었고 나중에 세겜으로 옮겨졌는데, 세겜은 에발Ebal 산과 그리심Gerizim 산 사이에 있었다. 모든 사람은 이 두 산의 정면에 놓인 언약의 궤의 반대편에 모여서 하나님의 규율을 경청했고, 언약의 궤에 의해 대표되는 하나님과의 계약을 새롭게 했다. 언약의 궤는 잠깐 벧엘Bethel에 있다가 실로Shiloh로 옮겨져 오랫동안 보관되었다.

다시 블레셋과의 아벡에서 전쟁 때 유대군의 손에 넘어간 언약의 궤는 블레셋 사람들에 의해 6개월 동안 압수되어 내버려졌고, 적의 주요 도시들에서 따돌림을 받았다(사무엘상 4장).

후에 블레셋인이 언약의 궤를 이스라엘에 다시 돌려보내, 잠깐 벧세메스에 보관하게 했다. 여기서 언약의 궤 내부를 들여다보려던 70명이 목숨을 잃은 사건이 일어났고, 공포에 질린 사람들은 이것을 서둘러 기럇여아림에 보내버렸다. 그리하여 '엘리아살'이라는 이름을 가진 사람이 언약의 궤를 돌보았다.

언약의 궤가 다시 실로로 옮겨지지 않았다는 것만은 명백한 사실인데, 이유는 팔레스타인과의 전쟁에서 그 성전이 파괴되었기 때문이다.

〈사무엘상〉서는 전쟁 때 언약의 궤를 들고 다니던 관습으로 미루어보아 이 전쟁기간 동안 이를 유대군 진영으로 옮겨 갔을 가능성이 있다고 서술하고 있다.

다윗은 수도를 예루살렘으로 정한 후 언약의 궤를 손수레를 이용

하여 이곳으로 옮기려 했었다. 그러나 웃사가 그 상자를 만지자마자 갑자기 숨을 거두는 것을 보고는 그만 대경실색하여 오벧에돔의 집에 그대로 3개월 동안 두었다. 나중에 다윗은 법궤를 예루살렘으로 옮겨 한 움막에 보관시키고 매우 기뻐하였다.

솔로몬이 그의 성전을 지었을 때 언약의 궤는 지성소로 옮겨져서 유대인의 숭배를 한몸에 받았다. 하지만 바빌로니아가 성전을 파괴했을 당시 사라졌다고 선지자 예레미야가 짧게 언급한 것으로 보이는 기록 외에 언약의 궤에 대한 더 이상의 언급은 없다.

이후 언약의 궤의 행방에 대해서는 알려진 바 없다. 다만 많은 사람이 그것은 지극히 성스러운 대상이기 때문에 쉽게 적들의 손에 넘어가 어딘가로 옮겨졌을 리는 없으리라 믿고 있다.

BC 2세기 이래 구전되어 오는 전설에 의하면, 하나님의 가호를 받은 예레미야가 언약의 궤를 모세가 죽은 산의 동굴로 가져가 묻었다고 한다. 거기서 하나님이 당신의 사람들을 다시 모아놓고 새로이 언약의 궤를 열어 하나님의 영광을 나타내셨다고 한다.

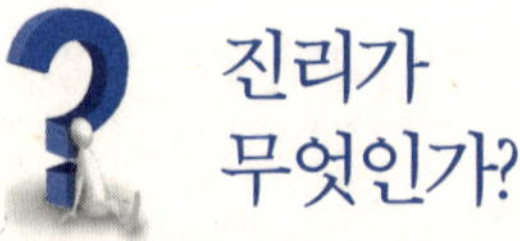

진리가 무엇인가?

유대 종교지도자들에 의해 겟세마네 동산에서 끌려온 예수님은 밤

새 심문과 조사를 받았다. 그리고는 '행악자'라는 죄목을 예수님에게 뒤집어 씌웠다. 이윽고 예수님은 유대 지역의 총독인 빌라도 앞으로 끌려갔다.

당시 유대 종교지도자들에게는 돌로 쳐서 사람을 죽일 권한이 있었는데, 십자가 처형만은 로마법에 따라 행해졌다. 즉, 총독의 허락이 필요하였다.

"네가 유대인의 왕이냐?"

빌라도가 예수에게 물었다.

"이는 네가 스스로 하는 말이냐, 다른 사람들이 나에 대하여 네게 한 말이냐?"

예수님이 진지하게 답했다.

빌라도가 다시 물었다.

"네가 무엇을 하였느냐?"

그러자 예수님이 답했다.

진리도 모른 빌라도
빌리도는 예수님에게 물었다. "진리가 무엇이냐?(Quid est veritas?)" 이 구절의 철자를 풀어 쓰면 "Est vir quidest", 즉 당신 앞에 서 있는 이 사람이 바로 진리라는 말이 된다.

"네 말과 같이 내가 왕이니라. 내가 이를 위하여 태어났으며, 이를 위하여 세상에 왔나니, 곧 진리에 대하여 증언하려 함이로라."

마지막으로 빌라도가 물었다.

"진리가 무엇이냐?" (요한복음 18:38)

그런 다음 예수의 대답도 듣지 않은 채 빌라도는 유대인들에게 나아가 "나는 그에게서 아무 죄도 찾지 못하였노라"고 말하였다.

 # 성경에서 흰색은 어떤 의미를 갖는가?

〈요한계시록〉에 나타난 흰색

- 환상에 나타난 예수님의 머리는 눈과 같이 '희'었다(1:14).

- 이기는 사람은 '흰'옷을 입을 것이다(3:5).

- 하늘의 시민은 '흰'옷을 입을 것이다(3:18).

- 24명의 장로는 '흰'옷을 입었다(4:4).

- 순교자들은 '흰'옷을 입었다(6:11).

- 구원받은 무리는 '흰'옷을 입었다(7:9).

- 옷은 어린양의 피로 '희'게 되었다(7:14).

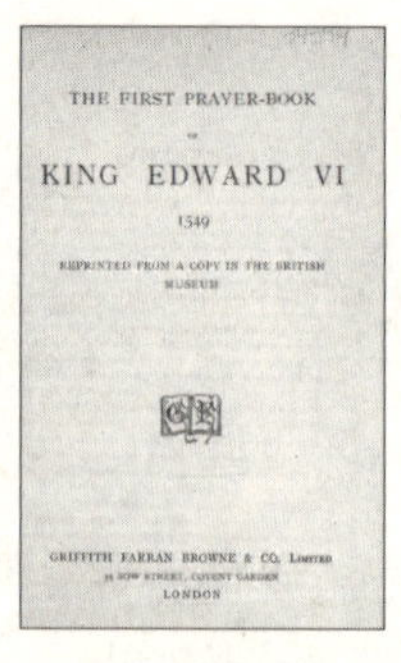

▲ 《에드워드 왕의 제1기도서》
◀ 에드워드 왕

영국에서는 성령강림 주일에 모두 흰옷을 입고 세례를 받기 때문에 이날을 '흰옷 입는 날'이라고 하여 White Sunday(또는 Whitsunday)라고 부르는 관습이 생겼다. 1549년 《에드워드 왕의 제1기도서The First Prayer Book of King Edward VI》에서 처음으로 Whitsunday라고 쓰기 시작한 이후 지금까지 성령강림 주일을 Whitsunday라고 부른다.

- 주님은 '흰' 말을 타고 오실 것이다(19:11).
- '흰' 옷을 입은 그의 군대도 '흰' 말을 타고 올 것이다(19:14).

《성경》에서 흰색은 '거룩', '완전의 승리'를 뜻하는 것처럼 우리의 삶에서 성결을 의미하며, 후에 완전한 승리로 영광된 몸을 의미한다. 하나님은 접근할 수 없는 빛 속에 거하신다(디모데전서 6:16). 예수님께서 변화하실 때 옷이 희어졌다(마가복음 9:3).

# 여자도 교회에서 직분을 받을 수 있는가?

"여자는 일체 순종함으로 조용히 배우라 여자가 가르치는 것과 남자를 주관하는 것을 허락하지 아니하노니 오직 조용할지니라 이는 아담이 먼저 지음을 받고 하와가 그 후며 아담이 속은 것이 아니고 여자가 속아 죄에 빠졌음이라" 디모데전서 2:11~14

"하나님은 무질서의 하나님이 아니시요 오직 화평의 하나님이시니라 모든 성도가 교회에서 함과 같이 여자는 교회에서 잠잠하라 그들에게는 말하는 것을 허락함이 없나니 율법에 이른 것 같이 오직 복종할 것이요 만일 무엇을 배우려거든 집에서 자기 남편에게 물을지니 여자가 교회에서 말하는 것은 부끄러운 것이라" 고린도전서 14:33~36

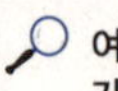

여성목사 안수 보수 교단에서 가능해질까?

지난해(2009년) 9월 총회에서 여성 목사 안수를 허락하되 총회 측 4명, 백석대 측 4명으로 '여성안수연구위원회'를 구성, 법적 문제를 보완해 1년 뒤 시행하자고 결의했다. 하지만 2010년 충남 천안 백석대학교회에서 열린 제95회(백석33차) 총회 안건 토론에서 3시간 넘게 난상토론이 이어지면서 시행 불가 입장이 우세하였다.

오늘날에는 여자 목사와 여자 장로들을 간혹 만나게 된다. 이렇게 여자들도 교회에서 남자들만의 전용물이었던 직분Officers인 목사와 장로까지 맡고 있다. 물론 〈창세기〉 1장 17절에서 남자와 여자가 동일하게 하나님의 형상으로 창조되었음을 보여준다.

남자와 여자 모두 하나님 안에서는 동일하게 가치 있고 중요한 존재일 뿐만 아니라, 교회에서도 평등하며 동등한 가치를 지닌다. 사실 예수님께서 지상에 오셔서 사역하시는 동안 여자들도 남자와 똑같이 인격적으로 존중하게 대하셨으며, 어떤 면에서는 여자들이 남자들보다 그 영적인 사역에서 더 큰 비중을 가진 예도 많이 있었다. 한 예로써 막달라 마리아는 예수님의 어머니인 마리아보다 영적인 면에서 더 광대한 비중을 가졌다.

하나님이 남자보다 여자들에게 더 큰 비중의 영적 은사를 주셨다는 사실을 당시의 남자들은 인식하지 못 하고 있었다.

오늘날, 앞으로도 교회가 여자들에게도 교회의 직분을 맡겨도 되느냐 하는 논란은 계속될 것이다. 교회에서 여자에게 목사직을 줄 수 있고 장로직을 허락할 수 있느냐 하는 것은 《성경》이 어떻게 말하느냐 하는 데 달렸다.

바울이 여자들에게 강력히 금했던 것은 무엇인가? 여자는 교회 안에서나 교회 밖에서 가르치는 것과 남자를 주관하는 것이 금지되어 있었다. 바울 당시 헬라 문화권에 속한 도시에는 자유분방한 사상이 난무하다가 결국에는 교회 안으로 들어와서 여자들이 어떤 실력 행사를 하고 있었던 것 같다.

어떤 한 여자가 에베소 교회에서 잘못된 교리Heretical doctrine를 가르쳤다는 이야기가 있는데 확실한 근거는 없다. 바울은 여자에게는 어떤 편견 의식 같은 것이 있었던 것 같다. 그것은 거짓 교리를 가르친 여자를 향해서 종용하라고 말하지 않고 모든 여자를 향해서 여자의 가르치는 것과 남자를 주관하는 것은 허락하지 않는다고 했기 때문이다. 그러나 이렇게 말한 배경에는 더 큰 목적이 있다. 이런 자유는 교회의 질서를 바로잡는데 방해가 되기 때문이다.

바울이 여자들의 행동반경과 권위를 제한시킨 것은 당시 여자들은 교육적 수준이 매우 떨어져 있어서 판단 능력의 결여 때문에 올 수 있는 혼돈을 염려해서 아닌가 생각할 수 있지만, 잘못하면 남존여비 사상을 조장하는 것으로 생각할 수도 있다.

우리는 좀 더 이 문제의 핵심을 들어다 보자. 바울의 말은 남자의 권위를 절대시하고 여자의 행동반경을 축소하는 것이 아니라, 오직

예수교대한성결 교단은 2006년 제85회 정기 총회에서 여성 장로제를 통과시켰다.

창조 질서를 바로 세우기 위한 것이라고 볼 수 있다.

특히 헬라 문화권의 중심부에 있는 에베소에는 교육을 제대로 받은 여자가 많이 있었다. 특히 브리스길라Priscilla와 같은 매우 총명한 여자들이 에베소 교회에 있었다(사도행전 18:18~19, 21). 브리스길라라는 여인은 남자들보다 《성경》을 더 잘 알고 있었기 때문에 AD 51년경에 에베소 교회에서 아볼로Apollo를 가르치는데(사도행전 18:26) 도움을 주었다. 그리고 그들은 로마로 갔다가 다시 AD 67년경에 에베소로 왔다.

그러나 바울은 아무리 《성경》 지식이 풍부하고 교육을 많이 받은 브리스길라와 다른 여인들을 교회 공식 석상에 서서 남자들을 가르치는 것을 허락하지 않았다. 그 이유는 여자들이 실력이 없어서가 아니라, 하나님께서 여자와 남자 사이에 세우신 창조 질서 때문이다. 이렇게 된 이유는 남자는 뱀의 유혹을 직접적으로 받지 않았으나 여자가 뱀의 유혹에 빠져 인류 모두를 전락시켰다는 사실(창세기 3:1~6) 때문이다. 그래서 여자에게는 본질적으로 가르치는 일을 맡길 수 없을 정도로 연약함이 있다는 주장을 낳았다.

《성경》에서는 여자의 은사와 활동에 대해서 인정하고 있으며(사도행전 2:17), 그리고 바울 자신도 여자들의 활동에 대해서 긍정적이었기에 브리스길라라는 총명한 여인을 3년 동안 가르쳤다. 그러나 그가 염려했던 것은 교회 전체에 대한 하나님께서 정해주신 삶의 원리인 질서 때문이었다.

바울과 아굴라 부부

아굴라는 북부 소아시아 본도에서 출생한 유대인이다. 아내(브리스길라)와 같이 로마에서 살다가 클라우디우스Claudius의 유대인 박해에 못 견디고 고린도에 왔었다. 여기에서 바울을 만나 같이 천막을 짓는 일을 하면서 기독교 선교 운동에 가담했다(사도행전 18:1~3).

가인이 아벨을 살해한 당시 아담과 하와와 두 아들 이외에 또 다른 사람들이 살고 있었는가?

당시의 정황을 보면 아담의 손자와 증손자가 보이지 않는다.

가인이 동생 아벨을 죽이고 하나님께 책망을 받을 때 그는 "무릇 나를 만나는 자마다 나를 죽이겠나이다"(창 4: 14)라고 하였다. 여기 "나를 만나는 자"라는 아버지와 어머니인 아담과 하와를 의미하지 않는 것은 확실하다. 또한 "가인을 죽이는 자"(15절)라는 말도 절대로 아담의 가족을 의미하지 않는다. 그렇다면 다른 사람들이 있었음을 의미한다.

이에 대하여 학자들은 인류 최초의 인간인 아담의 유전자를 가지

윌리엄 아돌프 부그로William Adolphe Bouguereau의 〈아벨의 죽음을 슬퍼하는 아담과 하와〉(1888년)
이 작품의 극적 상황은 인류가 최초로 겪은 비통함을 보여준다. 아담의 왼손은 자신의 심장을 향해 있다. 억누르기 어려운 감정의 상징처럼 느껴진다. 그의 무릎에 얼굴을 묻고 애통해하는 하와의 모습 또한 슬픔을 참지 못해 흐느끼는 모습이 보는 이의 가슴을 아프게 한다.

고 있는 자들이 아닌 다른 형태의 유전자를 가진 자들이었을 것이라고 말한다. 그들을 호모 에렉투스_{Homo erectus} 원시인으로 보고 있다. 호모 에렉투스와 호모 사피엔스_{Homo sapiens}는 근본적으로 차이가 뚜렷할 뿐만 아니라 유전자도 다르다. 호모 사피엔스는 아마도 아담의 후예들로 아담의 유전자를 가진 사람들인 것 같다.

이들이 자신을 죽일 것이라고 걱정했던 가인에게 하나님은 "그들은 벌을 칠 배나 받으리라"고 하신 것은 자기 형상대로 지음 받았기 때문이며, 하나님의 사랑이 그에게 있기 때문이다. 또한 비록 가인이 최초의 살인자이지만 그를 죽이는 자는 살인죄를 범한 것일 뿐아니라, 그를 살려주신 하나님에 대한 범죄 행위가 되기 때문이다.

호모 에렉투스

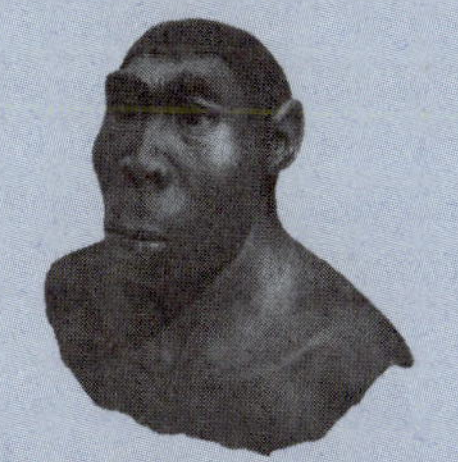

직립인간이라는 뜻으로 자바원인, 북경원인, 하이델베르크인이 여기에 해당한다. 넓적다리뼈가 외형적으로는 현생인류와 거의 구별이 없으며(뇌용량 775~1300시시), 두 발로 똑바로 서서 보행을 했다는 것을 나타낸다. 불의 사용으로 겨울철이 있는 온대 지방까지 진출할 수 있었다. 20만~100만 년 전 구대륙의 열대·온대에 널리 분포했으며 전기 구석기 문화(아슐리안 문화)를 이루었다.

낮아진 기온에 적응하기 위하여 정교한 손재주와 풍부한 창의력을 갖고 있던 원시 여성들은 짐승들의 모피를 벗겨 추위를 이겨낼 수 있는 코트를 만들었으며, 남성들은 짐승 가죽을 땅에 박은 말뚝에 씌운, 거의 152센티미터가 넘는 거대한 움막을 짓기 시작했다. 그리고 그 움막이 추위를 이겨내지 못할 정도로 추워지면 가장들은 식구들을 추위로부터 보호할 수 있는 동굴로 데려가 불을 피우며 추위를 이겨내기 시작했다.

이 10만 년 전의 원시인들의 얼굴은 거의 현대 인간의 수준으로 편편해지기 시작하여 눈 위에도 반달 모양의 눈썹이 뚜렷하게 발달하여 있었으며, 두뇌 용적도 현대 인간의 수준인 1,400시시로써 언어를 형성할 수 있는 충분한 지능을 갖고 있었다.

노아의 아들 함은 흑인이었는가?

〈창세기〉 10장은 세계의 민족을 인종학적으로 분류해 놓은 장이다. 이 장은 "이들은 그 백성들의 족보에 따르면 노아 자손의 족속들이

요 홍수 후에 이들에게서 그 땅의 백성들이 나뉘었더라"(32절)고 끝난다. 그리고 1절에서는 "노아의 아들 셈과 함과 야벳의 족보는 이러하니라 홍수 후에 그들이 아들들을 낳았으니"라고 시작한다.

6절에서 함Ham의 아들들은 구스와 미스라임과 붓과 가나안이라고 나온다. 구스와 미스라임은 에티오피아와 이집트에 해당하는 히브리어다.

국가의 목록을 수집한 사람들은 이렇게 말한다. "'노아와 그의 세 아들이 홍수 후에 살아남은 유일한 사람들이었다면, 그들 중 누구에게서 흑인이 태어났겠는가?' 함이라고 말한다면, 함이라는 단어의 뜻이 '햇볕에 그을린, 또는 어두운 색깔'이라는 뜻이 있기 때문이라고 하며, 그렇지 않다면 편집자들에 의해 그의 이름이 흑인이라고 생각되었기 때문에 흑인이라고 썼을 것이다."

그러나 문제는 백인 부부였던 노아와 그의 아내가 어떻게 흑인 아들을 낳을 수 있었느냐는 것이고, 이것은 〈창세기〉를 역사적인 기록으로 생각하는 모든 사람에게 늘 문젯거리로 제시되어 오고 있다.

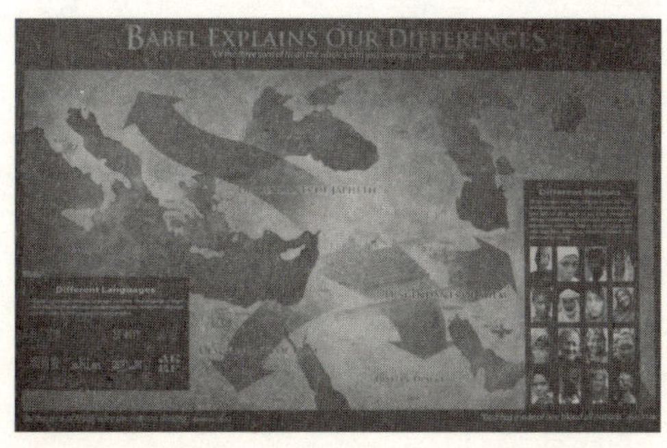

이 지도는 노아의 아들들인 셈·함·야벳의 자손들이 흩어지는 것을 보여준다. "노아의 이 세 아들로부터 사람들이 온 땅에 퍼지니라"(창세기 9:19)

16세기 중엽부터 19세기 초까지 백인들은 아프리카에서 수많은 흑인을 잡아다가 노예로 부렸다. 그들은 자신들과 같은 인간을 짐승처럼 부리면서도 전혀 갈등을 느끼지 않았다. 노예들을 모두 함의 자손으로 간주했기 때문이다.

이런 생각을 할 수밖에 없었던 것은 백인들의 지지를 받았던 어용御用 신학자들이 〈창세기〉 10장에 나오는 함이 아버지가 취중에 벌거벗은 것을 보고 형과 동생에게 말한 사실을 안 노아가 함에게 저주한 사실을 들어 그의 후손이 아프리카 출신의 흑인들이라고 왜곡하여 해석했기 때문이다.

두 번 죽임을 당한 사람은 누구인가?

가드 사람 골리앗.

"블레셋 사람들의 진영에서 싸움을 돋우는 자가 왔는데 그의 이름은 골리앗이요 가드 사람이라 그의 키는 여섯 규빗 한 뼘이요 … 그 창 자루는 베틀 채 같고 창 날은 철 육백 세겔이며 방패 든 자가 앞서 행하더라 … 다윗이 이같이 물매와 돌로 블레셋 사람을 이기고 그를 쳐죽였으나 자기 손에는 칼이 없었더라 다윗이 달려가서 블레셋 사람을 밟고 그의 칼을 그 칼 집에서 빼내어 그 칼로 그를 죽이고 그의 머리를 베니 블레셋 사람들이 자기 용사의 죽음을 보고 도망하는지라" 사무엘상 17:4, 7, 50, 51

이 말씀에서 다윗이 골리앗을 두 번 죽인 것으로 나온다. 한 번은 물매와 돌로, 또 한 번은 칼로 죽인다. 여기에는 후세의 편집자에 의해 두 가지 관습이 이상하게 혼합되어 있지만, 이것이 애매해 보인다면 〈사무엘하〉 21장 19~22절을 참조하여 보라. "또다시 블레셋 사람과 곱에서 전쟁할 때에 베들레헴 사람 야레오르김의 아들 엘하난은 가드 골리앗의 아우 라흐미를 죽였는데 그 자의 창 자루는 베틀 채 같았더라"

〈역대상〉 20장 5절에는 이와 달리 "야일의 아들 엘하난이 가드 사람 골리앗의 아우 라흐미를 죽였는데"라고 기록되어 있다.

킹제임스 판의 번역자들은 〈사무엘하〉 21장 19절의 '골리앗Goliath' 앞에 이탤릭체를 사용하여 '~의 아우the brother of'를 삽입하였다. 이것은 갓의 골리앗Goliath과 가드 사람 골리앗Goliath the Gittite을 별개의 다른 사람이라고 가정하는 것이 되며 모순된다. 왜냐하면 갓으로부터 온 사람을 가드 사람Gittite이라고 했기 때문이다.

페테르 파울 루벤스Peter Paul Rubens의 〈골리앗을 이긴 다윗〉(1616년)
〈역대상〉 20장 5절의 골리앗과 〈사무엘하〉 21장 19절의 골리앗은 같은 인물일까?

성경에는 몇 명의
마리아가 나오는가?

그 수는 확실하게 알 수 없다. 그들을 정확히 정의하는데 어려움이 있기 때문이다. 구약성경에서는 두 명의 미리암(출애굽기 15:20과 역대상 4:17)을 제외하고도 여섯 명이 등장하는데, 미리암은 마리아의 원형에 해당하는 이름이었다.

신약성경에서는 여덟 명의 마리아가 등장한다. 야고보의 어머니 마리아, 글로바의 마리아, 마르다의 동생 마리아, 막달라 마리아, 마가의 어머니 마리아, 바울로부터 문안받은 마리아, 예수님의 어머니 마리아, 그러나 처음에 나오는 세 사람은 동일인으로 알려졌다.

누가 가인의
아내가 되었는가?

이 질문은 《성경》을 읽는 모든 독자에게 의문으로 여겨지는데, 그 이유는 그 이전에 기록되어 있는 유일한 여자는 가인 자신의 어머니 하와뿐이기 때문이다. 그런데 〈창세기〉 4장 16~17절에는 이렇게 기록되어 있다. "가인이 여호와 앞을 떠나서 에덴 동쪽 놋 땅에 거주하더니 아내와 동침하매 그가 임신하여 에녹을 낳은지라 가인이 성을 쌓고 그의 아들의 이름으로 성을 이름하여 에녹이라 하니라"

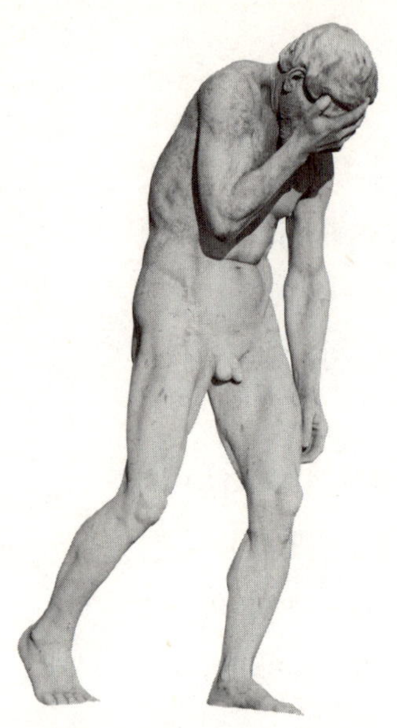

인류에 유전을 통하여 태어난 첫 사람인 가인은 동생 아벨의 제사만 하나님께서 받자 동생을 죽인 인류 첫 번째 살인자다. 그러나 하나님은 그를 불쌍히 여기시고 표를 주어 에덴의 동편 놋 땅에 거하게 하셨다. 이곳에서 결혼하여 성읍을 건설했으며 문명을 발전시켰다.

이에 앞서 나오는 이야기에도 가인이 지은 성에 거하기 위해 오는 사람들이 어디서 왔는가 하는 문제와 〈창세기〉 4장 26절에 나오는 "셋도 아들을 낳고"라는 구절에서 가인의 아우 셋이 어떤 처녀와 결혼하였는지도 의문으로 제기된다. 그러나 히브리인들은 이 질문에 대해 〈창세기〉 5장 4절("아담은 셋을 낳은 후 팔백 년을 지내며 자녀들을 낳았으며")의 근거로 그곳에 이미 사람들이 있었다고 말한다.

아마도 그들은 외경에 포함되어야 한다고 주장되는 책인 《요베루Jubiless》에 의해 영향을 받았을 것이다. 이 책은 〈창세기〉와 〈출애굽기〉의 전반 14장에 대한 주석 또는 주해서로 BC 109~106년 사이에 한 바리새인에 의해 쓰였다.

《요베루》에는 49년을 일곱 해마다 일곱 주로 나누어서 이야기가 전개되는데, 4장 1절과 8장 11절에는 가인과 셋의 아내들에 관한 이야기가 포함되어 있다.

"요베루하의 셋째 주에 그녀(하와)는 가인을 낳았고, 넷째 주에 아벨을 낳았으며, 다섯째 주에 에완을 낳았으며 … 여섯째 주에 그(아담)는 에즈라를 낳았다. 가인은 자신의 누이 에완을 아내로 맞았고,

그녀는 넷째 요베루의 끝 무렵에 에녹을 낳았다. 다섯째 요베루 첫 주의 첫 해에 집들이 지어졌고 가인이 성을 쌓았으며 그 이름을 자기 아들의 이름을 따서 에녹이라 지었다. 아담은 아내 하와와 동침하여 이때까지 아홉 명의 아들을 낳았다. 다섯째 요베루의 첫 주에 셋은 자신의 누이 에즈라를 아내로 맞아 (여섯째 주의) 넷째 해에 에노스를 낳았다."

정말로 이 이야기를 문자 그대로 받아들이는 것 외에는 어떤 다른 가능한 답변도 없어 보인다. 근친상간은 현대의 윤리 의식으로는 충격적인 일이지만, 형제자매 사이의 결혼은 아크나톤Akhnaton 시대 (BC 1379~1362년) 말기의 고대 이집트 왕가에서는 관례적인 일이었다고 한다.

질문하는 바이블
THE BIBLE QUESTIONS

폴임 지음

발 행 일 초판 1쇄 2011년 2월 18일
　　　　　초판 3쇄 2012년 9월 6일
발 행 처 평단문화사
발 행 인 최석두

등록번호 제1-765호 / 등록일 1988년 7월 6일
주　　소 서울시 마포구 서교동 480-9 에이스빌딩 3층
전화번호 (02)325-8144(代) FAX (02)325-8143
이 메 일 pyongdan@hanmail.net
I S B N 978-89-7343-340-7 03230

ⓒ 폴임, 2011

* 잘못된 책은 바꾸어 드립니다.

이 도서의 국립중앙도서관 출판시도서목록(CIP)은 e-CIP 홈페이지
(http://www.nl.go.kr/ecip)에서 이용하실 수 있습니다.
(CIP제어번호: CIP2011000475)